本书由
中央高校建设世界一流大学（学科）
和特色发展引导专项资金
资助

中南财经政法大学"双一流"建设文库

数│字│经│济│系│列

中国产业升级的统计分析研究

师应来 姜昊 汪一江 著

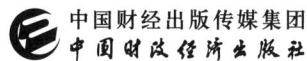

中国财经出版传媒集团
中国财政经济出版社

图书在版编目（CIP）数据

中国产业升级的统计分析研究／师应来，姜昊，汪一江著．--北京：中国财政经济出版社，2019.12
（中南财经政法大学"双一流"建设文库．数字经济系列）
ISBN 978－7－5095－9377－6

Ⅰ.①中… Ⅱ.①师…②姜…③汪… Ⅲ.①产业结构升级－统计分析－研究－中国 Ⅳ.①F296.24

中国版本图书馆 CIP 数据核字（2019）第 246434 号

责任编辑：彭　波　　　　责任校对：徐艳丽
封面设计：陈宇琰

中国产业升级的统计分析研究
ZHONGGUO CHANYE SHENGJI DE TONGJI FENXI YANJIU
中国财政经济出版社 出版

URL：http：//www.cfeph.cn
E－mail：cfeph@cfemg.cn
（版权所有　翻印必究）
社址：北京市海淀区阜成路甲28号　邮政编码：100142
营销中心电话：010－88191537
北京财经印刷厂印装　各地新华书店经销
787×1092毫米　16开　14印张　229 000字
2019年12月第1版　2019年12月北京第1次印刷
定价：63.00元
ISBN 978－7－5095－9377－6
（图书出现印装问题，本社负责调换）
本社质量投诉电话：010－88190744
打击盗版举报热线：010－88191661　QQ：2242791300

总 序

"中南财经政法大学'双一流'建设文库"是中南财经政法大学组织出版的系列学术丛书,是学校"双一流"建设的特色项目和重要学术成果的展现。

中南财经政法大学源起于1948年以邓小平为第一书记的中共中央中原局在挺进中原、解放全中国的革命烽烟中创建的中原大学。1953年,以中原大学财经学院、政法学院为基础,荟萃中南地区多所高等院校的财经、政法系科与学术精英,成立中南财经学院和中南政法学院。之后学校历经湖北大学、湖北财经专科学校、湖北财经学院、复建中南政法学院、中南财经大学的发展时期。2000年5月26日,同根同源的中南财经大学与中南政法学院合并组建"中南财经政法大学",成为一所财经、政法"强强联合"的人文社科类高校。2005年,学校入选国家"211工程"重点建设高校;2011年,学校入选国家"985工程优势学科创新平台"项目重点建设高校;2017年,学校入选世界一流大学和一流学科(简称"双一流")建设高校。70年来,中南财经政法大学与新中国同呼吸、共命运,奋勇投身于中华民族从自强独立走向民主富强的复兴征程,参与缔造了新中国高等财经、政法教育从创立到繁荣的学科历史。

"板凳要坐十年冷,文章不写一句空",作为一所传承红色基因的人文社科大学,中南财经政法大学将范文澜和潘梓年等前贤们坚守的马克思主义革命学风和严谨务实的学术品格内化为学术文化基因。学校继承优良学术传统,深入推进师德师风建设,改革完善人才引育机制,营造风清气正的学术氛围,为人才辈出提供良好的学术环境。入选"双一流"建设高校,是党和国家对学校70年办学历史、办学成就和办学特色的充分认可。"中南大"人不忘初心,牢记使命,以立德树人为根本,以"中国特色、世界一流"为核心,坚持内涵发展,"双一流"建设取得显著进步:学科体系不断健全,人才体系初步成型,师资队伍不断壮大,研究水平和创新能力不断提高,现代大学治理体系不断完善,国际交流合作优化升级,综合实力和核心竞争力显著提升,为在2048年建校百年时,实现主干学科跻身世界一流学科行列的发展愿景打下了坚实根基。

"当代中国正经历着我国历史上最为广泛而深刻的社会变革,也正在进行着人类历史上最为宏大而独特的实践创新","这是一个需要理论而且一定能够产生理论的时代,这是一个需要思想而且一定能够产生思想的时代"①。坚持和发展中国特色社会主义,统筹推进"五位一体"总体布局和协调推进"四个全面"战略布局,实现"两个一百年"奋斗目标、实现中华民族伟大复兴的中国梦,需要构建中国特色哲学社会科学体系。市场经济就是法治经济,法学和经济学是哲学社会科学的重要支撑学科,是新时代构建中国特色哲学社会科学体系的着力点、着重点。法学与经济学交叉融合成为哲学社会科学创新发展的重要动力,也为塑造中国学术自主性提供了重大机遇。学校坚持财经政法融通的办学定位和学科学术发展战略,"双一流"建设以来,以"法与经济学科群"为引领,以构建中国特色法学和经济学学科、学术、话语体系为己任,立足新时代中国特色社会主义伟大实践,发掘中国传统经济思想、法律文化智慧,提炼中国经济发展与法治实践经验,推动马克思主义法学和经济学中国化、现代化、国际化,产出了一批高质量的研究成果,"中南财经政法大学'双一流'建设文库"即为其中部分学术成果的展现。

文库首批遴选、出版二百余册专著,以区域发展、长江经济带、"一带一路"、创新治理、中国经济发展、贸易冲突、全球治理、数字经济、文化传承、生态文明等十个主题系列呈现,通过问题导向、概念共享,探寻中华文明生生不息的内在复杂性与合理性,阐释新时代中国经济、法治成就与自信,展望人类命运共同体构建过程中所呈现的新生态体系,为解决全球经济、法治问题提供创新性思路和方案,进一步促进财经政法融合发展、范式更新。本文库的著者有德高望重的学科开拓者、奠基人,有风华正茂的学术带头人和领军人物,亦有崭露头角的青年一代,老中青学者秉持家国情怀,述学立论、建言献策,彰显"中南大"经世济民的学术底蕴和薪火相传的人才体系。放眼未来、走向世界,我们以习近平新时代中国特色社会主义思想为指导,砥砺前行,凝心聚

---

① 习近平:《在哲学社会科学工作座谈会上的讲话》,2016年5月17日。

力推进"双一流"加快建设、特色建设、高质量建设,开创"中南学派",以中国理论、中国实践引领法学和经济学研究的国际前沿,为世界经济发展、法治建设做出卓越贡献。为此,我们将积极回应社会发展出现的新问题、新趋势,不断推出新的主题系列,以增强文库的开放性和丰富性。

"中南财经政法大学'双一流'建设文库"的出版工作是一个系统工程,它的推进得到相关学院和出版单位的鼎力支持,学者们精益求精、数易其稿,付出极大辛劳。在此,我们向所有作者以及参与编纂工作的同志们致以诚挚的谢意!

因时间所囿,不妥之处还恳请广大读者和同行包涵、指正!

中南财经政法大学校长

前　言

　　《中国产业升级的统计分析研究》阐述了中国产业升级测度体系理论基础，设计了测算中国产业升级的总体框架。首先从三次产业的内部行业结构演变过程、三次产业产值在 GDP 中结构演变、就业人口结构演变以及劳动生产率演变四个方面回溯中国的产业发展历程。其次根据产业效益化提升和产业结构升级两个方面构建产业升级指标体系，采用熵值法、主成分分析法、因子分析法对全国整体以及 30 个省份（除西藏自治区以外）的产业升级发展状况进行综合评价分析。最后，拓展了产业升级应用研究范围，一是外商直接投资对产业升级的影响研究，在全国 281 个地级市数据的基础上，采用泰尔指数定量测度产业升级情况，运用莫兰指数实证检验了外商直接投资与产业升级指数的空间相关性，并建立空间杜宾模型探究外商直接投资对产业升级的空间溢出效应以及产业升级的动态演进趋势；二是金融集聚对产业升级的空间溢出效应研究，构建测度金融集聚的指标体系，从金融发展、经济支撑、对外开发三个维度进行综合测定，探究全国 30 个省份（除西藏自治区以外）的金融集聚演变现状，再利用泰尔指数等前人构建的指数分别对产业升级状况进行测定，运用全局与局部莫兰指数以及带有加权空间权重矩阵的空间计量模型考察金融集聚对产业升级的空间分布与空间溢出效应影响。本书对中国产业升级的测度体系理论、分析方法、应用研究，有助于了解和掌握中国产业升级的发展水平与区域分布现状，对促进产业升级进而完成供给侧结构性改革、以及区域协调发展具有较大意义。

　　本书的框架构思和写作安排由师应来、姜昊共同完成。全书共分为七章，各章节编写分工如下：第 1 章，师应来，姜昊；第 2 章，师应来；第 3 章，姜昊，师应来；第 4 章，师应来，姜昊，汪一江；第 5 章，汪一江；第 6 章，姜昊；第 7 章，师应来。在第 6 章产业升级的拓展研究中，编者引用了课题组成员张冰洁的硕士毕业论文；全书由师应来最后统稿。

本书可供产业经济学、区域经济学、空间统计学等领域的学者、学生、管理人员使用，也可供对中国产业升级发展感兴趣的读者参考。

编　者

2019 年 11 月

目 录

第1章 导论 ... 1
  1.1 研究背景及意义 ... 1
  1.2 研究内容 ... 7
  1.3 研究方法和研究特色 ... 8
  本章小结 ... 24

第2章 国内外产业升级研究综述 ... 25
  2.1 国内产业升级研究综述 ... 25
  2.2 国外产业升级研究综述 ... 32
  本章小结 ... 37

第3章 产业升级内涵的理论研究 ... 38
  3.1 经典产业升级理论简介 ... 38
  3.2 产业升级的一般内涵 ... 46
  3.3 产业升级的新内涵 ... 52
  本章小结 ... 60

第4章 我国产业发展的演变过程 ... 62
  4.1 第一产业的演变过程 ... 63
  4.2 第二产业的演变过程 ... 71
  4.3 第三产业的演变过程 ... 80
  4.4 三次产业发展演变过程的横向对比 ... 90
  本章小结 ... 96

第5章 产业升级的综合评价研究　　98
　　5.1 产业升级评价指标体系的建立　　98
　　5.2 产业升级的综合评价　　112
　　本章小结　　124

第6章 产业升级的拓展研究　　126
　　6.1 外商直接投资对产业升级的影响研究　　126
　　6.2 金融集聚对产业升级的空间溢出效应研究　　151
　　本章小结　　194

第7章 产业升级的结论及政策建议　　195
　　7.1 研究结论　　195
　　7.2 政策建议　　197

参考文献　　199
后记　　210

第1章 导　　论

1.1　研究背景及意义

1.1.1　研究背景

随着经济发展步入"新常态",我国面临经济增速减缓、资源约束不断加强的局面,在此现状下转变经济方式和优化经济结构不可避免。在新时代背景下,供给侧结构性改革对于实现我国经济高质量发展显得尤为重要。党的十八大以来,政府便将"推动产业结构转型升级"作为经济发展过程中的关键落脚点。在此过程中,"中国经济发展需要进行产业升级"这一观点已经基本达成共识。从整体来看,产业升级是使产品附加值提高的生产要素改进、结构改变、生产效率与产品质量提高、产业链升级等一系列活动。从微观来看,产业升级是指一个企业中产品附加值提高的过程。产品附加值提高的途径包括企业技术升级、管理模式改进、企业结构改变、产品质量与生产效率提高、产业链升级。从中观来看,产业升级是指一个产业中产品的平均附加值提高。从宏观来看,产业升级是指产业结构升级,即一个国家经济增长方式转变,如从劳动密集型增长方式向资本密集型、知识密集型增长方式转变,资源运营增长方式向产品运营、资产运营、资本运营、知识运营增长方式转变。宏观的产业升级或产业结构升级,既指旧的产业结构升级,也指新的、更高级的业态形成。然而,无论微观、中观还是宏观,产品附加值提高都是产业升级的核心与灵魂,且经济活动的主体性提高是产品附加值提高的根本。

如何持续深化进行供给侧改革,中共十九大报告也给出了明确的方向。深化供给侧改革必须坚持做好以下四个方面的工作:一是建设现代化经济体系,必须把发展经济的着力点放在实体经济上，把提高供给体系质量作为主攻方向，显著增强我国经济质量优势；二是加快建设制造强国，加快发展先进制造业，推动互联网、大数据、人工智能和实体经济深度融合，在中高端消费、创新引领、绿色低碳、共享经济、现代供应链、人力资本服务等领域培育新增长点、形成新动能；三是支持传统产业优化升级，加快发展现代服务业，瞄准国际标准前进，促进我国产业迈向全球价值链中高端，培育若干世界级先进制造业集群；四是坚持"三去、一降、一补"措施，优化存量资源配置，扩大优质增量供给，实现供需动态平衡。产业升级正是推动供给侧结构性改革顺利实施的重要引擎，也是间接实现经济由低速转为中高速增长的关键手段。所谓产业升级，即产业结构的改善和效率的提高。产业结构的改善一方面表现为各产业的协调发展，消除"瓶颈"使整体经济效益提高；另一方面表现为产业结构系统从较低级的形式向较高级的形式转换。在表现形式上，产业结构的改善呈现出了由农业依次到轻工业、基础产业、重化工业，再到高附加值加工工业和现代服务业的上升运动的一般规律。效率的提高表现为要素效率的提高和管理水平、技术水平、产品质量的提高等。纵观近几年我国的经济发展形态和理念，促进产业升级一直是国家高度重视的话题，"十三五"规划明确将产业转型升级作为主攻方向，指出：要加快建设制造强国，实施"中国制造2025"，引导制造业朝着分工细化、协作紧密方向发展，促进信息技术向市场、设计、生产等环节渗透，推动生产方式向柔性、智能、精细转变；实施工业强基工程，开展质量品牌提升行动，支持企业瞄准国际同行业标杆推进技术改造，全面提高产品技术、工艺装备、能源环保等水平。更加注重运用市场机制、经济手段、法治办法降低产能过剩，加大政策引导力度，完善企业退出机制；支持战略性新兴产业发展，发挥产业政策导向和促进竞争功能，更好地发挥国家产业投资引导基金作用，培育一批战略性产业；实施智能制造工程，构建新型制造体系，促进新一代信息通信技术、高档数控机床和机器人、航空航天装备、海洋工程装备及高技术船舶、先进轨道交通装备、节能与新能源汽车、电力装备、新材料、生物医药及高性能医疗器械等产业发展壮大；推动生产性服务业向专业化和价值链高端延伸、生活性服务业向精细和高品质转变，推动制造业由生产型向生产服务型转变，主动适应经济发展"新常态"，积极发展现代服务业，最终推动我国产业向全球价值链的高端迈进。因此，产业升级是我国新时代背景下亟待实现的重大目标。

改革开放以来，特别是 1979~2010 年，我国 GDP 连续保持 9.7% 的增长速度，且 2010 年我国国内生产总值首次超过日本，成为世界第二大经济体，2013 年成为世界第一货物贸易大国，2016 年国内生产总值达到 74.4 万亿元，占全球经济总量的 14.8%。伴随我国经济的持续增长，我国工业化和城镇化进程也持续加快，产业结构升级持续深入。1978 年以来，我国的产业结构发生了翻天覆地的变化，三次产业的产值逐年攀升，比例关系也有了明显的改善，产业结构逐渐由传统型过渡到现代型。根据国家统计局公布的数据显示，我国产业结构不断优化，2013 年我国三次产业产值在 GDP 中所占的比重分别为 9.41%、43.67% 和 46.92%，第三产业比重首次超过第二产业，我国第三产业的生产总值占国内生产总值的比重已经由 1978 年的 23.7% 提高到 2017 年的 51.6%，增加了 27.9 个百分点，而同期以欧美为代表的发达国家三次产业在 GDP 中所占的比重分别为 5%、30% 和 65%，且仍在不断优化。目前，发达国家第三产业的比重大多稳定于 70% 左右，大部分发展中国家也达到 50%，而我国 2014~2017 年已连续四年徘徊于 50% 左右。此外，2017 年中国人均 GDP 在世界上的排名却仅为第 74 位，和发达国家仍有很大差距。中国经济增长率在 2013 年已经下降到 7.7%，是 14 年来首次低于 8%。种种迹象表明，中国经济发展正处于一个尴尬境地。一方面，中国经济整体表现"大而不强"；另一方面，中国经济增长速度逐渐放缓。虽然我国经济建设取得的巨大成就不容忽视，然而对比发达国家，我国基本矛盾仍然突出，有众多数据和研究表明，目前我国产业发展总体仍处于全球价值链中的中低端水平，其中，产业内部结构不合理、产品附加值低、产业发展效率低下、品牌竞争力较弱、部分行业长期处于全球价值链的低端环节等一系列问题较为突出，并且一些核心科技和大量关键零部件主要依靠进口，部分领域还存在产能过剩与有效供给不足并存的问题。而产业结构升级可以促进产品附加值提高，进而使利润率与 GDP 增长率提高，所以产业结构升级和经济的增长与发展是统一的。即使我国产业结构相比过去已经有了较大优化，但仍远远落后于发达国家，且与同层次的发展中国家也存在一定差距。在这种背景下，中国经济发展的一些问题应该被正视，这是我们不可逃避的现实，众多学者的研究也表明，当前中国经济面临的这些问题都源于产业结构的不合理、不协调。由此可见，产业升级既是中国经济继续稳健发展的内在需要，也是在经济发展条件发生变化的背景下中国经济发展的当务之急。

从我国产业自身观察，我国经济发展进入"新常态"以后，产业结构发展的外部环境、技术条件都出现了不可避免的压力。一是外部环境的压力。目前，国际产业分工格局正处于深度调整的过程中，发达国家正在实施"再工业化"和"制造业回归"战略，与我国的产业结构关系由以互补为主向以竞争为主进行转变；许多新兴的经济体也在加快工业化进程，与我国产业同构的竞争加剧，我国产业发展面临的外部竞争环境愈演愈烈。二是我国产业发展所依赖的劳动力、土地等低成本优势发生了根本变化。改革开放40多年来，人口老龄化进程明显加快，从2012年开始，我国劳动年龄人口（16~59岁）总量持续下降，每年环比下降300万左右，并且根据第六次全国人口普查数据预计，到2030年我国劳动年龄人口将减少2300万。同时，我国的劳动力和土地等要素成本不断上升，资源环境对经济增长的约束持续增强，导致那些依靠大规模要素投入的粗放式发展模式难以维系。三是来自我国产业升级过程中的技术压力。随着新技术革命的兴起，新一轮产业变革在全球范围内展开，智能机器人、3D打印、生物工程、新能源、新材料等领域取得了不同程度的技术突破，特别是信息技术与传统产业的深度融合，已经给世界产业变革带来了较为深远的影响，由此带来的新的生产方式、产业模式和产业形态，也给我国产业升级带来了巨大的挑战。现如今，我国三次产业内部结构失衡、新兴产业内生动力不足。第一产业内部农业集约化程度低、生产技术落后；第二产业总产值高但结构升级缓慢，总体仍处于浅层工业化阶段；第三产业总量偏小且滞后较多，大部分产能仍然滞留在批发零售、加工运输等低附加值行业上，新兴服务业发展仍然不足。并且，由于新兴产业技术升级速度缓慢，国内大部分资源被迫聚集于发展制造业等第二产业，根据工信部最新公布的名单，钢铁、水泥和平板玻璃等传统行业产能扩张与过剩的矛盾突出，国内制造业出现了产能过剩问题。另外，沿用国际上通用的比较劳动生产率来衡量我国的产业结构效益可以发现，第二、第三产业的比较劳动生产率正在逐年靠近，而第一产业与其余产业靠近的迹象并不明显，说明我国资源配置仍不合理，产业发展总体水平仍处于中等偏下。因此，为了摆脱当前产业发展不平衡、不充分的状态，使我国产业发展水平向全球价值链的高端前进，实现产业转型升级是必经之路。

综上所述，加快产业结构的升级，已经成为我国当前经济发展与经济体制改革的重要任务之一。目前，我国在产业发展中遇到的困难主要来源于产业结构的不合理，而产业结构不合理的根本原因在于产业结构的不协调、不优化。在产业发展的过程中，要实现产业的持续升级，必须先使产业结构合理化，进而使产业结构趋于优化,并在信息技术和一系列高新技术的驱使下实现产业结构的高度化。近年来,随着我国经济的发展,产业结构升级成为产业结构调整的重点,而产业结构升级的关键在于提升产业的创新能力和国际竞争力,重构我国产业在国际上的竞争优势。众多发达国家的产业发展经验表明,一国经济体如果要培养国际竞争优势,必须放弃依赖在自然资源、土地资源及劳动力资源等要素资源上建立的比较优势,与此同时,必须将培育和发展更高级别的产业体系摆在战略地位,该产业体系的建立以创新科技、金融资本、知识技术和人力资源等为核心与基础,并以一系列高端要素驱动产业体系自身不断升级发展。要实现这一过程,既需要我国要素资源现状有所改变,又需要我国进行相应的经济体制调整。我国经济之所以能够在较长时期内保持快速增长,其中一个重要原因是国内经济体制的不断调整。1978 年十一届三中全会以后,我国实施改革开放,1981 年推行家庭联产承包责任制,1984 年推动城市经济体制改革,1992 年党的十四大决定建立社会主义市场经济体制,2001 年中国正式加入世界贸易组织(WTO),这些重大的经济体制改革都有效推动了我国经济发展与产业升级。然而,历史经验表明,世界范围内,各国在经济体制和产业结构改革上的尝试并不都是成功的,如日本、韩国通过经济体制改革和产业结构转型成功步入发达国家行列,而巴西、智利等国家却深陷"中等收入陷阱"。我国作为世界第二大经济体和经济增长速度最快的国家,就像是一列拥有庞大"动能"的列车,合理化的产业升级可以使中国在经济高速发展的轨道上持续保持高度前行,甚至成为推动世界经济发展的"引擎"。但是,不合理的产业结构升级也可能阻碍中国经济的进一步发展。

目前,在我国处于产业结构不合理、亟待产业升级的背景下,国内外众多学者针对产业升级的理论和实证做了许多研究,但是产业升级定义仍然比较模糊,没有明确的产业升级内涵。因此,本书首先以新时代为研究背景,赋予产业升级新的内涵,再建立统计指标体系,构建产业升级统计监测指数,从不同层次对我国的产业升级状况进行综合,并在此基础上探讨外商直接投资和金融集聚对产业升级的影响,最后对上述研究结果进行总结,提出促进我国产业升级的政策建议。

1.1.2 研究意义

随着我国经济发展步入新常态,转变发展方式和优化经济结构不可避免。

在这一新时代背景下，强调供给侧结构性改革显得尤为重要，而产业升级正是推动供给侧结构性改革顺利实施的重要引擎。在以往的研究中，从统计专业角度看，对产业升级建立的监测体系不够系统完善，本书则从不同层次监测我国的产业升级状况，这正是对上述缺憾的弥补，同时，对完善我国现有的产业升级政策也具有重要意义。

（1）理论意义。自产业升级理论被提出以后，国内外学者在产业升级的理论与实证方面做了许多相关研究，但是就研究现状而言，产业升级的内涵一直没有得到明确界定。传统的经济学者主要从产业结构演进和产业价值链角度，对产业升级的一般性规律进行阐释，但不同学者对产业升级的内涵究竟是什么存在较大的分歧。分歧的原因是多方面的，最主要的一点是学界对产业升级的本质尚未形成统一的认识，具体表现为对产业升级内涵界定的不统一，况且，在新时代背景下，产业升级的内涵是否发生改变也有待探究。综上，本书首先赋予新时代下中国产业升级新内涵，不仅丰富了产业升级研究的理论体系，更重要的是，站在新的角度梳理总结产业升级的表现形式，有利于未来产业升级研究范围和目标的明确。其次，通过建立产业升级的统计指标体系，构建反映产业结构升级和效益升级的综合指数，作为产业升级理论分析与实证分析的重要纽带。此外，本书在产业升级新内涵的基础上，引进一些新的统计分析方法，拓展了产业升级的研究方法和角度，并且利用地区产业升级的监测数据对外商直接投资和金融集聚程度进行深入分析，对产业升级的统计分析具有一定的理论意义。

（2）现实意义。从统计角度建立统计指标体系来评价我国新时代产业升级，对我国整体实现产业升级、完成供给侧结构性改革至关重要。本书通过筛选产业升级的统计指标并构建统计指标体系，从全国和地区两个角度对整体产业升级状况进行综合评价，一方面探究了全国和各地区的产业升级状况，另一方面也为检验政策的落实效果提供了验证工具。此外，构造综合评价指数，从时间维度进行纵向比较，对全国和各地区进行产业升级状况动态分析，有助于及时发现和纠正我国产业升级中存在的问题，同时，基于产业升级的省级、地级市等面板数据，探究外商直接投资和金融集聚程度对我国产业升级的影响，检验目前产业升级政策的实施效果，可以为政府部门提供促进我国产业升级科学有效的政策建议。这对于我国全面、精准地推进产业升级，顺利完成供给侧结构性改革具有重大的现实意义。

1.2 研究内容

全书共分 7 个章节。前 5 章对我国的产业发展状况进行了详细的统计分析。首先，从国内和国外对产业升级的内涵、产业升级的测度和产业升级的统计监测这三个方面的文献研究进行总结；其次，在新时代背景下，对以往经典产业升级理论进行概述，进而提炼出产业升级的新内涵；最后，将我国产业的发展历程进行了详细的描述统计分析，并利用多种综合评价方法对我国的产业升级进行综合评价，探究我国整体、各地区三次产业发展状况。第 6、第 7 章主要研究产业升级与金融集聚及外商直接投资之间的相互关系，进而为我国制定产业升级政策提供相应的建议。

第 1 章阐述研究产业升级的研究背景、研究意义和研究特色，以及接下来将要使用的多种统计研究方法。第 2 章对国内和国外与产业升级相关的文献成果进行概述总结，主要包括产业升级的内涵研究、产业升级的测度研究以及产业升级的统计监测研究。第 3 章从新时代的主要矛盾出发，首先介绍国内外经典产业升级理论，包括产业升级的演进理论和产业转型升级理论；其次介绍产业升级的一般内涵，包括产业升级的发展历程和产业升级的一般定义和特征；最后在上述已有的经典内涵基础上研究新时代背景下产业升级的新内涵，包括新时代产业升级的内在要求、新时代产业升级的定义以及新时代产业升级的表现形式。第 4 章介绍产业发展的演变过程，从第一产业、第二产业和第三产业三个角度分别探究各产业的内部演变构成、各产值与 GDP 占比的演变过程、就业人口结构的演变过程及各产业劳动生产率的演变过程，得出各次产业按照何种方式进行演变，并在此基础上将三次产业分别进行综合分析，对我国产业发展状况作整体的描述。第 5 章以系统性、科学性、可比性、综合性、动态性和层次性原则为指导，分别建立了全国、各地区产业升级监测指标体系，该指标体系从产业升级的效益及产业升级的状态两个方面对产业升级进行综合评价，其中产业升级的效益包括经济效益、资源配置效率、科技效益及生态效益四个方面，产业升级的状态包括结构合理化和结构高度化两个方面，最后在上述指标体系下利用主成分分析方法对全国和各地区的产业升级进行综合评价。第 6 章介绍了我国产业升级的拓展研究，主要由外商直接投资对产业升级的影响研究、金融集聚对产业升级的空间溢出效应研究两个应用研究构成，一是在外商直接投资对产业升级的影响研究中，先利用核密度估计法探究了全国整体以及我国东部地区、中部地区以及西部地区的产业升级演变情况，随后利用面板固定效应模型、面板随机效应模型和空间计量模型对外商直接投资与产业升级的关系进行了详细分析，为我国在当前外商直接投资的现状下提供如何整合外商直接投资，促进全国整体实现产业升级提供政策意见；二是在金融集聚对产业升级的空间溢出效应研究中，先结合熵权法和 TOPSIS 综合评价建立评价金融集聚与产业升级的指标体系，然后对我国的产业合理化指数和产业高级化指数进行测度，最后利用空间自回归模型（SAR）、空间误差模型（SEM）以及空间杜宾模型（SDM）进行分析，为我国在当前金融集聚现状下如何进行产业升级提供具有价值的政策建议。第 7 章主要对第 4、第 5、第 6 章内容进行总结，并根据其结论提出一些具有针对性的建议，为我国产业升级的发展建言献策，早日实现我国经济发展方式的转变与产业结构转型升级。

1.3　研究方法和研究特色

本节主要介绍的是在围绕"中国产业升级的统计分析研究"进行研究时，所采用的方法及本书研究有哪些特色。

1.3.1　研究方法

本书在研究过程中，主要采用以下这几种方法。

1.3.1.1　文献研究法

通过搜集、整理与产业升级和新时代经济建设相关的文献资料，发现前人定义的不足，总结新时代产业升级的新内涵和与产业升级相关的理论机制，探索新时代产业升级统计评价指标的构建及其测度。

1.3.1.2　统计监测法

本书通过主成分分析法、相关分析法对统计指标进行初步筛选和二次筛选，建立新时代产业升级统计评价指标体系，接着采用主成分分析、熵值法来对指标赋予权重和构造产业升级的统计监测指数。下面将介绍采用的主要统计方法内容。

（1）主成分分析法。主成分分析法主要利用正交变换的思想，把多个指标变换成少数极具代表性的且线性无关的综合指标（即主成分），其中每个主成分都是原始变量的线性组合，能够反映原始变量的绝大部分信息，而且所含信息互不重复。

在实际研究过程中，一般会从多个角度考虑问题，确保能够全面、系统地分析问题。通常从多个角度考虑问题，会选取相应的指标，用这些指标来反映其发展水平等。但是多个不同层面的变量反映现象的特性时，它们往往具有一定的相关性，所以在反映信息时可能会存在不同程度的信息重叠，从而增加模型的复杂度。而主成分分析法刚好可以避免这种情况发生。

主成分分析法实质是原始变量的线性组合，其表达式是：

$$F_i = a_{i1}X_1 + a_{i2}X_2 + \cdots + a_{ip}X_p, i = 1,2,\cdots,p \tag{1-1}$$

其中，F_i 为第 i 个主成分（$i=1,2,\cdots,p$）；X_i 表示第 i 个指标（$i=1,2,\cdots,p$）；a_{ij} 表示第 i 个特征值的特征向量的第 j 个分量（$i=1,2,\cdots,p;j=1,2,\cdots,p$）。

主成分分析法的步骤一般如下：

①求各指标的相关系数矩阵 $R_{p\times p}$；

②求矩阵 $R_{p\times p}$ 的特征值 $\lambda_j(j=1,2,\cdots,p)$，$\lambda_j$ 表示第 j 个主成分 F_j 所解释的原始指标数据的总方差，则主成分 F_j 对原始指标数据的方差贡献率 w_j 为：

$$w_j = \frac{\lambda_j}{\sum_{j=1}^{p} \lambda_j} \tag{1-2}$$

③将特征值 λ_j 按从大到小的顺序排列，根据累计方差贡献率≥85%的准则选取前 k 个特征值对应的主成分，并计算第 i 个指标第 j 个主成分上因子载荷 b_{ij} 矩阵：

$$a_{ij} = \frac{b_{ij}}{\sqrt{\lambda_j}} \tag{1-3}$$

主成分分析筛选指标的步骤具体如下：

根据主成分 F_j 的因子载荷的绝对值 $|b_{ij}|$ 筛选指标，$|b_{ij}|$ 越大表明指标 i 对评价结果的影响越显著，则该指标应该保留；$|b_{ij}|$ 越小表明该指标对评价结果的影响越弱，则该指标应当剔除。

（2）相关分析法。通过计算同一级别指标间的相关系数，在主成分分析的基础上，再从相关系数较大的指标中删除对评价结果影响较弱的指标，避免出现指标信息冗杂的问题，以简化指标体系。

相关分析的具体步骤如下：

①选取同一指标层内保留下的指标中可能存在信息重复的指标；

②计算指标间的相关系数，设 r_{ij} 为第 i 个指标和第 j 个指标间的相关系数，x_{ki} 为第 k 个评价对象第 i 个指标无量纲化后的数值，$\bar{x}_i$ 为第 i 个指标数据的均值，n 为评价指标的数量，则相关系数的计算公式为：

$$r_{ij} = \frac{\sum_{k=1}^{n}(x_{ki}-\bar{x}_i)(x_{kj}-\bar{x}_j)}{\sqrt{\sum_{k=1}^{n}(x_{ki}-\bar{x}_i)^2(x_{kj}-\bar{x}_j)^2}} \tag{1-4}$$

③设定一个介于 0~1 之间的阈值 Q，若 $|r_{ij}| > Q$，则删除掉两个指标中对评价结果影响较小的那个指标。当相关系数大于 0.8 时属于高度相关，本书 Q 取值为 0.8。

（3）核估计密度法。核密度估计法（Kernel Density Estimate，KDE）主要是借助一个移动的单元格（相当于窗口）对点或线格局的密度进行估计。一般定义为：设 $x_1, x_2, \cdots, x_n$ 是从分布函数为 f 的总体中抽取的独立同分布（iid）样本，估计 f 在某点 X 处的值，通常采用 Rosenblatt – Parzen 核估计：

$$f_n = \frac{1}{nh}\sum_{i=1}^{n} k\left(\frac{x-x_i}{h}\right) \tag{1-5}$$

其中，$k(\cdot)$ 称为核函数；$h > 0$，表示带宽，$(x - x_i)$ 表示估计点到样本 x_i 处的距离。

在核密度估计中，计算结果的影响在很多程度上取决于带宽 h 的选择影响很大，随着 h 的增加，空间上点密度的变化更为光滑，但会掩盖密度的结构；而当 h 减小时，估计点密度更加精细，但却变得突兀不平。在应用实践中，带宽 h 的取值是具有弹性的，需要根据不同的带宽取值 h 来进行试验，增加点密度曲面的光滑程度。

（4）聚类分析。聚类分析也是多元统计分析方法中的一种，是基于多指标对样本进行分类的一种方法。主要的聚类方法有系统聚类法、动态聚类法、模糊聚类法等聚类分析方法，另外，根据分类对象有变量聚类（R型聚类）和样品聚类（Q型聚类），其实质是根据变量或样本间亲疏程度，将性质最接近的对象聚合在一起成为一类。而系统聚类法是目前实际应用中使用最多的一类方法，是降低类别的一种方法。系统聚类法的基本思想是：首先定义样本间的距离和类与类之间的距离，初始阶段将 n 个样品看成 n 类，然后将距离相近的两类合成新类，并计算新类与其他类间的距离，再按最小距离准则进行并类。重复上述步骤，直到所有样本都归类完成，最后将聚类过程用系谱图画出，就可以得到聚类图。根据聚类图，结合实际需要，确定样本的聚类数目，得出最后的聚类结果。

在系统聚类分析中，涉及两个距离：一个是样品间的距离，另一个是类间距离。不同的类间距离定义产生了不同的系统聚类方法。本书采用的系统聚类法中样本间距离采用欧式距离，而类与类之间的距离则采用最短距离，具体定义如下：设观测数据 $x_{ij}(i=1,2,\cdots,n;j=1,2,\cdots,m)$，表示第 i 个样本 j 指标数据。

①数据处理。在进行分析之前先要对观测数据进行标准化，计算公式为：

$$x_{ij}^* = \frac{x_{ij} - E(x_{ij})}{\sqrt{D(x_{ij})}} \tag{1-6}$$

数据经过标准化处理后，得出新的期望和方差的大小为：

$$E(x_{ij}^*) = E\left(\frac{(x_{ij}) - E(x_{ij})}{\sqrt{D(x_{ij})}}\right) = \frac{E(x_{ij}) - E(x_{ij})}{\sqrt{D(x_{ij})}} = 0 \tag{1-7}$$

$$D(x_{ij}^*) = E(x_{ij}^*)^1 - 0 = \frac{E((x_{ij})) - E((x_{ij}))^2}{D(x_{ij})} = \frac{D(x_{ij})}{D(x_{ij})} = 1 \tag{1-8}$$

即数据处理后，期望均为0，方差都为1。

②距离的计算。距离的计算是聚类分析方法的关键。距离是用来度量样品点之间的亲密程度的，计算距离的方法较多，如欧氏距离、绝对距离、马氏距离等，以欧式距离为例，不妨设两个样品构成的矩阵分别是：

$$x_i = (x_{i1}, x_{i2}, \cdots, x_{in}) \tag{1-9}$$

$$x_j = (x_{j1}, x_{j2}, \ldots, x_{jn}) \tag{1-10}$$

欧式距离的定义为：

$$d(x_i, x_j) = \left[\sum_{k=1}^{n}(x_{ik} - x_{jk})^2\right]^{\frac{1}{2}} \tag{1-11}$$

③系统聚类方法。系统聚类方法的原则取决于样品间距离的定义方式，距离的计算方式不同产生的系统聚类分析结果不同。

假设现在有 n 个样品，用式（1-11）计算每两个样品之间的距离，得到实对称矩阵为：

$$D_0 = \begin{bmatrix} d_{11} & \cdots & d_{1n} \\ \vdots & \ddots & \vdots \\ d_{n1} & \cdots & d_{nm} \end{bmatrix} \qquad (1-12)$$

从矩阵 D_0 的非主对角线上找到最小距离，记为 D_{pq}，那么类 G_p，G_q 就可以合并为一个新类 $G_r = (G_p, G_q)$，在矩阵 D_0 中去掉类 G_p，G_q 所在的行和列，再加上新类 G_r 与其余类之间的距离，得到 $n-1$ 阶的新矩阵 D_1，对新矩阵 D_1 重复上述计算步骤，得到新矩阵 D_2，依次计算下去，直到所有样品聚为一个大类结束。

在合并类的过程中需要记下被合并样品的编号和两类合并时的水平，最后绘制聚类谱系图。

1.3.1.3 计量分析法

（1）面板计量模型。随着经济现象的复杂化和经济学理论的不断深化，单纯地应用截面数据或者时间序列数据来检验经济理论、寻找经济规律和预测经济趋势往往存在较大的偏差，为了进一步发挥计量经济学的作用，目前多数计量研究已经由截面数据研究转为面板计量研究，并且面板计量经济分析已经成为计量经济学研究的重要分支之一，其中具有代表性的面板计量模型主要包括面板固定效应模型和面板随机效应模型。

固定效应模型。

在面板数据线性回归模型中，如果对于不同的截面或不同的时间序列，只有模型的截距项是不同的，而模型的斜率系数是相同的，则称此模型为固定效应模型。固定效应模型分为三类：

第一类，个体固定效应模型。

个体固定效应模型是对于不同的纵剖面时间序列（个体）只有截距项不同的模型：

$$y_{it} = \lambda_i + \sum_{k=2}^{K} \beta_k x_{kit} + u_{it} \qquad (1-13)$$

从时间和个体上看，面板数据回归模型的解释变量对被解释变量的边际影响均是相同的，而且除模型的解释变量之外，影响被解释变量的其他所有（未包括在回归模型或不可观测的）确定性变量的效应只是随个体变化而不随时间变化。采用无约束模型和有约束模型的回归残差平方和之比构造 F 统计量，以检验设定个体固定效应模型的合理性：

$H_0: \lambda_1 = \lambda_2 = \lambda_3 = \cdots = \lambda_{N-1} = 0$

$$F = \frac{\frac{RRSS - URSS}{N-1}}{\frac{URSS}{NT - N - K + 1}} \sim F(N-1, N(T-1) - K + 1) \quad (1-14)$$

RRSS 是有约束模型（即混合数据回归模型）的残差平方和，URSS 是无约束模型 ANCOVA 估计的残差平方和或者 LSDV 估计的残差平方和。

第二类，时点固定效应模型。

时点固定效应模型就是对于不同的截面（时点）有不同截距的模型。如果确知对于不同的截面，模型的截距显著不同，但对于不同的时间序列（个体）截距是相同的，那么应该建立时点固定效应模型：

$$y_{it} = \gamma_t + \sum_{k=2}^{K} \beta_k x_{kit} + u_{it} \quad (1-15)$$

第三类，时点个体固定效应模型。

时点个体固定效应模型就是对于不同的截面（时点）、不同的时间序列（个体）都有不同截距模型。如果确知对于不同的截面、不同的时间序列（个体）模型的截距都显著不相同，那么应该建立时点个体固定效应模型：

$$y_{it} = \lambda_i + \gamma_t + \sum_{k=2}^{K} \beta_k x_{kit} + u_{it} \quad (1-16)$$

（2）面板单位根检验。

在对经济学问题进行建模时，通常首先要对变量进行平稳性检验，防止出现"伪回归"，常见的时间序列平稳性检验方法主要包括 DF 检验、ADF 检验。同理，针对面板数据进行建模时，如建立面板固定效应模型、面板随机效应模型以及空间面板计量模型等，那么也需要对面板数据进行面板单位根检验，常见的面板单位根检验主要包括 LLC 检验、HT 检验、Breitung 检验以及 IPS 检验等。

①LLC 检验：LLC 检验的原理采用 ADF 检验的形式，使用 Δy_{it} 和 y_{it} 的剔除自相关和常数项影响的、标准的代理变量。具体操作方法如下：

第一步，先从 Δy_{it} 和 y_{it} 中剔除自相关和常数项的影响，并将其标准化，成为代理变量；

第二步，用代理变量做 ADF 回归，$\widehat{\varepsilon}_{ij}^* = \rho \tilde{\varepsilon}_{ij} + v_{it}$。

因此，对于 LLC 检验，可以通过上述两步判断面板数据是否平稳。下面将给出具体的计算步骤：

首先，设置 LLC 检验的原假设与备择假设，即当 $\rho = 0$ 时，面板数据存在单位根；而当 $\rho < 0$ 时，面板数据单位根现象不显著。由于 LLC 检验是以 ADF 检验进行改进得到：

$$\Delta y_{it} = \rho y_{i,t-1} + \sum_{j=1}^{k_i} \gamma_{ij} \Delta y_{i,t-j} + Z'_{it}\phi + \varepsilon_{it},$$
$$i = 1,2,\cdots,N; t = 1,2,\cdots,T \tag{1-17}$$

其中，Z_{it} 表示外生变量（确定性变量）列向量，ϕ 表示回归系数列向量。

其次，估计代理变量。先确定附加项个数 k_i，然后作以下两个回归式，

$$\Delta y_{it} = \sum_{j=1}^{k_i} \widehat{\gamma}_{ij} \Delta y_{i,t-j} + Z'_{it} \widehat{\phi} + \widehat{\varepsilon}_{it} \tag{1-18}$$

$$y_{i,t-1} = \sum_{j=1}^{k_i} \widetilde{\gamma}_{ij} \Delta y_{i,t-j} + Z'_{it} \widetilde{\phi} + \widetilde{\varepsilon}_{it-1} \tag{1-19}$$

移项得到：

$$\widehat{\varepsilon}_{it} = \Delta y_{it} - \sum_{j=1}^{k_i} \widehat{\gamma}_{ij} \Delta y_{i,t-j} - Z'_{it} \widehat{\phi} \tag{1-20}$$

$$\widehat{\varepsilon}_{it-1} = y_{it} - \sum_{j=1}^{k_i} \widehat{\gamma}_{ij} \Delta y_{i,t-j} - Z'_{it} \widetilde{\phi} \tag{1-21}$$

将 $\widehat{\varepsilon}_{it}$ 和 $\widetilde{\varepsilon}_{it}$ 标准化，得：

$$\widehat{\varepsilon}_{ij}^{*} = \widehat{\varepsilon}_{it}/S_i \tag{1-22}$$

$$\widetilde{\varepsilon}_{ij}^{*} = \widetilde{\varepsilon}_{it-1}/S_i \tag{1-23}$$

其中，S_i，$i = 1, 2, \cdots, N$ 是式（1-17）对每个个体回归时所得到的残差和标准差，从而得到 Δy_{it} 和 y_{it-1} 的代理变量 $\widehat{\varepsilon}_{ij}^{*}$ 和 $\widetilde{\varepsilon}_{ij}^{*}$。

最后，利用代理变量 $\widehat{\varepsilon}_{ij}^{*}$ 和 $\widetilde{\varepsilon}_{ij}^{*}$ 作以下回归：

$$\widehat{\varepsilon}_{ij}^{*} = \rho \widetilde{\varepsilon}_{ij}^{*} + \nu_{it} \tag{1-24}$$

LLC 证明，式（1-24）中估计量 $\widehat{\rho}$ 的以下修正的 $\widetilde{t}_{\widehat{\rho}}$ 统计量渐近地服从标准正态分布。

$$\widetilde{t}_{\widehat{\rho}} = \frac{t_{\widehat{\rho}} - (N\widetilde{T}) S_N \widehat{\sigma}^2 s(\widehat{\rho}) \mu_{m\widetilde{T}}^{*}}{\sigma_{m\widetilde{T}}^{*}} \rightarrow N(0,1) \tag{1-25}$$

其中，$t_{\hat{\rho}}$ 表示标准的 t 统计量；N 表示截面数量；$\tilde{T} = T - (\sum_i k_i/N) - 1$，$T$ 为个体容量；S_N 为每个个体长期标准差与新息标准差之比的平均数；$\hat{\sigma}^2$ 是误差项 ν_{it} 的方差；$s(\hat{\rho})$ 是 $\hat{\rho}$ 的标准差；$\mu_{m\tilde{T}}^*$ 和 $\sigma_{m\tilde{T}}^*$ 分别是均值和标准差的调整项。

②Breitung 检验：Breitung 检验与 LLC 检验类似。先从 Δy_{it} 和 y_{it} 中剔除动态变化项 $\Delta y_{i,t-j}$，然后标准化，再进行退势回归，最后用 ADF 回归 $\widehat{\varepsilon}_{it}^* = \rho \tilde{\varepsilon}_{it-1}^* + \nu_{it}$ 检验单位根。若每个个体建立的单位根检验式的误差项之间存在同期相关，上述的面板数据的单位根检验将不再适用。

③Hadri 检验：Hadri 检验与 KPSS 检验相类似。原假设是面板中的所有序列都不存在单位根，主要的计算步骤是用原面板数据的退势序列（即残差）建立 LM 统计量。

退势回归为：
$$y_{it} = \alpha_1 + \alpha_2 t + u_{it} \tag{1-26}$$

利用式（1-26）中的残差 $\widehat{u}_{it}$ 计算如下 LM 统计量，得：
$$LM = \frac{1}{N} \left[\sum_{i=1}^{N} \left[\sum_t S_i(t)^2 / T^2 \right] / f_0 \right] \tag{1-27}$$

其中，$S_i(t) = \sum_{s=1}^{t} \widehat{u}_{it}$ 是残差累积函数，f_0 是频率为 0 时的残差谱密度。

Hadri 给出，在一般假定条件下，有：
$$Z = \frac{\sqrt{N}(LM - a)}{b} \rightarrow N(0, 1) \tag{1-28}$$

其中，$a = 1/6$，$b = 1/45$。

④IPS 检验：IPS 检验克服了 LLC 检验的缺陷，允许面板中的不同个体（序列）的 ρ_i 不同。IPS 检验检验式是：
$$\Delta y_{it} = \rho_i y_{it-1} + \sum_{j=1}^{k_i} \gamma_{ij} \Delta y_{i,t-j} + X_{it}' \alpha + \varepsilon_{it} \tag{1-29}$$
$$i = 1, 2, \cdots, N; t = 1, 2, \cdots, T, \varepsilon_{it} = IID(0, \sigma^2)$$

利用式（1-29）对 N 个个体估计 N 个 ρ_i 及相应的 $t_{\hat{\rho}}$。计算平均值 $\bar{t}_{(\hat{\rho})} = \frac{1}{N} \sum_{i=1}^{N} t_{(\hat{\rho})}$。再用 $\bar{t}_{(\hat{\rho})}$ 构造面板 IPS 检验：

$$Z_{\bar{t}} = \frac{[\bar{t}_{(\hat{\rho})} - E(\bar{t}_{(\hat{\rho})})]}{\sqrt{Var(\bar{t}_{(\hat{\rho})})/N}} \tag{1-30}$$

$Z_{\bar{t}}$ 渐近服从标准正态分布,另外 IPS 检验为左侧单侧检验。

(3) 空间计量模型。

①空间相关性检验。"空间自相关"可解释为地理位置相近的区域具有相似的变量值。在确定是否使用空间计量之前,首先要检验研究数据是否存在空间自相关。空间自相关检验主要包括 Moran's I 指数检验和 Geary's C 指数检验。下面对 Moran's I 指数和 Geary's C 指数做简要描述。

Moran's I 指数(莫兰指数):基于空间自相关的复杂性,综合文献中对空间自相关的度量方法,其中最流行的检验方法为 Moran's I 指数检验。

一般公式为:

$$I = \frac{\sum_{i=1}^{n}\sum_{j=1}^{n} w_{ij}(x_i - \bar{x})(x_j - \bar{x})}{S^2 \sum_{i=1}^{n}\sum_{j=1}^{n} w_{ij}} \quad (1-31)$$

其中,$S^2 = \dfrac{\sum_{i=1}^{n}(x_i - \bar{x})^2}{n-1}$ 为样本方差,w_{ij} 为空间权重矩阵的 (i, j) 元素(用来度量区域 i 和区域 j 之间的距离),而 $\sum_{i=1}^{n}\sum_{j=1}^{n} w_{ij}$ 为空间权重中所有元素之和。

Moran's I 指数的取值一般介于 -1~1,大于 0 表示在整个地理研究范围内,变量存在正自相关,即高值与高值相邻(H-H)、低值与低值相邻(L-L);小于 0 表示在整个地理研究范围内,变量存在负自相关,即高值与低值相邻(H-L),低值与高值相邻(L-H)。

Geary's C 指数:Moran's I 指数并非唯一的空间自相关指标,另一种常用检验空间自相关的指标为吉尔里指数 C,且后者在测度局部自相关时比莫兰指数 I 更加灵敏。

一般公式为:

$$C = \frac{(n-1)\sum_{i=1}^{n}\sum_{j=1}^{n} w_{ij}(x_i - x_j)^2}{2(\sum_{i=1}^{n}\sum_{j=1}^{n} w_{ij})\left[\sum_{i=1}^{n}(x_i - \bar{x})^2\right]} \quad (1-32)$$

与莫兰指数 I 不同,式(1-32)中核心成分为 $(x_i - x_j)^2$,且吉尔里指数 C 的取值一般介于 0~2,大于 1 表示不同地区变量间存在负相关,等于 1 表示不相关,而小于 1 表示不同地区变量间存在正相关。

②空间权重建立。在进行空间计量分析之前，首要任务是考虑如何度量各个区域之间的空间距离。记来自 n 个区域的空间数据为 $\{x_i\}_{i=1}^n$，下标 i 表示区域 i。记区域 i 与区域 j 之间的距离为 w_{ij}，则可定义空间权重矩阵（spatial weighting matrix）如下：

$$W = \begin{bmatrix} w_{11} & \cdots & w_{1n} \\ \vdots & \ddots & \vdots \\ w_{n1} & \cdots & w_{nn} \end{bmatrix} \tag{1-33}$$

其中，主对角线上元素 $w_{11} = \cdots = w_{nn} = 0$（因为同一区域的距离为 0）。显然，空间权重矩阵 W 是对称矩阵，一般研究中最简单的距离函数为"相邻"函数，即如果区域 i 和区域 j 有共同的边界，那么 $w_{ij} = 1$，否则 $w_{ij} = 0$。类比国际象棋中不同棋子的行走路线，相邻关系可分为以下几种：

车相邻（rook contiguity）：两个相邻的区域具有共同的边界；

象相邻（bishop contiguity）：两个相邻的区域具有共同的顶点，但是没有共同的边界；

后相邻（queen contiguity）：两个相邻的区域具有共同的边界或者顶点。

接下来，为了详细阐述空间权重矩阵是如何构建的，以及三种相邻方式的区别，这里提供一个简单的案例：

如图 1-1 所示，存在 4 块区域 A、B、C、D，其取值分别为 a、b、c、d。

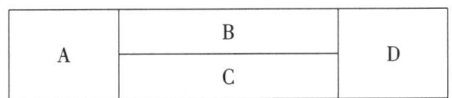

图 1-1 A、B、C、D 四块区域

针对图 1-1，利用三种相邻规则，得出的空间权重矩阵为：

$$W = \begin{bmatrix} 0 & 1 & 1 & 0 \\ 1 & 0 & 1 & 1 \\ 1 & 1 & 0 & 1 \\ 0 & 1 & 1 & 0 \end{bmatrix} \tag{1-34}$$

该空间权重第一行表示，区域 A 与区域 B 和 C 相邻，但与区域 D 不相邻；第二行表示区域 B 和区域 A 相邻、区域 C 以及区域 D 相邻；以此类推。

定义相邻的另一方法是基于区域间的距离，记区域 i 与区域 j 的距离为 d_{ij}，可以定义空间权重因素如下：

$$w_{ij} = \begin{cases} 1, \text{若} d_{ij} < d \\ 0, \text{若} d_{ij} \geq d \end{cases} \quad (1-35)$$

其中，d 作为事先设定的距离临界值。通过式（1-35）可以看出，邻接矩阵只考虑直接相邻的两个单元之间的空间依赖关系，并假定非邻接关系的空间实体之间不存在相互影响，具有简单明了、易于建立的优点；而空间权重矩阵的建立也可以不使用邻接关系，也可以直接使用距离的倒数作为空间权重：

$$w_{ij} = \frac{1}{d_{ij}} \quad (1-36)$$

其中，d_{ij} 仅表示一个广义距离，既可以表示地理距离，如直线距离或大圆距离，也可以表示基于运输成本的或旅行时间的经济距离，甚至包括社交网络中的距离等。考虑到随着经济社会发展，地理位置在空间不邻接造成经济发展互不影响的假定不现实，使用二元邻接矩阵可能会导致模型结果与实际偏差较大，因此，在研究经济问题时，初次选择的空间权重矩阵往往并非研究该问题的最佳选择，并且对于空间权重矩阵应该慎重选择，可以尝试交叉验证，最终选择出相对最佳的空间权重矩阵。

③空间计量模型。

根据不同的交互效应形式，空间计量模型可以分为空间自回归模型（SAR）、空间误差模型（SEM）以及空间杜宾模型（SDM）等。

空间自回归模型（SAR）：空间自回归模型表示模型中的被解释变量之间存在着空间相关。由于该模型与时间序列中的自回归模型相类似，因此空间自回归模型也被称为空间自回归模型（spatial autoregression model，SAR）。空间滞后模型的表达式为：

$$y = \rho W y + X\beta + \varepsilon \quad (1-37)$$

$$y = (I_n - \rho W)^{-1}(X\beta + \varepsilon) \quad (1-38)$$

$$\varepsilon \sim N(0, \sigma^2 I_n)$$

其中，y 为被解释变量，X 为 $n \times k$ 的外生解释变量矩阵，W 为 $n \times n$ 的空间权重矩阵，Wy 为空间滞后被解释变量，用于表征不同的样本单元之间的空间相关性，ε 为随机误差项向量，ρ 和 β 为待估计的参数。式（1-38）为其 DGP 形式，通过该式可以计算空间自回归模型中的解释变量对被解释变量的总效应、直接效应以及间接效应，也称溢出效应。

空间误差模型（SEM）：空间误差模型表示模型中的误差项存在空间相关

性，其数学表达式为：

$$y = X\beta + u \tag{1-39}$$

$$u = \lambda W u + \varepsilon \tag{1-40}$$

$$y = X\beta + (I_n - \lambda W)^{-1}\varepsilon \tag{1-41}$$

$$\varepsilon \sim N(0, \sigma^2 I_n)$$

在式（1-40）中，y、X 以及 W 的含义与上文相同。u 为随机误差项向量，表示残差项之间具有空间相关性。λ 和 β 为待估计的参数。式（1-41）为其 DGP 形式，空间误差模型的直接效应可以直接由待估参数 β 表示，其溢出效应为 0，因此该模型直接效应与总效应相等。

空间杜宾模型（SDM）：在空间自回归模型和空间误差模型的基础上，如果需要同时考虑被解释变量与解释变量之间的空间相关性时，即考虑 WX，之前的空间滞后模型可以拓展为：

$$y = \rho W y + X\beta + W X \theta + \varepsilon \tag{1-42}$$

$$y = (I_n - \rho W)^{-1}(X\beta + W X \theta + \varepsilon) \tag{1-43}$$

$$\varepsilon \sim N(0, \sigma^2 I_n)$$

于是，我们得到 Anselin（1988）的空间杜宾模型。在式（1-42）中，y、X、Wy、W 和 ε 的含义与式（1-37）相同，WX 表示个体 A 的被解释变量 y_A 会受到其他个体的独立变量 x_B 的影响，ρ、β 和 θ 为待估计的参数。式（1-43）为 DGP 形式，解释变量对被解释变量的直接效应为矩阵 $(I_n - \rho W)^{-1}[\beta_k + W\theta_k]$ 非对角线上元素数值行和或列和的平均值。虽然相比于 GNS 模型，空间杜宾模型没有考虑误差项之间的相互作用效应，但是 LeSage 和 Pace（2009）提出，相比于忽略误差项的空间效应 Wu，忽略被解释变量 Wy 以及自变量 WX 的空间效应成本更高，因为忽略误差项的空间误差效应仅仅导致估计效率的损失，但是忽略解释变量将直接导致模型参数估计偏误且非一致，因此空间杜宾模型具有较高的应用价值。

最后，对于空间自回归模型、空间误差模型以及空间杜宾模型，它们三者在满足一定条件下也可以互相转化。当 $\theta = 0$ 时，空间杜宾模型可以简化为空间滞后模型的形式：$y = \rho Wy + X\beta$；而当 $\theta = -\rho\beta$ 时，空间杜宾模型则简化为空间误差模型的形式：$(I_n - \rho W)y = (I_n - \rho W)X\beta + \varepsilon$。

④空间计量模型的估计。

根据高斯—马尔可夫经典假设，样本 X 必须两两之间相互独立，但是在空间计量模型参数估计中，空间计量模型中独有的空间相关性违背了解释变量相互独立这一经典假设，并且当讨论空间溢出效应时，模型的估计将会变得更加复杂。因此，在这种情况下样本间存在空间相关性使原有的最小二乘法（OLS）估计失效，因而对于空间计量模型的估计经常使用广义矩估计（GMM）、极大似然估计（MLE）或者工具变量法（IV，但找到合适的工具变量往往十分困难）。

接下来，将对空间计量模型的估计方法进行介绍，考虑到空间自回归和空间误差两种效应可能同时发生，因此将空间自回归模型和空间误差模型结合起来进行说明，考虑以下模型：

$$y = \lambda Wy + X\beta + u \tag{1-44}$$

其中，式（1-44）中扰动项 u 的生成过程为：

$$u = \rho Mu + \varepsilon, \varepsilon \sim N(0, \sigma^2 I_n) \tag{1-45}$$

其中，W 和 M 分为被解释变量 y 与扰动项 u 的空间权重矩阵，两者可以相等。由式（1-44）和（1-45）构成的模型称为"带空间自回归误差项的空间自回归模型"（spatial autoregression model with spatial autoregression disturbances，SARAR），也可以统称为"Cliff-Ord 模型"。

SAR 模型与 SEM 模型都是 SARAR 模型的特例，分别对应于 $\rho = 0$ 和 $\lambda = 0$ 的情况。对于 SARAR 模型，也可以使用 MLE 进行估计。最后可以证明式（1-44）的样本对数似然函数为：

$$\ln L(y|\lambda, \rho, \sigma^2, \beta) = -\frac{n}{2}\ln 2\pi - \frac{n}{2}\ln \sigma^2 + \ln(abs|A|) + \ln(abs|B|)$$
$$-\frac{1}{2\sigma^2}(Ay - X\beta)'B'B(Ay - X\beta) \tag{1-46}$$

在对式（1-46）进行最大化时，仍可以分两步进行，并进行迭代，这与求解 SEM 模型的情形类似。尽管 Cliff-Ord 模型经常使用 MLE 进行估计，可以得到有效的估计结果，但是 MLE 估计量也存在一些缺陷。首先，MLE 估计量计算一般不方便，特别当空间权重矩阵 W 和 M 的维度较高时。其次，空间计量模型 MLE 估计量的大样本理论尚不健全。另外，在独立同分布的假设下（但不一定服从正态分布），Lee（2004）导出了 SAR 模型 QMLE 渐进分布，但未涉及 SEM 模型或者更加一般的 SARAR 模型。最后，如果随机误差项 ε 不服从独立同分布的正态分布，则 QMLE 估计量可能不一致。例如，Arraiz 等（2010）通过 Monte Carlo 模拟证明，在异方差的情况下，QMLE 估计量是不一致的。

因此，Kelejian 和 Prucha（1998，1999，2004，2010）提出使用工具变量，

用 GMM 来估计 SARAR 模型，称为"广义空间二段最小二乘法"。Arraiz 等 (2010) 模拟结果表明，该 IV 估计量在异方差情况下也是一致的，故更为稳健。而且，GS2SLS 的计算更加简便，并不会因为样本容量太大而产生计算困难。其中，GS2SLS 所使用的工具变量为 $\{X, WX, \cdots, W^qX, MX, MWX, \cdots, MW^qX\}$ 中线性独立的列向量，记此工具变量矩阵为 H。Monte Carlo 模拟显示，在很多情况下直接取 $q=2$ 即可，显然，由于 X 与 y 相关，并且 X 为外生变量，故以上 X 的线性函数为有效工具变量。

空间溢出效应的分解：空间杜宾模型通常包含因变量和自变量的空间滞后项，参数经济含义较为复杂，可利用效应分解方法对自变量和因变量的实际影响进行测度。本书利用 Lesage 和 Pace (2009) 提出的方法"求偏微分法"来有效测算直接效应和间接效应。假设空间杜宾模型的形式为：

$$y = \rho Wy + X\beta + WX\theta + I_n\alpha + \varepsilon \quad (1-47)$$

其中，y 为因变量向量，W 为空间邻接矩阵，X 为自变量向量，n 是观察单位个数，I_n 为 n 阶单位矩阵，ρ、β、θ、α 是待估参数，ε 是随机误差项，将式 (1-47) 变形后得到：

$$y = \sum_{r=1}^{k} S_r(W) x_r y + V(W) I_n \alpha + V(W)\varepsilon \quad (1-48)$$

其中，

$$S_r(W) = V(W)(I_n\beta_r + W\theta_r), \quad (1-49)$$

$$V(W) = (I_n - \rho W)^{-1} = I_n + \rho W + \rho^2 W^2 + \rho^3 W^3 + \cdots \quad (1-50)$$

k 为自变量个数，x_r 表述第 r 个自变量的值，θ_r 表示滞后变量 WX 的第 r 个滞后变量的系数。

则有：

$$\begin{bmatrix} y_1 \\ y_2 \\ \vdots \\ y_n \end{bmatrix} = \sum_{r=1}^{k} \begin{bmatrix} S_r(W)_{11} & S_r(W)_{12} & \cdots & S_r(W)_{1n} \\ S_r(W)_{21} & S_r(W)_{22} & \cdots & S_r(W)_{2n} \\ \vdots & \vdots & \vdots & \vdots \\ S_r(W)_{n1} & S_r(W)_{n2} & \cdots & S_r(W)_{nn} \end{bmatrix} + V(W) I_n \alpha + V(W) \quad (1-51)$$

$$y = \sum_{r=1}^{k} [S_r(W)_{i1} x_{1r} + S_r(W)_{i2} x_{2r} + \cdots + S_r(W)_{in} x_{nr}] + V(W)_i I_n \alpha + V(W)_i \varepsilon \quad (1-52)$$

进一步得到：

$$\frac{\partial y_i}{\partial x_{jr}} = S_r(W)_{ij} \qquad (1-53)$$

可以看出，偏导系数 $S_r(W)_{ii}$ 表示区域 i 自变量 x_{ir} 的变动对本区域因变量的影响，即直接效应；偏导系数 $S_r(W)_{ij}(j \neq i)$ 表示区域 j 自变量 x_{jr} 的变动对区域 i 因变量的影响，即间接效应。

1.3.2 研究特色

本书将从其重点、难点及创新点这三个方面来对研究特色进行介绍。

（1）重点。本书的研究重点：一是结合新时代下产业升级的内涵，构建综合反映产业结构优化和产业效益提高的统计指标体系是本书的研究核心，也是准确监测和研究产业升级的基础；二是对综合评价方法组合使用或者改进，构造产业升级的统计评价指数，从整体产业、三次产业和重点行业三个层次对产业升级状况进行综合评价，准确的评价结果是联系产业升级理论研究与实证研究的重要纽带；三是依据产业经济理论，建立空间计量经济等模型，讨论外商直接投资、金融集聚程度分别与产业升级的相互影响关系，并比较各地区间的产业升级差异，促进全国各地区出台更加科学的产业升级政策建议，这也是对产业升级统计评价结果的重要应用。

（2）难点。本书的研究难点：一是统计指标的筛选。指标筛选结合了多种方法，既有传统的相关分析等方法，也有稍微复杂的 PCA 等方法，操作上既有难度也应谨慎，主要是因为统计指标体系须建立在产业升级新内涵的基础上，所以筛选出的统计指标应反映产业结构优化和产业效益提高两个方面的内容，同时也强调指标的科学性和关联性等。二是反映结构升级和效益升级的指数融合方式。基于建立的统计指标体系，结合实际经济数据采用主成分分析、因子分析、熵值法等方法构造产业升级指数，那么采用何种方式将结构升级和效益升级的指数进行融合，从而反映整体动态升级状况，另外，每种方法的原理不同，构造出的统计监测指数也会有所差异，那么又如何客观地比较监测指数的优劣。三是空间计量经济模型中的空间权重矩阵的构建。构建空间计量经济模型是为了研究外商直接投资、金融集聚程度分别与产业升级的相互影响关系，在建立的模型中，如何根据地区产业发展、创新活动和经济活动的特点确定空间权重矩阵，以及如何根据经济活动的空间相依性和回归模型中误差项的相依性设定空间计量模型的形式，这些对于准确揭示地区产业经济规律非常关键。

（3）创新点。本书的创新点主要体现在学术思想、学术观点、研究方法这三个方面，下面将具体介绍这三个方面的特色。

首先，在学术思想上，配第一克拉克定律指出，随着经济增长、人均国民收入提高，劳动力会依次由第一、第二产业向第三产业转移。在此基础上，形成了随着产业规模和结构升级，劳动力和收入在第一产业中的比重逐渐下降且趋势减缓，在第二产业中的比重出现下降，在第三产业中的比重不断增加且势头强劲的规律。经典的产业升级理论大多是从产业结构转移角度进行研究，却没有考虑到产业自身效益的提高。虽然罗斯托的"六阶段论"中涉及了产业间的关联效应，但也未明确给出产业升级的定义。本书基于产业结构优化理论，即产业结构高度化和产业结构合理化，结合新时代的社会主要矛盾，即发展不平衡不充分，从产业结构优化和产业效益提高两个方面来阐释产业升级的完整内涵。

其次，在学术观点上，本书根据产业结构优化理论，结合新时代的经济发展特点，初步拟订新时代下产业升级的内涵是：产业不断向更高的效益和更优化的结构演变的过程。具体表现为：在产业效益提高方面，产品附加值的不断增加、资源利用效率的不断提升、环境友好程度的不断加深以及科技创新水平的不断提高等；在产业结构优化方面，产业结构趋于高度化和合理化。

最后，在研究方法上，特色主要体现在：一是统计评价指数的构造。以往的研究大多是从产业结构优化角度构造测量指标，而综合反映产业结构优化和产业效益提高的测量指标较少，并且通过建立统计指标体系再构造统计指数反映产业升级的研究也不多。因此，本书将基于新时代下产业升级的内涵，从产业效益提高和产业结构优化两个方面建立统计指标体系，再采用综合评价方法构造统计综合评价指数。二是产业升级的分层次动态监测。以往的产业升级研究大多是从整体产业结构出发，而本书基于统计综合评价指数，利用时间序列方法对全国及各地区的整体产业、三次产业和重点行业三方面的产业升级状况进行评价，评价结果既能从整体上反映产业升级，又能比较各类产业的升级差异，有利于政策的落实。

本章小结

首先，从本书的研究背景及研究意义出发，阐述本书的研究价值；其次，介绍本书包含的研究内容及研究框架，展示本书的结构轮廓；最后，将本书所使用的统计研究方法进行汇总介绍，并指出本书的研究重点、难点以及创新点。

第 2 章　国内外产业升级研究综述

2.1　国内产业升级研究综述

2.1.1　产业升级的内涵研究

产业升级是产业经济学的基础概念，明确产业升级的内涵也是本书的研究基础。随着时代的变迁，产业升级的内涵在不断地扩展和延伸。但是，产业升级的内涵是什么？究竟应该怎样界定？目前，国内学术界的学者们并没有达成统一的意见。有些学者认为，产业升级等同于产业结构升级。也有一些学者认为，产业升级就是产业结构升级。徐东华（1999）认为产业升级是产业结构整体发生质的变化。高燕（2006）认为产业升级是在一定时期内产业结构的变动和产业结构效益的提升。也有学者认为产业升级有别于产业结构升级（姜泽华等，2006；李江涛等，2008）。姜泽华、白艳（2006）明确提出产业升级有别于产业结构升级，他们认为，产业升级是关于单个产业的形成、发展及衰退的过程，但产业结构升级是关于价值形态的转换过程，在这个过程中，产业结构由低价值形态转换到高价值形态。李江涛、孟元博（2008）指出，产业升级是比产业结构升级高一层次的概念，产业升级包含产业结构升级和产业深化发展这两个不同方向的产业发展内容。下面将对我国学术界有关产业升级的内涵研究进行系统阐述。

传统的产业升级是一个派生概念，来自三次产业理论，是指第一产业、第二产业、第三产业依次转移，并且产品附加值不断增加的过程。它包括三层含义：（1）产业升级是经济发展过程中的客观现象，描述的是产业出现、扩张、消亡的过程。（2）产业升级离不开经济增长，两者同步，产业升级带来的产业结构变动一方面使高附加值产业不断增加；另一方面又必然导致低附加值产业的减少，同时促进国民收入的增加，刺激我国经济增长。（3）产业升级会带来新要素的加入和旧要素的退出，一个产业的兴起必然会带来新要素的引入，一个产业的衰落也会导致要素的退出。

现在学者主要从这三个方面来定义当代的产业升级：（1）产业升级是产业内价值链的提升。张耀辉（2002）提出衡量产业是否升级的标准不再是产业结构比例是否发生变化，而是产业整体的附加值是否增加，因此他认为，产业升级的核心是高附加值替代低附加值，是高附加值产业替代低附加值产业的过程，三次产业间的转移从产业升级的角度来看，其实质就是一个低附加值产业不断被高附加值产业代替的过程。张向阳、朱有为（2005）提出全球价值链视角下，产业升级主要关注于领导型、网络型、市场型 GVC 的产业升级。冯艳丽（2009）认为，产业升级实际上是"同一价值链中各环节和不同价值链之间互动产生的复杂动态结果"，从一国产业在全球价值链中所处的地位来看，产业升级的过程实质是一国产业在全球价值链中的低附加值一端向全球价值链中的高附加值一端不断向上转移的过程。孙佳（2009）基于产品分工和全球价值链的视角，认为产业升级包括流程升级、产品升级、功能升级和价值链升级，即企业通过嵌入价值链获取技术进步和市场联系以达到更高的经济效益。丁晓强、葛秋颖（2015）从宏观和微观两个角度探讨产业升级的内涵，宏观层面上看产业升级是产业结构向第三产业倾斜且在全球价值链中产业地位不断提升的过程；微观层面上看产业升级是通过技术进步使产品附加值不断提升、产品竞争力逐渐增强的过程。（2）产业升级是产业结构的调整。国内初期对产业升级的大多数研究认为产业升级是产业结构的调整。吴崇伯（1988）以东盟为研究对象，认为自 20 世纪 80 年代初期开始，东盟各国先后对产业结构进行升级，纷纷进入产业结构大挑战时期。徐佳宾（2005）、刘勇（2007）、聂建中等（2009）和巫景飞等（2016）认为产业升级是产业分工水平的提高，是产业结构由生产劳动密集型且低附加值向技术、资本密集型高附加值产品的转变。毛蕴诗等（2008）认为产业升级是产业结构与布局的合理、优化。赵敏慧（2008）指出产业升级是产业结构的改善和产业素质效率的提高，即产业协调发展和产业结构的提升、生产要素的优化组合以及产品质量的提高。冯梅（2014）从比较优势动态演化视角下探究产业升级，认为产业升级是产业结构转换和产业效率提高的过程，也是经济发展过程中产业内部不断优化的过程。李华、何芹（2018）提出产业升级是产业结构的变革与调整。(3)从广义的角度来定义产业升级。刘志彪（2000）指出产业升级包括四个层次：第一层次，劳动力结构由第一产业向第二、第三产业的依次转移；第二层次，国民经济中各产业部门的加工度、附加值、生产要素层次的提高；第三层次，行业或产品结构的升级；第四层次，同一产业内部企业的优化升级，以达到资源的充分利用。朱卫平、陈林（2011）认为产业升级的内涵是：由于产业发展带来的不断扩大的市场需求，社会生产中投入低端要素的价格，如劳动力成本、土地租金等被扩张的市场需求不断刺激并随之上涨，与此同时带来了资源比较优势的变化，在社会生产中，资源比较优势由土地、劳动力等低端要素向高端要素发展，如资本、技术，这种要素的动态转化对产业的影响不断加深和扩大，促使了新兴主导产业的涌现，而旧主导产业为了减缓来自新兴主导产业的冲击和避免自身的衰退，只有不断提高技术、持续优化组织形式和加快产品升级。潘冬青和尹忠明（2013）提出产业升级有两层含义：一是指产业结构的升级，即产业结构从低级形态向高级形态演变的过程或趋势；二是指产业的结构升级，即某个产业内部的结构升级或效益提高。蒋兴明（2014）基于产业链转型升级、价值链转型升级、创新链转型升级、生产要素组合转型升级等多方面来探究产业升级，并认为产业升级是多种要素一体化。王柏林、李慧（2015）从产业结构、全球价值链、区域要素创新三个视角来探究产业升级，并提出产业升级是一个产业持续不断根据外部环境变化并及时提高自身适应能力和调整能力的过程。李文禹等（2018）、崔文杰等（2018）提出产业升级包括产业结构升级和价值链升级。张俊等（2019）认为产业升级包括产业结构升级、竞争力升级和全球价值链升级这三种形式，且制度创新和要素资源配置将使产业结构更优化、生产效率更高。

2.1.2 产业结构升级的测度研究

进入 21 世纪以来，我国产业结构持续优化，但是产业升级的质量值得深究。产业升级通常表现为一定时期内产业结构的变动和产业结构效益的提高，那么，对其进行测度则可以明确反映出我国产业升级水平。国内众多学者对产业升级的测度大多是从产业结构变迁的角度出发，再构造相应的指标进行测量，主要分为两大类。

在经济发展的过程中，产业结构的变动呈现出一定的规律性，即其变动是以一定的速度沿着一定的方向变动。从这点来看，产业升级在发展过程中呈现出自身的特点。如产业升级普遍表现出由低级向高级的发展趋势，即产业结构由低层次向高层次发展，由低附加值向高附加值转变，由效益低下向效益高效转化的动态过程。国内众多学者研究的第一类方法是从速度和方向两个角度对产业结构升级进行动态测定。产生结构升级速度一般用 Moore 值（Moore，1978）、Lilien 指数或产业结构年均变动值进行测定。Moore 值测定法是运用空间向量的原理，通过考察产业结构的变化速度来测定产业转型升级速度；Lilien 指数则是通过考察劳动力在各个产业间的转移来测定产业转型升级速度；产业结构年均变动值是反映一定时期内产业结构年均变化的绝对值。上述三种方法主要通过计算样本数据的 Moore 值及其向量夹角以及产业结构年均变动值三个数值来判断产业结构变化速度，而产业结构升级方向一般用产业结构超前系数法进行测定，它是测定某一产业结构增长相对于整个经济系统增长趋势的超前程度，主要通过计算三次产业超前系数和比重变化值对方向进行测定。我国多数研究学者均采用此类方法测定产业结构升级的速度和方向。但由于样本的区域与时间选取不同，所得出的结果也不尽相同。

其中，高燕（2006）将我国 1978~2004 年的样本数据分为三个时间段进行研究，采用 Moore 值法与产业结构年均变动值法测定产业结构变动速度，结果显示两种方法测定结果基本一致，即 20 世纪 90 年代我国产业结构调整幅度最大，2000 年以来，产业结构调整进程放慢。在测定产业结构方向时，其选用 1999~2003 年第二、第三产业的样本数据并采用产业结构超前系数法，得出以下结论：我国工业结构由传统的消费日用品生产为主向重工业化结构转变，工业化进程加快；邮电通信业、社会服务业、文化产业等新兴的第三产业发展加快，比重提高；信息产业发展已经成为我国经济发展的主导产业，有力地促进了我国信息化水平的提高。

刘建民、陈霞和吴金光（2015）将湖南省 2002~2012 年的三次产业数据分为两个时间段进行测定，结果显示，湖南省 14 个市在这 10 年时间里都出现了显著的产业转型升级，尽管各个城市在产业升级的过程中所呈现的结果有着明显差异，但总体特征基本相同，可以得出：自 2002 年起的 10 年里，湖南省的产业结构向第二产业转型的趋势十分明显，产业升级速度也有显著提升。

马洪福和郝寿义（2017）以长江中游城市群为研究对象，选取 2000~2015 年三次产业以及工业细分产业数据进行分析。研究显示，在这段时期内，长江中游城市群均处于产业转型升级的过程，经历了明显的产业转型升级，但在城市群的内部，各个城市产业转型升级的速度不尽相同，有着明显的差异。研究发现，该地区产业结构为"二三一"型，经济增长的主要动力来自工业和制造业，第二产业所占的比重明显大于第三产业所占比重，与第二产业相比，第三产业发展缓慢，缺乏推动力。

然而一国产业结构是否升级仅用速度和方向是无法精准衡量的，应是"高度化"与"合理化"的综合体现，具体来说，是指在技术创新的推动下，产业结构不断向更高级别发展，逐渐由低级别的传统产业向高级别的现代产业转变，在这个过程中，低层次、低效率、低附加值的传统产业被高层次、高效率、高附加值的现代产业所替代。那么我国学者第二类测度产业升级方法是用产业结构的高度化和合理化指数。

产业结构高度化是指通过产业结构升级使产业结构达到一定高度。常见的测量高度化的指标有：

（1）产业结构层次系数。其中闫海洲（2010）用该指标计算长三角地区两省一市（江苏省、浙江省、上海市）的产业结构高度化程度，并计算出各个地区1990~2008年的产业结构层次系数与全国平均产业结构层次系数，两者对比发现各地区产业结构高级化趋势明显，但由于区域不同，产业结构高级化程度也不尽相同，但总体变动具有趋同性，即长三角地区产业结构高级化的趋势较为一致。

（2）Moore结构变动指标。付凌晖（2010）选取1978~2008年产业结构数据进行分析，并将产业结构高级化指数和不变价作为主要指标，得出不断完善市场机制对于提高产业结构高级化具有积极促进作用的结论。另外，高远东等（2015）选取1992~2012年各省区市产业结构数据作为研究对象，并选取与付凌晖（2010）相同的指标对我国各时期各省区市的产业结构高级化指标即Moore结构变动值进行测算，结果表明，我国产业结构高级化水平的变化存在明显的阶段性，并且与东部地区相比，中西部地区的产业结构高级化水平较低，产业升级力度需要加大。

（3）结构超前值，该指标不仅能体现产业结构变化的程度和方向，而且满足超前行业的指标值与滞后行业的指标值之和为0。何平等（2014）以此指标分别计算出三次产业各产业内部的结构超前值，得出我国第二、第三产业发展较快且有明显超前发展倾向的结论，并且从文章选取的20个门类行业的变化来看，金融业、制造业、建筑业和房地产业发展最快，而在工业大类行业结构变化的对比中，交通运输设备制造业的发展速度最快，其中工业内部装备制造业发展最为"超前"。

（4）基于生产率的高级化指数。其中刘伟和张辉（2008）将技术进步与产业结构变迁从要素生产率（要素生产率包括劳动生产率和全要素生产率）中分解出来，从横向和纵向分析技术进步和产业结构变迁对经济增长的推动作用。最终发现，一方面，第二产业存在资本过度配置，资本正"挤出"劳动；另一方面，第三产业存在劳动过度配置，且劳动生产率偏低。

产业结构合理化主要是强调产业协调程度、结构聚合质量或资源配置效率，测量合理化的指标主要有：

（1）产业结构偏离度。傅元海等（2014）采用该指标测算 1997~2012 年我国各地区制造业结构偏离度，结果表明，我国不同地区的制造业结构偏离度变化趋势不尽相同：中部地区制造业结构偏离度总体呈下降趋势，结构偏离度偏低，制造业结构较为合理；西北和西南地区制造业结构偏离度总体呈上升趋势，结构偏离度偏高，制造业结构不合理；少数地区如东北地区制造业结构偏离度呈明显波动状态，因此，我国制造业结构总体演变趋于不合理。尚慧丽等（2012）从劳动生产率和产业结构偏离度两个角度对黑龙江省的产业结构进行了测度，认为：产业结构不合理和产业结构效益低是黑龙江省产业结构存在的问题，并且黑龙江省第三产业结构调整的效益优于第一、第二产业。

（2）泰尔指数。干春晖等（2011）和李洪亚（2016）都从产业结构合理化方向利用泰尔指数测定产业结构升级。干春晖等（2011）通过计算我国 1978~2009 年的泰尔指数测定产业结构合理化，结果显示，我国产业结构的泰尔指数高于 0，表明产业结构偏离了均衡状态，产业结构有待优化。另外，李洪亚（2016）采用 2003~2014 年 187 个中国对外直接投资国（地区）的跨境数据测算产业结构合理化指数，结果表明产业结构合理化对中国对外直接投资具有显著的正向影响。相较于产业结构偏离度，基于泰尔指数所构建的指标，一方面，将产业的相对重要性纳入考量范围，从而避免了绝对值运算；另一方面，没有丢弃产业结构偏离度的理论基础和经济含义，因此使我们能够更加科学地测定产业合理化指数。

（3）Krugman 产业结构差异系数，又称地区专业化水平系数。其中范剑勇（2004）采用此系数衡量地区相对专业化指数、地区间专业化指数。他选取

1980~2001年主要地区间的产业结构差异程度系数进行分析，发现地区间的专业化水平和市场一体化水平已有提高，但是地区间的差异却在持续扩大，大部分制造业都向东部沿海地区聚集，使东部沿海地区与其他区域差异明显。另外，孙晓华等（2017）利用行业份额、行业功效与行业特征提出了综合反映产业结构合理化和高度化的测算方法，并对我国30多个省区市的产业结构优度进行了测算，研究表明，我国七大经济区的产业结构存在着一定程度上的区内相似性和区间差异性，产业结构优度呈现出明显的梯度分布特征，东部沿海地区最高，自东向西逐级递减。

2.1.3 产业升级的统计监测研究

关于产业升级的统计监测研究，我国现有文献中的相关文献较少。仅有的相关文献研究仍主要集中于对某次产业的统计监测指标体系进行构建，比较超前的研究也仅是对某个行业升级的统计监测指标体系进行构建，但都未将这些统计监测指标体系运用到实证研究中。在对某个产业的统计监测指标体系进行构建的研究中，庄越、孟庆红（2004）提出高技术产业统计监测，并从统计监测的广度、内容、时间三个方面将其划分为宏观统计监测和微观统计监测，总量监测和分量监测，超前监测、实时监测和滞后监测，同时提出了两种统计监测预警分析的方法——时间序列分析法和监测指数系统分析法，此外，还提及了有关监测预警系统的设计。周古鹏、秦茂等（2006）讨论了四川省建立林业产业统计监测制度的必要性，建立了林业产业统计监测指标体系，主要选取了林业产业的投入指标、发展价值量和构成情况指标、实物量指标、获得收入情况指标和产销情况指标。罗伟（2007）和史晓梅（2012）建立了高新技术产业开发区统计监测模型，并围绕着技术性、创新性、成长性这三个主要指标，构建了高新技术产业开发区的统计评价模型，通过利用所建模型，对高新技术产业指标数值进行了具体计算和分析，但是计算过程较为简略，且选取的指标代表性不足。牛仁亮等（2006）对山西省新型工业化进行了统计监测与评价体系研究，从传统产业新型化、新型产业规模化、经济增长方式转变、经济社会信息化这四个领域建立了山西省新型工业化统计指标体系，讨论了各个领域权重的分配及给指标权重的分配问题，确定了新型工业法综合评分、新型工业化率、新型工业化指数这三种新型的工业化评价方法，并对其进行了比较。段敏芳、田秉鑫（2017）遵循"劳动力密集型—技术密集型"的升级轨迹，从制造业市场需求、生产要素及竞争力三个方面构建制造业产业升级监测体系，但其研究也仅停留在理论层面，并没有将该监测指标体系运用到实证研究中。

从上述文献研究中可以看出，我国产业升级统计监测研究主要停留在对某些产业统计监测指标体系的建立阶段，并且建立的统计监测指标体系还不成熟，距离实际应用仍有很长的一段距离，这为众多学者未来的研究提供了一个方向。当然，当前关于统计监测指标体系的研究，也为后续的产业升级统计监测指标体系的构建和产业升级的综合评价等方面的研究提供了基本理论依据。

2.2 国外产业升级研究综述

2.2.1 产业升级的内涵研究

国外学术界关于产业升级的研究开展得较早，并且已经取得了丰富的理论研究成果，产业升级的内涵也在不断更新。20 世纪 40 年代，配第—克拉克等人提出了配第—克拉克定理，到了 20 世纪 50~60 年代，得益于关于产业结构调整研究的迅猛发展，许多经典的产业结构理论在这一时期出现，包括库兹涅茨法则、刘易斯二元结构转变理论、霍夫曼定理等，这些理论均体现了产业结构升级的思想。"产业升级"一词最早可追溯到 1988 年，随后，Porter（1990）将产业升级定义为：通过要素在产业间的转移，提升资本和技术密集型产业的要素资源禀赋，并依托比较优势的发展过程。Tentino（1993）提出技术创新产业升级理论，指出技术创新是第三世界国家实现产业升级的重要途径。Dieter Ernst（1998）在分析韩国电子产业竞争策略时提出，电子产业升级的核心应是设计水平与研发能力的提升。Schmitz（2000）、Kaplinsk（2000）、J - Humphrey 和 H - Schmitz（2000）以 Porter 价值链模型作为理论基础，从全球价值链的角度开展了对产业升级问题的研究。Schmitz（2000）从全球价值链视角提出产业升级的四种表现形式：工艺升级、产品升级、功能升级和跨产业升级。Kaplinsk（2000）认为产业升级是为了制造更好的产品。在其基础上，J - Humphrey 和

H－Schmitz（2000）将产业升级划分为工艺流程升级、产品升级、功能升级、价值链升级这四种模式，前三种模式为产业内升级，最后一种模式为产业间升级。Ernst（2001）就产业升级方式提出了五种产业升级形态，即产业间升级、要素间升级、需求升级、功能升级和链接升级。Kaplinsky 和 Morris（2002）在产业价值链的研究中，从四个层次对产业升级进行了进一步地明确划分：第一，过程升级，旨在提高企业内部生产过程的效率；第二，产品升级，旨在通过新产品的引进或旧产品的改进实现自身竞争力的提升，从而在竞争对手中保持领先地位，在竞争中保持绝对优势；第三，功能升级，旨在通过对企业内部各类活动联合方式的重新整合，进一步赋予企业更多的价值；第四，链条升级，旨在通过在新的价值链中攀升到更高端的地位，从而获得更丰厚的利润和更高的价值。Poon（2004）认为产业升级就是制造商成功地将生产的产品向更高价值转换的过程，在这个过程中，产品由劳动密集型的低价值产品升级到资本或技术密集型的高价值产品。Kaplinsky 和 Readman（2005）在产业升级的概念中加入了动态分析，并对产业升级和创新加以了区分，认为产业升级是对一个企业来说，在与竞争者的竞争中，如何对市场的变化作出迅速的反应并很好地适应这种变化。

通过上述分析可知，国内外学术界对产业升级内涵的界定缺乏一致性，且没有达成共识。本书基于上述研究成果，结合我国新时代背景下社会的主要矛盾，即人民日益增长的美好生活需要和不平衡不充分的发展之间的矛盾，将产业升级的内涵定义为：产业不断向更高的效益和更优化的结构演变的过程。产业升级具体措施为：一是提高产业效益，如产品附加值不断提高、资源利用效率不断提升、环境友好程度不断加深及科技创新能力不断增强等；二是优化产业结构，产业结构逐渐趋于高度化与合理化；三是节约生产要素，生产要素由低技术、高能耗、高污染逐渐向高技术、低消耗、绿色环保转变；四是提升产业价值链，产业价值链不断升级，低价值链向高价值链转换以获取更高的效益。

2.2.2　产业结构升级的测度研究

国外尤其是欧美发达国家的产业发展水平，与国内相比居于领先地位，就产业结构升级的速度而言，国内也与其有着巨大的差距。并且，这些发达国家不同产业融合发展的速度很快，在产业融合方面，主要是将第二、第三产业的先进技术应用于各个领域，持续推进信息化与工业化的融合、制造业和服务业的融合，实现了传统"一、二、三产业"向现代"农、工、服务业"的转型。同时，尽管这些发达国家的产业结构升级在发展的过程中面临许多不确定性因素的制约，但由于大多数发达国家的产业结构整体上已趋于完整的状态，因此，近年来发达国家的产业升级主要以继续调整为主。针对上述国内外产业结构升级情况的分析，国外众多学者为产业结构升级测度作出了许多贡献。

国外研究中测量合理化的指标主要有：

（1）产业结构偏离度。Chenery 等（1970）利用该指标测定产业结构合理化，结果表明，产业结构偏离度是理解发展中国家与发达国家经济发展状况差异的一个核心变量，经济非均衡现象是常态，发展中国家经济偏离均衡更为突出。

（2）泰尔指数。由 Theil 提出，Theil（1967）将该指标作为衡量个人间或者地区间收入差距（或称不平等度）的指标。Brülhart 和 Traeger（2005）利用泰尔指数对 1975~2000 年西欧地区的 51 个行业和 24 个国家的就业结构进行了空间集聚力研究，结果显示，研究地区总体就业和大多数市场的空间地理集中度基本一致。但是相对于总体就业的分布，制造业的相对集中度较高，而相对于物理空间的地形集中度较低。

（3）Krugman 产业结构差异系数。此方法由 Krugman 创立，该指数用以衡量地区间产业结构差异度，反映产业空间集聚程度，从而判别产业升级是否合理。Krugman（1991）在研究地方化和贸易问题时提出该指数，他指出，该指数值与地区间产业结构差异正相关，即指数值越大，表明地区间的分工程度越高，产业专业化程度也越高，而由地区间分工造成的产业结构的差异也就越大，即产业同构度越大，差异度越大；而指数值越小，表明地区间产业同构度越小，差异度越小。

2.2.3 产业升级的统计监测研究

就中观层面而言，一些国外学者将目光集中在具体某个行业转型升级的研究上。Gereffi 等（1999）和 Poon（2004）认为制造业升级是指制造企业由劳动密集型向资本和技术密集型的转变过程及能力。Forbes 和 Wield（2002）认为制造业升级是指每单位劳动生产的制造业附加值的增加。Giuliani 等（2005）指出制造业升级表明质量更高、技术含量更高产品的生产，并且生产的方式和方法更加具有效率。Altenburg 等（2008）认为制造业升级是技术创新并将其用于制造业生产。容易看出，国外学者大多从价值链视角来界定具体某个行业是否实现产业升级，其本质是由低技术、低附加值产业向高新技术、高附加值产业演变。

而在微观层面的产品升级上，Jovanovic 和 Nyarko（1994）针对技术选择对产品升级的影响研究时得出：就单个产品而言，在技术条件给定的情况下，以往的经验可以为相关人士提供提高生产效率的信息（垂直创新），但是这方面的创新收益总是有限的，因此，相关人士也必须选择研发新的产品（水平创新）。新产品与旧产品技术之间的相似程度决定了过去积累的经验能够在多大程度上转移到新产品生产上，如果产品的相似程度较小，则表明在产品转移的过程中会承担较高的效率损失，产品升级就可能面临较高的风险。由于产品空间可能是非连续且存在差异性的，实现产品目标转移的同时可能并未实现产品质量的提高，而且实现产品垂直创新的同时也可能并未实现水平创新，进而阻碍产业升级，导致经济增长速度减缓。为解决上述存在的问题，Hausman 和 Klinger（2007）最先在内生经济增长理论模型的基础之上，利用社会网络理论，构建产品空间演化模型，将产品升级所蕴含的比较优势演化与一个国家产业升级的路径和经济绩效联系起来。例如，一个国家或地区的经济决策者，在制定和实施推动产业升级与发展方式转型的政策时，如果没有顾及这些制约因素，产业升级的目标定位过高，超出了国家、地区或企业能力所能达到的技术距离而盲目地推动结构转型和产业升级，就会带来灾难性的后果。基于 Hausman 等（2007）的研究，Poncet 和 de Waldemar（2013）采用中国海关 2000~2006 年的企业层面的出口数据，对中国企业出口绩效与企业生产的产品之间联系的相关性进行了考察，结论表明，由于国家只能在已有产品的基础上实现多样化，中国出口的快速多样化展现了一种利用现有的生产知识和开发产品间连接的高效的能力。在产品溢出效应、规模经济效应和范围经济效应的影响下，企业能够获取产品升级能力更多地来源于普通贸易而非加工贸易。至此，产业升级统计测度的微观层面研究与中观、宏观层面研究互相串联起来。

此外，随着资源利用短缺和环境污染问题日益严重，还有一些国外学者开始将资源和环境因素引入产业升级的测度研究中。Grossman 和 Krueger（1991）通过利用实际数据进行检验发现：当经济发展程度处于低水平时，国家环境的受破坏程度并不高；伴随着该国经济发展水平的提升和人均收入水平的不断提高，该国的环境污染问题也呈现出了不断严重的趋势，这一趋势在当经济发展水平超过某一临界点后会发生变化，伴随人均收入水平的进一步提高，该国环境遭受污染的程度开始出现减缓的趋势，环境质量开始逐渐得到改善，即一国的环境污染水平对人均收入的影响呈倒"U"形，这一曲线又被称为环境库兹涅茨曲线。随后，一些学者围绕着资源环境约束条件考察资源和环境因素对经济增长的影响。部分研究讨论了能源消耗和污染排放增长的现状和原因。Soytas 等（2007）基于对美国 1960~2004 年数据的分析指出，经济增长并不是导致碳排放增长的原因，从长期来看，能源消耗才是碳排放增长的主要原因。另外，也有学者就环境库兹涅兹曲线理论展开了相关的实证检验。Mahamat（2011）采用加拿大 1990~2007 年工业部门数据进行分析研究，发现能源消耗的增加导致温室气体排放量的增加，工业大气污染排放与经济增长之间存在环境库兹涅茨曲线效应。

纵观国外关于产业升级统计监测的相关研究，目前鲜有文献讨论产业升级在各个时点上的统计监测问题，而关于产业升级在单个时间点上测度问题的研究也仅仅只是关注产业结构升级的统计测度。对国外产业升级统计监测研究的回顾，为全方位监控中国及各地区产业升级提供了有效建议，即不应该只考虑产业自身的结构或者效率提升，还应关注其他一些重要因素对产业升级的影响，在构建统计监测体系时，也应纳入这些指标进行调整和修正。具体而言，可以从宏观、中观和微观三个层面对产业升级的统计测度进行研究。宏观层面，各国贸易往来关系、外商直接投资与对外直接投资均会对各国整体产业升级构成影响，因此，在建立统计监测体系时，应运用国际贸易相关理论，讨论其可能会对统计监测结果产生的影响。中观层面，不仅应关注各个地区产业升级的统计监测问题，还应注重具体重点行业的转型升级问题，因此，在测量各地区和各行业产业升级状况时，需要考虑地区差异性和行业异质性。微观层面，对产业升级统计测度研究问题的讨论应回归到产品升级的问题上。产品的垂直创新与水平创新是实现产业升级的源头，产品的垂直创新体现在产品质量的提高上，水平创新则反映为新产品的创造和引入，从而引致产业结构的效率提升。此外，绿色产业升级问题逐渐走进学者视野，在测度产业升级时，显然不能忽视来自资源和环境因素的影响，如环境库兹涅兹曲线。一系列实证研究已经证明，一国在经济发展初期，环境污染逐渐加剧，但是经济增长超过一定临界点时，环境质量则会得以提升。其中,技术创新发挥了重要的积极作用,也是推动实现产业升级的重要引擎,同时,环境规制的强弱会对技术创新和产业升级产生表现出"U"形关系的影响。因此,在建立产业升级统计监测体系时,可以纳入环境和资源约束条件的指标,拓展和优化原有的框架。

本章小结

本章分别从国内和国外两个角度对以下三个方面的文献研究成果进行了回顾和相关评述:产业升级的内涵、产业结构升级的测度、产业升级的统计监测。

首先,基于国内外学者对产业升级内涵的探讨,发现学者大多是从以上三个方面定义产业升级,即产业升级是产业内价值链的攀升、产业结构的调整、产业效益的提升。本章基于前人的研究成果和我国社会的主要矛盾,将产业升级的内涵界定为:产业不断向更高的效益和更优化的结构演变的过程。

其次,本章对产业结构升级测度研究的相关文献进行总结,发现国内外学者大多是从产业结构升级的速度和方向及产业结构合理化和高度化来衡量产业结构升级。其中,产生结构升级速度的测度指标有 Moore 值、Lilien 指数和产业结构年均变动值;产业结构升级方向的测度指标一般采用产业结构超前系数;产业结构合理化的测度指标有产业结构偏离度、泰尔指数、Krugman 产业结构差异系数;产业结构高度化的测度指标有产业结构层次系数、Moore 结构变动指标、结构超前值、基于生产率的产业结构高级化指数。

最后,本章对产业升级的统计监测研究进行了相关文献总结,发现目前鲜有文献讨论产业升级在各个时间点上的统计监测问题,并且关于产业升级在单个时间点上测度问题的研究也仅仅只是关注产业结构升级的统计测度研究。对国内外产业升级统计监测研究的回顾,为全方位监测我国及各地区产业升级提供有效建议,即不仅要考虑产业自身的结构或者效率提升,还要关注其他一些重要因素对产业升级的影响,在构建统计监测体系时,应纳入这些指标进行调整和修正。因此,通过对产业升级研究文献的相关回顾,为后续构建产业升级的统计监测指标体系和有关产业升级的应用拓展研究,奠定了相关的理论基础,具有一定的指导作用。

第3章 产业升级内涵的理论研究

国内外有关产业升级的研究很多,其中,国外学术界对产业升级问题的研究开展较早,且已取得较为丰富的研究成果。国内对产业升级问题的研究虽然起步较晚,然而通过引鉴国外学者先进的研究成果与本国国情相结合,我国有关产业升级的研究也正在逐步走向成熟。但是,关于产业升级的内涵,国内外学者却还没有达成共识。本章在新时代背景下围绕产业升级统计分析研究的主题,先对产业升级内涵所涉及的相关理论进行回顾,并选取几个经典产业升级理论进行介绍,如配第—克拉克定律、库兹涅茨法则、罗斯托的"六阶段论"等理论;再对产业升级的发展历程、一般定义、一般特征及新时代背景下产业升级的内涵进行相关探讨;最后对本章所阐述的内容进行小结。

3.1 经典产业升级理论简介

产业升级理论是本书用于理论分析的重点理论,也是本书研究的重要基础。西方经济学家对产业升级理论进行了长期的研究并取得了丰硕的成果,著名的代表人物有威廉—配第、配第—克拉克、西蒙—库兹涅茨、霍夫曼、罗斯托等人。本节主要选取产业升级演进理论、产业转型升级理论这两大理论中的一些经典理论进行详细阐述。

3.1.1 产业升级演进理论

3.1.1.1 配第—克拉克定理

17世纪英国古典经济学家威廉—配第是关注产业升级演进过程的第一人。

他在《政治算术》中论述了"配第—克拉克定理",提出产业间的相对收入差异会促使劳动力从低收入产业向高收入产业转移,比较直观地揭示了劳动力在产业间的分布和转移的趋势。随后,克拉克对该定理进行了归纳、验证及延伸,1940年,在威廉—配第的研究基础上,克拉克出版了《经济进步的条件》,对该定理进行了更深入和全面地补充和完善。在该著作中,他通过对40多个国家和地区在不同时期内三次产业的劳动投入产出资料的整理和归纳,得出结论:随着经济发展和人均国民收入水平的提高,劳动力会依次向第一产业、第二产业和第三产业转移。这条结论揭示了在经济发展和人均国民收入水平提高的趋势下,劳动力在三次产业间转移的规律,该定理被后人称为"配第—克拉克定理"。

配第—克拉克定理有两个主要形成机制:一个是收入弹性差异机制,另一个是技术进步差异机制。收入弹性差异机制的表现为:第一产业的属性是农业,提供的产品是农产品;第二产业、第三产业的属性分别是工业和服务业,提供的产品对应是工业产品和服务。由于农产品的需求特性,当收入水平达到一定程度后,人们对农产品需求的增长幅度不会同步于人们收入增加的幅度,农产品的收入弹性会出现下降,并且小于工业产品和服务的收入弹性,因此,第一、第二、第三产业各自提供的产品的收入弹性存在差异。技术进步差异机制表现为:第一产业和第二产业的技术进步速度存在着巨大差异。具体来说,由于农业较长的生产周期,要取得与工业同样的技术进步,农业面临的困难大很多,因此,随着对农业投资的增加,在投资到达某个临界点后,会出现规模报酬递减的现象。而与之相反,对工业的投资却通常表现为规模报酬递增,与农业相比,工业技术进步的速度会快很多,因此加大对工业的投资,必将进一步推动工业发展。

3.1.1.2 库兹涅茨法则

在配第—克拉克定理的基础上,美国经济学家西蒙—库兹涅茨通过收集和整理欧美主要国家的统计数据,从国民收入和劳动力两个方面进一步研究了第一、第二、第三产业劳动力与其实现的国民收入水平的关系,解释了各产业间在经济发展中如何产生相对收入水平的差异,弄清了国民收入水平在三大产业分布状况的变化趋势,并对产业升级演进规律进行了深入的探讨。

在《现代经济增长》的著作中,西蒙—库兹涅茨把第一、第二、第三产业分别称为农业部门、工业部门、服务部门。通过对农业部门、工业部门、服务部门间国民收入和劳动力分布的整体分析与实际考察，他得出以下三条结论：随着经济的增长，一是在整个国民收入和全部部门劳动力中，农业部门的国民收入和劳动力各自所占的比重都会不断地下降；二是工业部门的国民收入在整个国民收入中所占的比重不断上升，但其劳动力在全部部门劳动力中所占的比重保持不变或有小幅度上升；三是服务部门的国民收入在整个国民收入中所占的比重保持不变或有小幅度上升，但其劳动力在全部部门劳动力中所占的比重有大幅度上升。这三条结论又被称为"库兹涅茨法则"。该法则不仅阐述了农业部门劳动力普遍下降这一现象，也说明了当一国的工业化达到一定阶段后，工业部门的劳动力所占的比重也将逐渐下降，服务业部门劳动力所占的比重将会上升。这巧妙地阐述了产业结构与劳动力分布状况之间的相互的动态关系：一方面，由于产业结构的调整和优化升级，劳动力分布状况将会因此发生相应的变化；另一方面，伴随着劳动力分布状况发生的改变，产业结构也会因此产生积极的变化。

3.1.1.3 霍夫曼定理

德国经济学家霍夫曼在《工业化阶段和类型》一书中提出了霍夫曼定理。20世纪30年代，德国经济学家霍夫曼采用处于工业化早期和中期的多个国家的统计资料，把工业化某些阶段的产业结构变化趋势推算到工业化后期，发现消费资料工业占工业部门的比重逐渐降低，资本资料工业占工业部门的比重逐渐上升并超过消费资料工业占工业部门的比重。

根据霍夫曼定理，工业化进程可以划分为四个阶段：第一阶段，消费资料工业发展迅速，在工业部门中所占比重居于绝对领先地位；资本资料工业发展缓慢，在制造业中所占比重较小。第二阶段，消费资料工业继续发展，但速度放缓；资本资料工业快速发展，但资本资料工业的规模仍远小于消费资料工业的规模。第三阶段，资本资料工业的规模与消费资料工业的规模不相上下。第四阶段，资本资料工业占工业部门的比重逐渐超过消费资料工业所占比重，同时资本资料所占比重将会持续上升。

3.1.1.4 罗斯托的"六阶段论"

1960年，美国经济学家罗斯托在《经济增长的阶段》著作中，提出了著名的经济增长理论。他根据技术标准把工业化进程划分为六个阶段，分别是传统社会阶段、准备起飞阶段、起飞阶段、走向成熟阶段、大众消费阶段和追求生活质量阶段，且每个阶段的演进都是以主导部门的更替为特征。

在传统社会阶段，经济发展处于最原始阶段，经济增长很慢，且经济活动都围绕着生存展开。该阶段的主导产业部门是农业部门，社会生产力低下，经济不振，人均收入也仅维持在生存状态。

准备起飞阶段是传统阶段向起飞阶段的过渡，该阶段由第一产业或劳动密集型的行业主导。政治和制度的变革为该阶段的发展创造了条件，且近代科学知识开始在工业生产和农业部门中发挥作用，金融业逐渐发展，商业也随着交通运输业的升级而逐渐扩张，但农业的发展仍然起到基础性的作用，它既提供更多的粮食来养活迅速增长的城市人口，又为工业的发展提供资金。

起飞阶段是经济由传统阶段转向现代化的一个标志性阶段，该阶段由工业部门主导，是社会历史发展进程中的重大转折点。在该阶段，大量劳动力由农业部门转向制造业部门，生产方法和生产技术的进步使工业部门迅速扩张，新型企业家阶层也日益壮大。

走向成熟阶段是起飞阶段之后的较长一段期限内经济持续发展所达到的一个新的阶段。该阶段的新技术在诸多领域中得到广泛应用，使产业结构逐渐调整，产业内生产高附加值产品的行业逐渐增多。

大众消费阶段的工业生产能力高度发达，经济主导部门开始转向服务业，技术工人所占比例逐渐提高，城市化进程又向前迈进了一大步，社会福利也有所提高，社会保障也更加完善。

追求生活质量阶段的主导产业部门是提供无形产品和服务的第三产业部门，该阶段的主要目标是提高生活质量，并根据劳务形式、环境状况、自我实现的程度对"生活质量"的高低程度进行界定。

罗斯托认为，经济发展中各阶段起主导作用的部门均是通过回顾、前瞻、旁侧这三重影响来带动其他部门的发展。"回顾影响"是指对自己提供生产资料的部门的影响；"前瞻影响"是指对新工业、新技术、新原料、新能源的出现的诱导；"旁侧影响"是指对邻近地区社会经济发展的影响。

3.1.1.5 刘易斯的"二元结构理论"

1954 年，美国经济学家刘易斯在《劳动力无限供给的经济增长》一书中首次提到"二元经济增长模式"。刘易斯认为，在发展中国家的经济中存在两个部门：传统产业部门（农业部门）和现代工业部门。其中，传统产业部门以传统农业为主体，大量使用土地等非再生性物质资源，其规模绝不会随着人口的增长而增长，从而劳动力作用土地上的边际生产力不断递减，这给传统农业部门造成了巨大压力，使劳动力出现大量剩余，而这些剩余劳动力的边际生产力几乎为零，造成经济收益递减的后果。现代工业部门是以现代化工业为主体的产业部门，可以大量使用可再生资源，且规模可以随着生产的发展不断扩大。同时，工业部门拥有先进的生产技术，使劳动生产率不断提高，劳动力的需求也在相应地增加，工业部门的扩张可以吸收大量农业部门的剩余劳动力，从而使整体的经济效益得到提高。刘易斯认为经济发展的关键是资本积累，从而投资更多的工业生产设备来吸收更多的农村剩余劳动生产力。另外，他认为传统农业部门和现代化工业部门之间的工资差异，是造成劳动力流动的主要原因。工业部门通过提供较高的工资，不断吸收农业部门的劳动力，直到农业部门和工业部门的劳动力水平达到均衡，使工业部门和农业部门共同发展，消除了工业部门和农业部门间的劳动力比例失衡。刘易斯的"二元结构理论"给出了发展中国家由贫困的二元经济转向工业化的路径，不足之处的是他没有分析该路径的可行性。

3.1.1.6 赫希曼的"不平衡增长理论"

1958年，美国经济学家艾尔伯特—赫希曼在《经济发展战略》一书中提出不平衡增长理论，该理论的核心内容包括三大部分，即引致投资最大化原理、联系效应理论和优先发展进口替代工业原则。艾尔伯特—赫希曼认为，发展中国家在经济增长的过程中实质上是不平衡的，因为其理论上的平衡在现实中往往难以达到。同时，他还认为，现代经济的增长，实质上是部门成长的过程，其增长的动力源于主导部门的选择，并且主导部门同其他部门具有较强的关联效应，主导部门的发展主要通过产业关联传递到其他部门，实现部门间结构的合理化。这样，稀缺要素的资源往往集中于主导部门，促使主导部门发展壮大，并带动其他部门的发展，从而实现经济的快速发展。

不平衡增长理论主张优先发展具有带动作用的某一类或几类部门，通过这一类或几类部门的发展，带动其他部门发展。与平衡增长理论显著不同的是，不平衡增长理论认为资本在不发达地区是有限的，因此将资本大规模地投向所有部门是不切实际的，而先将资本集中投入某些具有代表性的部门，是解决不发达地区资本不足问题的有效途径。赫希曼认为，就像链条一样，发展路径使主导部门能够通向其他部门，对于不发达地区而言，最适合的发展战略就是集中有限的资本优先投资于战略部门，为其他部门的发展创造机会。赫希曼指出，如果投资的主体是政府，则应选择公共部门进行投资，特别是基础设施建设领域，营造良好的外部环境；如果是私人资本，则应投入具有带动作用的制造业部门。

3.1.2 产业转型升级理论

有关产业升级的经典理论，散落于产业经济学、国际经济学等各个经济学科之中，其中包括产业升级演进理论中的配第—克拉克定理、库兹涅茨法则、霍夫曼定理、罗斯托的"六阶段论"、刘易斯的"二元结构理论"和赫希曼的"不平衡增长理论"等经典产业升级理论。本节将与产业转型升级直接相关的理论基础归纳为：竞争优势理论、价值链理论、梯度转移理论，下面将对其进行详细阐述。

3.1.2.1 竞争优势理论

竞争优势理论是由哈佛大学商学研究院迈克尔·波特提出的。他认为，竞争优势来源于企业为客户创造超过成本的价值，其具有成本领先和差异化这两种形式。企业如何获得成本领先和差异化，恰好与产业升级和产业转型的两种发展路径相对应。波特的国际竞争优势模型（又称钻石模型）包括四个基本要素和两种辅助要素。其四个基本要素分别是：生产要素、需求状况、相关产业、企业战略及组织，两个辅助要素分别是：机遇和政府的作用。这在某种程度上说明，政府在提高区域产业竞争优势中能够起到辅助作用，政府能为产业转型升级营造一个有利的制度环境。

在波特的国际竞争优势模型中，生产要素是指一个国家的要素禀赋，如天然资源、教育、基础建设转换成特殊优势的能力。现今国家都已具备完善的交通系统与电信网络，也有高级的人力资源，因此基本的生产要素已经不能永葆竞争优势。需求状况是指本国市场对该项产业所提供服务的需求数量。相关产业是指一个产业要在发展中占据优势地位所必需的具有竞争力的一流的支持性产业，包括制造商和供应商，同时，在与相关产业的竞争中获益，使制造商和供应商之间形成一个能促进创新的产业集群。企业战略及组织是指企业的组织方式、管理方式、竞争方式，而这些都取决于企业所处的环境及历史。若一个企业的家乡鼓励创新，有政策和制度刺激企业提升产品技术、提升能力与固定资产投资，企业自然有竞争力。另外，当地若是有很强的竞争对手，也会刺激企业不断提升竞争力。

3.1.2.2 价值链理论

价值链的概念是由企业战略管理理论发展而来。1985年哈佛大学教授迈克尔·波特最早于《竞争优势》一书中提出价值链理论。波特从企业内部经营环境的角度提出把价值链提升作为基础战略，并解释价值链是一个企业用以"设计、生产、销售、交货以及维护其产品"的内部过程。波特认为，企业的价值创造由一系列经营管理活动构成，这些活动可以归为两类既互不相同又相互关联的活动：基本活动和辅助活动。前者包括内部后勤、生产作业、外部后勤、市场和销售、服务等，后者则包括采购、技术开发、人力资源管理和企业基础设施等。这些活动共同构成了企业价值创造的动态过程，即价值链。从产品竞争的角度理解，价值链的核心是"价值是客户对企业提供的产品或者服务所愿意支付的最高价格"。一个企业创造的总价值是由顾客愿意购买的产品或者服务的价格和数量的乘积总和决定的，如果企业所得的价值超过产品创造所支出的各种成本，那么企业获得盈利，反之就亏损。企业为了获取产品溢价常常有意抬高成本，所以分析企业的竞争地位时必须使用价值而非成本，为买方创造超过成本的价值是所有基本战略的目标。在波特的理论中，资源被配置在价值链结构中，其价值链模型表明，企业要比竞争对手更具竞争优势，就必须以更低的成本执行价值链中的价值活动，或以不同的价值结构导致产品的差异化。

美国杜克大学学者格里芬于1999年对波特的价值链理论进行了拓展，提出了全球价值链理论。他认为，由于受经济全球化的影响，生产环节不断被分解，形成一个相互联系又分工明确的生产过程。这些生产环节可独立创造价值，生产体系也可形成跨国组织体系，不同层次的生产组织构成生产网络，这个生产网络就是一个全球价值链。基于全球价值链，格里芬将企业升级划分为四个层次：企业内部之间的升级、地方企业的升级、国家内部企业的升级以及国际领域上的企业升级。汉弗莱和史麦斯（2000，2002）在格里芬的研究基础上，进一步提出了企业升级的四种模式：一是升级过程，即通过完善的生产系统或采用更先进的技术，将投入更高效地转化为产出，以提高投入产出效率；二是产品升级，即通过引进更先进的生产线，以便更快地推出新产品或改进旧产品，增加产品的附加值；三是功能升级，即整个生产过程向利润丰厚的设计和营销方面靠拢，企业从OEM到ODM再到OBM转换的功能升级；四是跨产业升级，即在整个产业的价值链上企业将一个产业的专业知识应用于另一个产业。

全球价值链理论的一个中心思想是：在全球价值链的许多增值环节中，不是每个增值环节都能创造相同的价值,而是仅其中的某些增值环节才能创造更高的附加值,这些增值环节也是全球价值链中的战略性环节。如何识别这些战略性环节对企业的生产经营、发展方向、升级目标有重要影响,并且识别这些环节并控制这些环节更是企业保持核心竞争力的关键。全球价值链理论在识别这些战略性环节时,选取了价值链中表示核心技术或独特能力的一些动态性指标,弱化了传统分析中的某些指标,其全球价值链的战略变换更加突出了产业的动态发展过程及可持续发展的治理理念。全球价值链理论认为,全球产业转移是全球价值链中不同附加值的价值环节在全球范围内重新优化配置,其价值链升级的轨迹在经济全球化的背景下是可逆的,当高科技技术取得突破时,处于价值链低端的企业将会实现跨越式升级,迎来反超价值链高端企业的绝佳时机。然而,一般只有全球价值链的企业或产业集群才能把握突破性的创新机遇。

3.1.2.3 梯度转移理论

一些经济学家将弗农提出的生命周期理论引入区域经济学中,演化出了区域经济发展梯度转移理论。梯度转移理论认为,区域经济的发展状况由该区域产业结构的状况决定,而产业结构的状况又取决于地区经济部门,特别是主导产业在工业生命周期中所处的阶段。如果主导产业部门由处于创新阶段的产业部门构成,则表明该区域具有发展潜力,故将该区域列入高梯度区域。另外,该理论认为创新活动是决定区域发展梯度层次的关键性因素,而创新活动大多在高梯度区域出现。随着时间的推移及生命周期阶段的变化,生产活动逐渐从高梯度区域向低梯度区域转移,而这种梯度转移过程主要是通过多层次的城市系统扩展完成的。一般而言,产业梯度转移指劳动密集型产业逐渐向资本、技术密集型产业转移;从粗加工业逐渐向精细化加工业推进;是从产业价值链低端环节开始,逐步向产业价值链高端环节推进。由此可见,一国或地区的主导产业并不是永恒不变的,而是由低级走向高级的逐步演进的过程。但是,梯度推进理论也存在着自身的局限性,主要是难以科学地划分梯度,以致在实践中对梯度进行划分时容易扩大地区间的发展差距,并且该理论还忽视了这样的一个事实:不仅高梯度区域包含落后地区,而且落后地区也有相对发达的地区。忽视上述存在的客观事实,人为限定按梯度推进,极有可能使不同梯度地区发展的位置出现凝固,从而进一步加深发达地区与落后地区之间发展差距的鸿沟。

3.2 产业升级的一般内涵

学术界关于产业升级的研究有很多,但有关产业升级的内涵学术界并没有给出一个统一的答复。本节主要总结归纳前人的研究成果,从产业升级的发展历程、一般定义、一般特征这三个方面来阐述产业升级的一般内涵。

3.2.1 产业升级的发展历程

本节主要从产业的定义、分类、升级这三个方面来阐述产业升级的一般发展历程,并在此基础上阐述产业升级的演进规律。

3.2.1.1 产业升级的一般发展历程

产业升级是产业经济学研究的重要内容,产业原指经济社会的物质生产部门,后泛指制造或提供物质产品、流通、服务等的企业或组织。产业是从英文单词"industry"翻译过来的,其概念相对模糊,最早是重农学派提出的,特指农业。随着马克思主义政治经济学的逐渐发展,产业被重新定义为从事物质性产品生产的行业,该定义一度被广泛接受。我国学者厉无畏和王秀治(2001)认为,产业是一个介于微观企业和宏观经济(国民经济)之间的一个"集合"概念,指具有相同属性的企业群。又有学者张平(2013)从分工的角度出发,把产业定义为在社会分工的基础上,国民经济中产品与劳务在生产和经营上具有某些相同特征的企业或单位及其活动的集合。当有了产业概念的基础,就进一步产生了产业化的问题。产业化是对产业形成过程的一种描述,一部分学者认为,"产业化"指同一性质的企业或组织其经营的产业获得社会承认的规模大小,以及产业完成了从量到质的转变程度,真正成为国民经济中某一标准划分的重要组成部分。另一部分学者认为,"产业化"是指引入竞争淘汰机制、供给与需求机制、投入与产出机制,同时开发与生产具有社会化、程序化、规范化和规模化的机制的过程。国际上,一般将产业称为一切有投入和产出,并按照企业运行规则进行经营管理活动且可以推向市场的事业。从微观角度看,产业化的问题等同于企业化的问题;从宏观角度看,产业化的问题是市场化的问题。

产业化是产业升级的一个必要条件。

产业分类一般是人们为了满足不同的需要而根据产业的某些相同或相似的特征，将企业经营的各种不同经济活动分成不同的集合。产业研究和分析目的不同，产业的分类方法也不同。目前，从产业结构不同的角度出发，得到公认的产业分类方法有：三次产业分类法、生产要素密集度分类法、关联方式分类法、国家标准分类法、两大部类分类法、生产结构产业分类法、标准产业分类法、钱纳里—泰勒分类法等。最早的产业分类方法是英国经济学家费希尔在《安全与进步的冲突》著作中提出的三次产业分类法，即人类的生产活动经历了三个发展阶段，在初级生产阶段的产业为第一产业；在第二阶段，生产活动以大规模的工业生产为标志，处于第二阶段的主导产业为第二产业；第三阶段是指第二阶段发展到一定时期，劳动和资本不再大量流入初级生产和二级生产，而是流向服务、教育、医疗等产业，这些非初级生产和二级生产的产业称为第三产业。接着，库兹涅茨在《现代经济增长》著作中，将第一、第二、第三产业部门分别称为农业部门、工业部门、服务部门。直到1971年，联合国编制的《全部经济活动的国际标准产业分类索引》将产业划分为十大类，分别是农业、狩猎业、林业和渔业；矿业和采石业；制造业；电力、煤气、供水业；建筑业；批发与零售业、餐馆与旅店业；运输业、仓储业和邮电业；金融业、不动产业、保险业及商业性服务业；社会团体、社会及个人的服务；以上分类之外的其他产业。1984年，根据联合国的标准产业分类法，我国首次发布《国民经济行业分类与代码》将国民经济划分为16个门类，92个大类。由此可见，产业的内涵随着经济的发展也在不断地扩充。

升级是指从较低的等级上升到较高的等级。产业经济学中产业升级通常是指产业结构的调整和产业效率的提高，本书中产业升级从本质上说是依靠技术进步达到产业优化升级。从价值链、生产要素密度这两个角度看，产业升级主要经历以下几个发展历程：第一，从价值链角度考察产业升级情况，Gereffi（1999）最早提出产业升级是企业通过开发资本和技术密集型经济领域来提高盈利能力的过程，同时价值链内部的增加值也从低到高发生转变。Humphery和Schmitz（2002）在Gereffi（1999）的研究基础上提出了以企业为中心的由低级到高级的四层次分类法：流程升级、产品升级、功能升级和价值链升级，从理论分析角度认为产业升级一般是遵循从流程升级到产品升级，再到功能升级，最后到价值链升级。同时指出该轨迹不是一成不变的，有时候可能是几种升级的组合。我国学者孙文远（2009）指出，全球价值链由众多的价值链环节组成，处于全球价值链上的企业生产的产品，经历着从产品设计到产品开发再到中间产品和最终产品的制造、销售、售后服务等各项增值活动。不同类型的产业，其价值链的具体构成也不同，且各自具有不同的特征，通过价值分析可使企业在市场中找到自己的合理定位，调整价值链的组成环节，实现由功能升级到链条升级。第二，从生产要素角度来考察产业升级，生产要素在产业升级过程中主要分为初级生产要素和高级生产要素。其中，初级生产要素主要是指基本劳动力、物质资本、自然资源等，高级生产要素是指理论知识、人力资本、科学技术、管理制度及其他无形生产要素。在生产要素的配置中，初级生产要素与高级生产要素之间相关影响、相互补充。并且高级生产要素是调整初级生产要素的必备外界条件，其必须借助于一定的初级生产要素的物质实体才能发挥作用。初级生产要素是高级生产要素发挥作用的物质基础，高级生产要素是低级生产要素的成果展现，两者相辅相成。因此，从产业升级发展历程来看，它是生产要素由初级生产要素向高级生产要素转变的过程。

3.2.1.2 产业升级的演进规律

产业升级的演变规律主要体现在以下五点：一是劳动力不断由传统产业向新兴产业转移，知识和技术密集型产业所占比重不断增大。经济学家按照生产要素密度的不同，将产业划分为劳动密集型产业、资本密集型产业和知识密集型产业。并从生产要素密集程度来研究产业结构演进规律，发现一国的产业结构先是以劳动密集型产业为主导，再是向资本密集型产业转变，最后向知识密集型产业演变。这种因为从生产要素角度观察而表现出的产业结构升级演变规律，主要是由于在经济发展的起步阶段，劳动力资源丰富，价格也相对低廉，而资本价格较为昂贵，这使初期产业结构以大量使用廉价劳动力的劳动密集型产业组成。随着经济的发展和时代的变迁，产业积累了相当充裕的物质资本，所用资本的价格也相对降低，产业结构逐渐由劳动密集型转向资本密集型。最后随着教育发展和先进技术的开发与引进，逐渐转向以知识密集型为主导的产业结构。二是高新技术的投入使用，加快了传统产业的改进，推动产业结构优化升级。从历史范畴来看，社会经济中仅存在第一产业时，社会生产力发展十分缓慢且单调；当第二产业逐渐兴起后，人们的思维方式开始解放，社会生产力得到快速的发展；到第三产业兴起后，人们的思维方式完全解放，不断朝社会生产力中注入新的活力和动力，极大地推动了社会生产力的发展，传统产业不断被改进，落后生产力逐渐被先进生产力替代。由此可见，产业的演进不仅仅是新兴产业取代传统产业，还是新的产业通过其辐射效应来提升和改造传统产业。无论是第一产业、第二产业还是第三产业，都是永久性的产业，且这些产业随着时代的变迁和技术的进步，一直被赋予新的发展理念，形成新的价值和内涵。三是科技革命是产业结构演进的直接动力，推动着产业不断演化升级。工业化是一个将科技与工业不断融合且由持续的科学发现和科技发明推动产业发展的过程，在这个过程中，无论是科学上的重大发现，还是技术上的革命性进步，都为产业结构优化升级注入了强劲的动力，并推动产业空间向更广阔的范围扩展，迎接新经济周期的到来。科技进步是推动产业升级演进的直接动力，科技革命带来产业革命，产业革命带来产业结构升级，进而促进社会结构变革，推动社会制度发生演变，然后社会制度又会反向地促进科技革命，引致科技进步。迄今为止，世界科技革命已经经历多次，每次科技革命都会带来产业革命，进而推动产业结构的演进，促进经济发展。四是产业结构的加工度和其产品的附加值在不断提高。不同产业的产品加工程度不同，导致产品的附加值不同。加工技术越高、加工程序越复杂的产业，不仅其产品的附加值会随之提高，而且其产品的市场竞争力也将得到提升，社会资源在价格机制和市场经济的作用下，向这些产业流动的趋势也更加明显，这些产业的资源也就更加丰富，产业结构中高加工度、高附加值的比重也就越来越大。五是伴随着经济全球化，全球产业结构逐渐趋同。随着产业升级的不断演进，产业结构在全球范围内由低到高依次推进，全球产业结构趋于一致。同时，经济全球一体化也在不断地推动着产业结构向更加优化的方向发展，各国产业间的联系日益密切。第一次经济全球化主要是工业经济的全球化，第二次经济全球化是服务业经济的全球化。

综上所述，产业升级的演进规律主要是产业结构的演进，产业结构的演进主要是指产业结构由低级向中级再向高级演进。初级产业结构的主要特征是低加工程度、低附加值，主要以第一产业和劳动密集型产业为代表；中级产业结构的主要特征是较高加工程度和较高附加值，主要以第二产业、资本密集型产业为代表；高级产业结构主要特征是高加工程度和高附加值，主要以第三产业、知识密集型产业为代表。同时，伴随着经济全球化，全球产业结构趋于一致。

3.2.2 产业升级的一般定义

近年来,产业升级、产业结构调整、产业结构升级等有关产业的词汇越来越成为国内外学者关注焦点,但是如果对这些概念的内涵没有给予清晰的界定,则很容易引起研究范围和逻辑上的混乱。学术界对产业升级的定义目前尚未达成清晰、明确的共识。有学者从价值链角度定义产业升级,认为产业升级是由价值链的低端向高端攀升的过程;也有学者从要素禀赋角度定义产业升级,认为产业升级就是劳动密集型产业向资本密集型产业再向知识密集型产业演变的过程;还有学者从产业结构角度定义产业升级,认为产业升级是产业结构合理化、高度化指数优化的过程。本书结合前人的观点,将从微观、中观、宏观三个角度阐述产业升级的一般定义。

从微观角度看,产业升级是每个产业内部资源的优化配置,即通过技术进步来提高产业竞争力,获取更高收益,主要指企业升级。在产业内部,每个企业都试图通过充分利用企业资源和提高技术能力来降低生产成本,提高生产效率,以开发和创造新产品,增加产品附加值,提升产业竞争力。近年来,学者们逐渐意识到企业对产业升级的推动作用主要源于企业核心竞争力的提升,主要表现为最终消费者提供所需价值的能力、具有独特竞争战略的决策能力和企业的创新能力增强。另外,企业核心竞争力的增强过程也是企业不断升级的过程。

从中观角度看,每一个构成产业的个体的发展都会引导生产要素向该产业流动,促进该产业整体要素禀赋水平的提升,提高产业的核心竞争力,最终推动产业的发展和升级。在这个过程中,生产要素从劳动密集型产业向资本、技术密集型产业流动;生产能力是从低生产效率向高生产效率转变;产品附加值由低附加值向高附加值转变。在产业间,随着生产要素的移动、新技术的广泛应用、新产品的推广,产业由低附加值产业向高附加值产业转变。

从宏观角度看,伴随着生产要素禀赋水平的提升,如从简单劳动力、物质资本、自然资源等初级生产要素禀赋向理论知识、人力资本、科学技术、管理制度等高级生产要素禀赋演进,资源在各产业之间的壁垒被打破,在产业间的移动更加频繁,生产要素由低效率的生产部门向高效率的生产部门转移,国家整体产业结构在质量上逐渐提升,产业结构向低要素投入、高附加值产出的方向转变。产业升级从宏观角度看是产业结构升级,是以产业结构理论为基础改善产业结构合理化与高度化的过程。在经典理论中,对产业结构升级的研究主要涉及产业结构升级的内在规律、升级的动因和实现机制,以及产业结构升级与经济发展的相互影响。

综上所述,产业升级是一个产业结构调整、要素资源流动、产业发展能力不断积累,最终推动产业向符合社会、经济、环境协调统一的目标持续健康发展的过程。本质上,产业升级是产业由低质量逐渐向高质量发展的过程,是产业发展的短期效益与长期效益相协调、产业发展能力呈螺旋式上升的过程。并且,产业升级的定义应该具有更多元化的视角,仅仅将产业升级定义为由劳动密集型产业向资本密集型产业再向知识技术型产业的转变,或一个产业由价值链的低端环节向高端环节的攀升过程,均不够全面。

3.2.3 产业升级的一般特征

本节将产业升级主要特征归纳为产业结构调整和产业价值链攀升。其中,产业结构调整的主要特征表现为以下两点:一是三次产业依次转移,第一产业逐渐向第二、第三产业演进,且第一产业的国民收入水平和劳动力人数在全部国民收入和劳动力人数中所占比重持续下降,第二产业其所占比重先是迅速增加,后是趋于稳定,第三产业所占比重持续增加,且依次超过第一、第二产业所占比重。二是产业结构日趋合理化,三次产业的产业内部调整比例相互适应、相互联系,这是经济增长和发展的必然结果,也是经济进一步增长和发展的必要条件。

产业价值链的攀升主要是指处于价值链中低端的低附加值的"组装生产"向价值链的高附加值的一端提升的过程。该过程主要得益于技术进步和企业创新水平的提高,同时,产业结构的适度调整也是推动价值链提升的一个重要因素。Humphrey 和 Sehmitz(2000)提出价值链中产业升级主要经历了过程升级、产品升级、功能升级、链条升级。其中,产业升级一般遵循从工艺流程升级、产品升级、功能升级再到链条升级这一流程。过程升级是通过过程重组或引进先进技术,企业的生产效率得到提高;产品升级是产品从较低增加值向高增加值产品转变,产品价值得到提高;功能升级是企业的生产产品多样性提高,生产具有更加广泛的形式;链条升级是不同产业间结构相似的链条可以进行相互转换。但产业升级的发展并不全都遵循这一规律,当有重大技术突破时,产业升级的流程可能会发生改变。总之,随着经济发展,产业内部要素资源不断优化配置,企业内嵌入的产业价值链逐步由低附加值端向高附加值端攀升。

3.3 产业升级的新内涵

虽然学术界没有对产业升级的内涵达成明确共识,但是产业升级的内涵一直在不断丰富。本节将从产业升级的内在要求、定义及表现形式三个方面依次介绍新时代背景下产业升级的新内涵。

3.3.1 产业升级的内在要求

产业发展的内在要求会随着经济发展与时代变迁发生变化。本节主要从生产要素、创新能力、市场环境、产业政策、对外开放五个方面阐述新时代背景下产业升级的内在要求。

3.3.1.1 生产要素

生产要素是产业发展的基础,也是产品生产中最基本的构成要素。生产要素的数量变化和生产要素的体系构成会直接影响产业升级。绝对优势理论和比较优势理论阐述了要素禀赋差异为何能够决定一国发展何种特定产业,要素禀赋是一国制定产业发展方向的依据。

任何产品的生产都离不开生产要素,生产要素数量的多少及质量的高低都会影响产品的数量和规模。生产要素是否充裕在一定程度上决定了某些产业未来发展的潜力,一般产值越高的产业在国民经济中的地位也就越高,如在产业发展的历程中,当生产要素由劳动生产要素主导时,第一产业覆盖全部产业;当生产要素由资本生产要素主导时,第二产业逐步挤占第一产业份额,最终超过第一产业市场规模;当生产要素由科学知识要素主导时,第三产业兴起,带动服务业等非工业产业迅猛发展,并且逐渐超越第一、第二产业的市场规模。由此可见,生产要素是推动产业升级的基本动力。在新时代背景下,各国的生产要素虽然在短期内相对稳定,但是生产要素的不断流入和流出都会导致该国的生产要素结构发生变化,进而影响产业升级。

资本、知识、技术等生产要素在产品生产中所占的比重日益加大,同时,产业升级的进程也逐渐加快。有学者将生产要素划分为土地、劳动和资本三种;随后,又有学者在三要素论的基础上加入了企业家才能,并将其作为一种组织能力融入生产过程中;随着生产活动的丰富和经济形式的改变,如服务、品牌和网络等生产要素不断融入生产,理论界关于要素的划分又有了新的发展,如提出五要素论、六要素论和八要素论等,不断丰富着生产要素的内涵。技术要素的投入使资本扩张范围扩大,生产要素中资本要素的内涵也更加丰富。一方面,对作为生产要素综合体的产品而言,资本要素可以为产品开发营造一个良好的环境;另一方面,技术的研发投入等也需要资本要素的支持。但不同的产业对生产要素的依赖程度不尽相同,要素资源需要根据产业特点进行合理分配,从而使资源得到充分的利用,获取更高的效益。

3.3.1.2 创新能力

科技是第一生产力,而创新是推动科技进步的第一驱动力。对于构成产业的具体行业而言,创新是企业发展的关键,创新能力的高低直接影响其产品效益的高低。创新能够在不同层面推动生产要素质量的提高,提升生产要素的使用效率,加深不同企业同一产品的产量和质量差异。

创新能力是推动产业持续健康发展的关键因素,较强的创新能力能够加快企业转变生产方式,推动产业优化升级。而创新能力的提升与企业的研发投入、企业文化、激励制度等息息相关。通过确定企业创新主体地位、引进国外先进技术和管理水平,让创新推动企业发展、调整企业现有的技术结构、建立企业特色的激励机制,从而实现企业由传统生产型企业向创新型企业转变。另外,创新是经济增长的动力源泉,创新能力的提高能够促进经济增长,进而提高国民收入水平,加快资本积累。收入水平的提高会刺激人们的需求,推动需求结构优化升级,以促进产业机构高级化。因此,创新与需求结构相互促进,不仅新产品的出现能够促使消费者形成新的需求,而且消费者收入的增加和日益美好的生活需要也会刺激更高端需求的产生,从而使企业加大对产品的创新力度,以满足消费者的最新需求。总之,需求结构升级和创新活动的相互促进能够推动产品创新,新产业的不断涌现又会推动新旧产业的更替和产业结构高级化。

由此可见,创新能力正是从提高要素质量的层面上影响着产业升级,是产业升级的核心驱动力,并推动企业不断向前发展。不同生产要素也将沿着不同的创新渠道促进产业升级，所以要大力提高企业的创新能力，加大产品的研发投入。

3.3.1.3 市场环境

产品的生产和销售都是在市场中完成的，市场是资源有效配置的重要手段，有效的市场会根据产品的供给和需求自动调节产品价格，进而达成资源的有效配置。市场倾向于按照真实的生产要素结构和需求结构的动态变化来推动产业结构缓慢变动，促使产业结构、生产要素结构和需求结构协调发展。市场对资源的配置作用已经得到理论和实践的肯定。在《习近平新时代中国特色社会主义思想学习纲要》中就指出，要使市场在资源配置中起决定性作用、更好发挥政府作用，该纲要还指出要处理好政府与市场的关系。因此，要确保市场发挥对资源的有效配置作用，就必须营造良好的，即公平、公正、公开的市场环境。

良好的市场环境能够间接地促进产业升级，也是保证产业良好发展的一个必备条件。良好的市场环境不仅可以保障产业经营的稳定性，促进产业间的良性竞争，还可以有助于产业间的相关合作。良好的市场环境有利于推动产业升级，促进企业发展，加快经济发展方式的转变。同时，良好的市场环境，有助于加快要素市场化进程，有助于完善各类生产要素配置和资源价格机制的形成，有助于打破要素市场的行业垄断，有助于建立多层次的要素市场体系，推动产业优化升级。

3.3.1.4 产业政策

产业升级是一个动态的过程，在这个过程中，产业逐渐呈现多元化趋势，有关生产过程中的软硬配套基础设施也在不断改善。此外，除了市场自发调节外，还需要一定的政府干预，政府出台的有效政策在产业多元化、产业升级及基础设施的改善过程中能够起到积极的推动作用。产业政策是指政府为实现一定经济和社会目标通过经济杠杆、行政手段和法律手段等对产业形成与发展进行干预的各种政策的总和。各国的产业政策或多或少地都会对其产业的发展产生影响，有些政策直接扶持或限制某些产业的发展，又有些政策通过影响产业结构的要素组成来间接影响产业结构。产业政策的制定主要是为了弥补市场缺陷，优化产业内资源的配置以推动产业的发展。不同的产业政策其影响效应也不相同，且具有一定的风险性。因此，不同国家要根据本国产业发展的实际情况制定不同的产业政策，以适度调整产业结构，促进本国经济的发展。

产业政策通过影响生产要素的流向，间接地促进或限制产业的发展，带有政策激励的产业政策会吸引较多的优质要素。虽然有关产业政策的争论从未停止，但是各国仍积极地使用产业政策，促进本国产业发展。例如，美国在第二次世界大战结束后，为促进高等技术产业的发展，对国防部、能源部、农业部等部门投入的科研资金超过4万亿美元。在我国现代产业发展史上，产业政策作为政府引导产业发展方向、提升产业技术水平和国际竞争力、实现特定经济发展目标的手段被广泛使用。以传统产业为例，我国制定产业政策——《促进产业结构调整暂行规定》的目标是鼓励和支持发展先进生产力，淘汰和限制落后生产力，防止盲目投资和低水平重复利用，推进产业机构优化升级。另外，我国还制定了《产业结构调整指导目录》《产业用地政策实施工作指引》《关于将三大粮食作物制种纳入中央财政农业保险保险费补贴目录有关事项的通知》等相关产业政策。北京大学新结构经济学研究院院长林毅夫表示，目前还没有出现政府不发挥因势利导、不提供产业政策的支持而成功的发展中经济体。正如林毅夫所言，产业政策中政府与企业的关系就像冰山，企业家就像露出水面的冰，但是如果没有水平线下的那一大块冰的话，冰山则不会露出。冰山露出水面，是因为政府提供了一些表面看不出来但非常重要的支持，这种支持通常就是各种产业政策。因此，政府要结合新时代的背景和本国产业发展的实际情况来制定适合本国企业发展的产业政策，以促进产业升级，推动产业经济持续发展。

3.3.1.5 对外开放

新时代背景下，产业链在经济全球化的趋势下在各国延伸，任何国家的产业发展都与其他国家产业发展有所联系。对外开放程度影响该国经济在全球化中的参与度，通常，对外开放对各国经济发展的利大于弊，尤其是那些通过引进发达国家的先进技术来促进本国产业发展的发展中国家。对外开放程度要根据本国经济发展的实际情况选择一个合适的度，通过国与国之间的要素流动来推动本国的产业升级。在经济全球化的背景下，生产要素在国家间的流动更加自由化，用于国内生产的各种生产要素既可以使用国内的生产要素，也可以使用国外的生产要素，这使国际经济对一国生产要素结构的影响逐渐加深。同时，在对外开放的环境下，一国生产要素结构和比较优势的动态变化不再只是依靠本国生产要素的积累，还可以充分利用全球的生产要素，但也应注意到，这同时给本国产业发展带来了一定的风险。

对外开放使产业升级能够在更大的格局下进行，通过国家与国家之间生产要素的流动与配置及产业间的转移来推动产业升级外向移动。产业升级外向推动的传导机制是指通过国际贸易、国际投资、技术引进来实现产业结构的均衡协调发展，建立国际协调的产业结构。同时，贸易自由化有利于产业产品销售市场的不断拓宽。所以一国在对外开放的基础上开展对外贸易，进行对外直接投资，引进先进技术，这对国内产业结构升级具有重要意义。

实施改革开放政策对我国产业发展具有划时代的意义。改革开放后，我国大量引进国外先进技术和高技术人才，学习国外先进的管理经验，并与实际国情相结合，促进了我国产业的快速发展。对外开放通过拓宽进口渠道和引导外资投向服务业、环保行业等重点领域，提高了企业的创新能力，推动产业转型升级。此外，产业升级也会带动对外开放，良好的产业结构环境有利于加快对外开放的步伐，吸引外商投资，有利于引导沿海地区产业向内地转移，促进内陆地区的经济发展。因此，适度的对外开放对推动我国产业升级具有重要意义。

3.3.2　产业升级的定义

产业升级，本质上是产业向更好的方向、更优化的结构、更高的效益发展。结合时代背景和我国实际国情，本书将新时代产业升级定义为：产业升级是产业向更高的效益和更优化的结构转变的过程。本书将具体从产业效益提升和产业结构升级两个方面来阐述新时代产业升级的定义。

产业效益提升是产业升级的一个具体特征。产业效益的提升表现为产业生产率的提高、资源利用率的提升及生产要素的优化。产业生产率的提高及资源利用率的提高主要得益于高新技术的引进及应用，生产要素的优化推动产业逐渐由劳动密集型产业向资本密集型产业、知识技术密集型产业转变，提高各层级生产要素的质量，从而促进产业效益的提升，推动产业升级。

产业结构升级是产业升级的另一个特征，在产业结构中，不同产业所占比重的变化能够体现在产业结构优化的过程上。产业结构升级一般包括各层级产业所占比重及其数量关系和各层级产业间的联系，即横向结构和纵向结构两个方面。从横向角度看产业结构的发展，产业结构的规模逐渐扩大，产业结构的水平逐渐提高。产业结构规模的扩大，即企业所生产的产品数量的不断增加，产业间的交易活动不断增多。伴随产业规模的扩大，产业间的分工更加精细、更加专业化，从而推动产业由低级形态向高级形态演进。产业结构水平的提高，即技术进步和经济的快速发展，带来先进设备和新材料在生产过程中的使用。

同时，整个社会公民素质、生产过程中的劳动者所具备的职业素质和专业技能一同提高，各产业部门劳动者素质的提升和生产技术的进步，必然会提升产业结构的整体水平，推动产业结构优化升级。从纵向角度看，产业间的联系更加紧密。某个产业产品的生产可能需要多个部门的产品作为原材料，该产业生产的产品可能又是另一产业产品的原材料，另一产业产品又可能是第三产业产品的中间产品。这种产品间的相互联系、产业与产业间的相互联系是构成产业结构升级的重要内容，也是产业结构升级的前提条件。产业结构升级表现为产业结构合理化和产业结构高度化。产业结构合理化是产业结构与需求结构不断协调的动态过程。需求结构一方面会随着收入水平的提升而不断升级，另一方面也会受经济波动的影响不断调整。所以在短时期需求结构稳定的情况下，产业生产会在需求拉动的牵引下逐步趋于实际需求结构，两者间的协调程度不断加深，产业结构更加趋于合理化。但是，当需求结构发生较大变动时，短期内产业结构的合理化水平会突然降低。在价格机制的调节下，产业结构合理化程度在市场力量的主导下会有一定的提升。当政府过度干预产业发展时，容易造成产业结构同构化和产能过剩，使产业结构合理化水平降低。产业结构高度化是指随着生产要素结构的转变，高级生产要素的行业在国民经济中的结构比例不断上升的过程。产业结构高度化是与生产要素转变相伴随的一个过程。在经济发展的过程中，高级生产要素不断积累，是生产要素发生转变的必要条件，高级生产要素相对价格的逐渐下降将会导致高级生产要素密集型的产业生产成本的相对降低，为追求利润最大化，生产厂商会想尽一切办法来扩大生产规模，从而会导致高级生产要素密集型产业在国民经济中所占的比重得到提升。产业结构高度化是一种长期趋势，产业结构高度化通常受经济发展的影响。受经济周期等多种因素的影响，产业结构在短期内会出现一定的波动，然而这种短期波动并不能代表产业结构高度化水平的真实变化。因为产业结构高度化是一种由量变到质变的过程，其在短期内很难发生改变，因此不能只根据短期内的结构变化指标来评价产业结构升级状况。

3.3.3 产业升级的表现形式

在新时代背景下，产业升级实质上是产业效益提升和产业结构升级。本书将产业升级的表现形式归纳为四个方面：一是生产要素密度变化；二是产业效益提升；三是产业结构优化升级；四是产业规模扩大，产品竞争力增强。

生产要素密度变化是产业升级的一种表现形式，不同的生产要素密度代表着产业升级的不同程度。由于生产要素构成变化，产业逐渐由劳动密集型产业向资本密集型产业再向知识技术密集型产业演变，这一过程体现了产业升级的演变规律。生产要素的密度一般根据该要素在生产过程中所占的比重来决定，如劳动密集型产业是指在该产业中，劳动力要素与其他要素相比，在生产过程中占据了更多的份额，而且企业在劳动力要素上所支付的费用占总费用的比重比其他要素所占的比重要高。随着科技的高度发展，知识型劳动力逐渐代替一般劳动力，传统技术资源型企业逐渐被技术性企业所代替，初级要素在生产过程中所占比重正在下降，高级要素的地位正在逐渐上升。生产要素变化所带来的产业升级是指产业的投入要素从低级要素向高级要素的转变，标志着产业从低级要素密集型产业向高级要素密集型产业的演变。

产业效益提升既是产业升级的表现形式之一，也是产业升级的目标。产业效益提升包含多种形式，常见的有通过多种要素的合理搭配来提高产业要素和通过引入先进技术、高科技人才或提高企业自身的创造能力来提升产业效益。关于前者，如从货币角度可以将生产要素划分为货币性要素和非货币性要素。企业管理者通过对货币要素和非货币要素进行风险组合以获取更多利益。一般而言，企业通过融资、募集股票等方式获取资金，并利用获取的资金购买非货币要素构成一个较为完整的生产过程，实现组合优化，提高产业效益。关于后者，如从传统农业到现代化机械生产农业，从传统服务业到现代化服务业等这些转变都是创新能力的提升所带来的。企业创新能力的增强能够提高企业的核心竞争力，提高产品的生产效率。同一产业众多企业创新能力的提升会带来该产业整体效益的提高，进而推动产业优化升级，促进产业持续健康发展，增强产业产品竞争力。

产业结构优化升级是产业升级的另一表现形式。产业结构优化升级随着经济发展及时代变迁在不断调整。产业结构优化升级主要有以下四个特征：一是产业结构高技术化，随着科学技术的进步，在产业升级过程中，产业呈现出高加工化和技术集约化趋势，对信息、技术、服务和知识等无形资产的依赖程度不断加深。一方面，国家在科学技术上的高投入，促使科学技术不断进步，极大地提高了劳动生产率，推动传统产业向高技术产业的转化，使整个产业体系日益呈现高技术化；另一方面，科学技术的进步，带来了大量新技术的涌现，加快产业升级，推动产业技术集约化。二是产业结构服务化，随着产业结构不断优化升级，我国产业逐渐由劳动密集型产业向资本密集型产业再向知识技术密集型产业转化。从第三产业内部服务业的角度来看，为企业和事业部门提供的服务及为个人和社会提供的服务种类和规模都在不断扩大。从第二产业内部服务业的角度来看，其产业也逐渐趋向于服务化，主要表现为在企业的生产活动中，信息管理、研究开发、市场调查、产品销售和产品售后等与服务相关的业务所占比重不断加大。同时，在第二产业的生产成本中，有关服务的成本所占比重也在持续增加，制造业内部的服务化有效地促进了第三产业的发展，第三产业的发展也推动了第二产业转向技术化和服务化，为第二产业的技术进步提供了创新驱动，各产业相互联系相互促进，使产业结构日益趋于服务化。三是产业结构绿色化，随着经济高质量发展和生态环境压力的逐渐增大，生态革命势在必行，各国逐渐意识到保护生态环境的重要性，各产业也逐渐由资源、劳动力驱动向知识、技术驱动型的产业转变，经济模式正在由工业经济向知识经济迈进，这引起了全球社会生产技术体系的大变革。生态经济将带动相关产业形成组成绿色新经济，一方面经济趋向于生态化，向绿色环保和低碳经济转变；另一方面生态趋向经济化，即生态环境因素不断向国民经济的各个领域渗透并与之融合，催生新的产业形态和经济模式，带动传统产业的优化升级。四是产业结构融合化，大量的新生技术在知识分解和融合的基础上逐渐趋同并形成新的知识产业群，产业技术融合逐渐使产业重叠加深，使传统三大产业的分立边界逐渐模糊。信息化的产业融合已成为世界产业结构优化升级的一个表现特征。

产业升级还表现为产业规模扩大，产品竞争力增强。产业规模扩大最直观地表明了产业升级，产业规模扩大会使企业间的联系更加紧密。从单个产业看，在生产能力提高的前提下，一国的产业会在规模上进行扩张，在开放条件下，扩大的规模产业可以与国外相关产业抗衡，主要体现在国际市场的竞争力上。但对于一个国家来说，只有单个产业发展壮大不足以推动该国经济持续发展，纵观世界经济发展史，可以发现，一国经济要想保持持续快速发展必须拥有一个不断发展壮大的产业集群，即众多互相关联的产业一同发展壮大。以欧美发达国家为例，这些国家的经济发展就是通过三次工业革命带来的一系列产业发展而实现的。在第一次工业革命中，蒸汽机的发明为轻纺工业带来了巨大的变革，随后，变革的浪潮延伸到运输、钢铁产业，从而实现相关产业集群的迅猛发展。在第二次工业革命中，电力带来的能源革命催生了重化工业、汽车等产业，并促进了这些产业的持续迅速发展。在第三次工业革命中，信息技术和生物技术革命再一次引发了产业集群迅速发展的浪潮，形成了通信、电子计算机、微生物等新兴产业，并使传统产业在新兴产业发展的影响下加速优化升级。

本章小结

本章主要从经典产业升级理论简介、产业升级的一般内涵、新时代产业升级的内涵三个方面来阐述新时代产业升级内涵的理论研究。其中，经典产业升级理论简介，主要是从产业升级演进理论和产业转型升级理论出发，产业升级演进理论中介绍了配第一克拉克定理、库兹涅茨准则、霍夫曼定理、罗斯托的"六阶段理论"、刘易斯的"二元结构理论"、赫希曼的"不平衡增长理论"；产业转型升级理论中介绍了竞争优势理论、价值链理论、梯度理论。产业升级的一般内涵从产业升级的发展历程、产业升级的一般定义和产业升级的一般特征三个方面进行了阐述。产业升级的演进规律主要是产业结构的演进，而产业结构的演进是指产业结构由低级向中级再向高级演进的过程。初级产业结构是以低加工程度、低附加值为主，以第一产业和劳动密集型产业为主的产业结构。中级产业结构是以较高加工程度和较高附加值为主，以第二产业、资本密集型产业为主的产业结构。高级产业结构是以高加工程度和高附加值为主，以第三产业、知识密集型产业为主的产业结构。同时，伴随着经济全球化，全球产业结构趋向于一致。从整体上看，产业升级应是一国或地区的产业基于其自身能力和要素禀赋，通过技术进步、创新能力的提高，推动着产业经济向符合社会、经济、环境协调统一的目标健康持续发展的过程。产业升级的一般特征主要表现为产业结构调整和产业价值链攀升的过程。产业结构调整一般特征为产业结构在部门间的调整，由低级部门向高级部门的转变；产业结构日益趋于合理化；产业结构日益趋于高度化。在产业升级的一般内涵基础上，新时代产业升级的内涵主要从新时代产业升级的内在要求、定义及表现形式三个方面进行阐述。发现在新时代下对产业升级的内在要求主要表现为五个方面：生产要素充裕、创新能力提高、良好的市场环境、合理的产业政策和适度的对外开放。新时代下产业升级的定义是产业不断向更高的效益和更优化的结构演变的过程。新时代产业升级的表现形式为四种：一是生产要素密度变化；二是产业效益提升；三是产业结构优化升级；四是产业规模扩大，产业竞争力增强。总之，本章有关新时代产业升级内涵的理论研究，为后面新时代产业升级统计监测指标体系的构建和其相关的拓展应用研究提供了相关的理论基础。

第4章 我国产业发展的演变过程

随着我国经济社会的不断发展,我国的三次产业结构也经历了多次变革。三次产业的变革实质上是主导产业的不断演变,其演变过程是主导产业由第一产业,依次向第二产业、第三产业转移的过程。

新中国成立至今,我国的产业结构在不同时期表现出不同的特征。新中国成立初期,我国优先发展重工业,迅速建立完备的工业体系。但这一时期我国轻工业发展不充分,第二产业发展较为滞后。而在改革开放前,我国经济结构失衡,资源配置效率较低。改革开放后,我国三次产业的比例逐渐得到调整,产业结构也趋于合理化。其中,第一产业产值占GDP比重呈先上升后下降的趋势;第二产业产值所占比重较为稳定;第三产业产值所占比重则稳中有升。本章先从三次产业内部构成、三次产业产值占GDP比重、三次产业就业人口结构和三次产业劳动生产率这四个方面来具体分析改革开放后我国三次产业的演变过程,并将三次产业发展的演变过程横向对比。本章先对三次产业内部构成、三次产业产值占GDP比重、三次产业就业人口结构和三次产业劳动生产率这几个概念进行详细介绍。

三次产业内部构成主要是对三次产业内部行业进行细分,描述其内部行业结构占比情况。三次产业内部结构能够更加清晰地描述产业内部各行业的发展情况,有利于找准行业优势,协调均衡发展,提高劳动生产率,促进产业结构优化升级。

国内生产总值(GDP)是指一个国家或地区在一定时期内生产的全部最终产品和服务价值的总和,常被认为是衡量国家(或地区)经济状况的指标。同时,国内生产总值是国民经济核算的核心指标,也是衡量一个国家总体经济状况的重要指标。三次产业产值占GDP的比重,反映了三次产业结构对我国GDP的贡献程度,其纵向比较可反映我国三次产业结构的发展状况,从侧面反映了我国三次产业结构的演变过程。

就业人口是指16岁及以上具备劳动生产能力,并通过从事社会劳动取得劳动报酬或经营收入的人口。除人口自然增长和机械增长会影响就业人口供给之外，有学者认为产业发展也是就业人口供给的一个重要影响因素。一方面，产业的发展会扩大就业人口的规模；另一方面，产业发展又会抑制某些产业的就业人数。产业结构的调整导致就业人口从第一产业逐渐向第二产业、第三产业转移，这个过程中会出现经济学上的结构性失业和摩擦性失业。反之，就业人口数是产业发展的一个反馈信号，有助于产业优化升级。

劳动生产率是指一定时期内劳动者创造的劳动成果与其付出的劳动的比值。劳动生产率水平有两种表示方法：一种是用同一形式劳动在单位时间内生产某种产品的数量来表示，单位时间内生产的产品数量越多表示其劳动生产率就越高；另一种是用生产单位产品所耗用的社会必要劳动时间来表示，生产单位产品所耗用的社会必要劳动时间越少表示劳动生产率就越高，反之越低。一般而言，某产业劳动生产率的高低与其高新技术的运用、产业结构是否合理相关。本书主要采用劳动生产率来衡量我国三次产业发展的效率。

4.1 第一产业的演变过程

第一产业是我国国民经济的基本产业，而第一产业中的农业是人类的衣食之源、生存之本，是一切生产的首要条件，这奠定了农业在国民经济中的基础地位。改革开放以来，随着科技在农业中的广泛应用和农业教育的蓬勃发展，我国农业生产力得到显著提高。本节将具体分析改革开放以来我国第一产业的演变过程。

4.1.1 第一产业内部构成演变过程

根据《国民经济行业分类》（GB/T 4754-2002）可知，第一产业包括农业、林业、畜牧业和渔业。我国是人口大国，而人均面积又相对较少，故充裕的粮食供给十分重要，因此我国第一产业以农业为主。改革开放40多年来，我国的经济建设取得了举世瞩目的重大成就，并于2010年跃居世界第二大经济体，综合国力和人民生活水平都得到显著提高。伴随着国民经济的持续快速增长，我国的第一产业内部结构也发生了一系列的变化，如表4-1所示。

表4-1　1987~2017年农、林、牧、渔业占第一产业产值比重　　　单位:%

年份	农业占比	林业占比	牧业占比	渔业占比	年份	农业占比	林业占比	牧业占比	渔业占比
1978	79.99	3.44	14.98	1.58	1998	58.03	3.47	28.63	9.87
1979	78.07	3.58	16.82	1.53	1999	57.53	3.61	28.54	10.31
1980	75.63	4.23	18.42	1.71	2000	55.68	3.76	29.67	10.89
1981	75.02	4.53	18.44	2.00	2001	55.24	3.59	30.42	10.75
1982	75.11	4.43	18.39	2.06	2002	54.51	3.77	30.87	10.85
1983	75.44	4.63	17.64	2.30	2003	50.08	4.18	32.13	10.57
1984	74.05	5.03	18.27	2.65	2004	50.05	3.66	33.59	9.95
1985	69.25	5.21	22.06	3.48	2005	49.72	3.61	33.74	10.18
1986	69.07	5.01	21.82	4.10	2006	52.74	3.95	29.61	9.73
1987	67.59	4.75	22.85	4.81	2007	50.24	3.88	33.03	9.10
1988	62.52	4.69	27.29	5.50	2008	48.21	3.80	35.45	8.95
1989	62.75	4.36	27.55	5.34	2009	50.55	3.92	32.35	9.30
1990	64.66	4.31	25.67	5.36	2010	52.99	3.80	30.20	9.24
1991	63.09	4.51	26.47	5.93	2011	51.17	3.92	31.96	9.31
1992	61.51	4.65	27.08	6.75	2012	51.94	3.95	30.68	9.73
1993	60.07	4.49	27.41	8.02	2013	52.53	4.13	29.59	9.93
1994	58.22	3.88	29.66	8.24	2014	53.01	4.28	28.59	10.10
1995	58.43	3.49	29.72	8.36	2015	53.20	4.28	28.12	10.15
1996	60.57	3.48	26.91	9.04	2016	52.27	4.35	28.61	10.23
1997	58.23	3.44	28.73	9.60	2017	53.10	4.56	26.86	10.59

资料来源：国家统计局。

从表4-1可看出，改革开放以来，我国农业产值占第一产业产值的比重逐渐下降，2005年后逐渐趋于稳定，维持在50%~55%；林业产值占第一产业产值的比重较低，基本不到5%；渔业产值占第一产业产值的比重从不足2%上升并稳定至10%左右；林业产值占第一产业产值的比重由14.98%逐步上升至33.74%，后逐渐下降，在25%~30%的范围内上下波动。从表4-1中还可以看出，牧业占第一产业产值比重从改革开放以来的14.98%增加到26.86%，其所占份额扩大了近一倍。此外，渔业占比从最初的1.58%增加到10.59%，所占份额将近扩大了近六倍，但与农业占第一产业产值比重相比仍有很大差距。

图 4-1 为改革开放以来我国农林牧渔业占第一产业产值比重的变化趋势。从图中可以看出，农业产值所占比重一直领先于林、牧、渔业所占的比重，且结合表 4-1 可知农业所占比重相当于林、牧、渔业所占比重的总和。由此可见，农业在第一产业中一直占主导地位。以 2005 年为转折点，2005 年以前，农、林、牧、渔业的变化幅度较大，但过了该转折点后，其变化幅度逐渐变小，并趋于稳定。

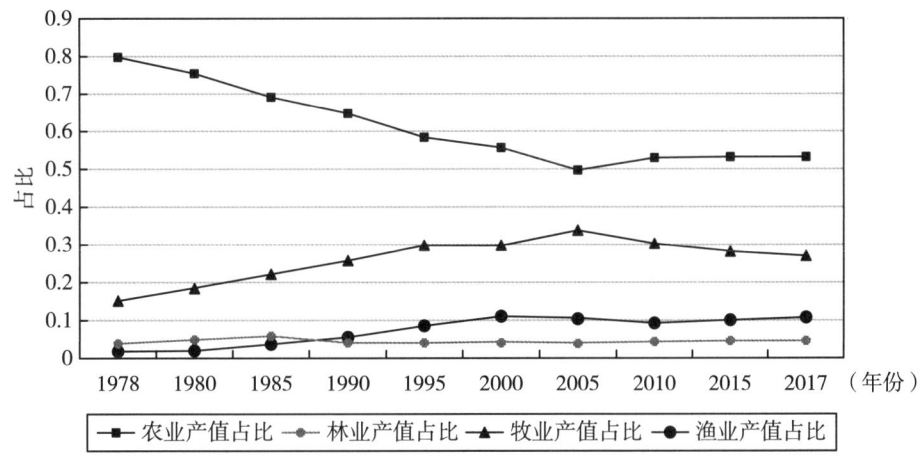

图 4-1 农、林、牧、渔业分别占第一产业产值比重的变化趋势

随着经济增长和技术进步，我国第一产业逐渐从传统向现代转变。农业内部结构不断优化，经济作物种植面积不断扩大，农产品质量大幅度提高。同时，在我国国有林场和集体林权制度全面深化改革的背景下，我国林业也得到迅速发展。党的十八大将生态文明建设纳入"五位一体"总体布局，习总书记提出"绿水青山就是金山银山"的理念，林业生态文明建设已进入新的历史阶段。另外，随着人们对鱼类、肉类产品需求的逐渐扩大，且我国农产品逐渐打开国际市场，鱼类、肉类产品在出口农贸中所占比重逐渐上升，这在一定程度上刺激了牧业和渔业的发展。党的十八大以来，国家提出了生态优先、养捕结合、以养为主的发展方针，这使我国渔业进入了绿色发展期。

总之，改革开放以来我国第一产业结构得到了优化调整，农林牧渔业都得到了较好的发展，但是我国第一产业结构仍存在一些不足：一是农产品优质率较低。虽然我国农产品在国际市场上存在明显的价格优势，但也面临着品种不优、质量不高的问题。二是我国农产品加工业尚处于初级阶段。农产品的保鲜、包装、贮运、销售体系发展滞后，初级产品与加工品比例不协调，与国外相比差距比较大。三是农产品区域布局不合理。我国各地区没有充分发挥各自的比较优势，未能形成有鲜明特色的农产品区域布局结构。

4.1.2 第一产业产值与 GDP 占比演变过程

表 4-2 反映了 1978~2017 年我国第一产业产值以及 GDP 占比的演变过程、贡献率演变过程及第一产业对 GDP 的拉动演变过程。其中，贡献率是指三次产业或主要行业增加值增量与 GDP 增量之比，拉动是指 GDP 增长速度与三次产业或主要行业贡献率之乘积。

表 4-2　　　　　1978~2017 年第一产业产值与 GDP 占比

年份	第一产业产值（亿元）	第一产业产值占 GDP 比重（%）	第一产业对 GDP 贡献率（%）	第一产业对 GDP 拉动（%）
1978	1018.5	27.70	9.80	1.10
1979	1259.0	30.70	20.90	1.60
1980	1359.5	29.60	-4.80	-0.40
1981	1545.7	31.30	40.50	2.10
1982	1761.7	32.80	38.60	3.50
1983	1960.9	32.60	23.90	2.60
1984	2295.6	31.50	25.60	3.90
1985	2541.7	27.90	4.10	0.50
1986	2764.1	26.60	9.80	0.90
1987	3204.5	26.30	10.20	1.20
1988	3831.2	25.20	5.40	0.60
1989	4228.2	24.60	15.90	0.70
1990	5017.2	26.60	40.20	1.60
1991	5288.8	24.00	6.80	0.60
1992	5800.3	21.30	8.10	1.20
1993	6887.6	19.30	7.60	1.10
1994	9471.8	19.50	6.30	0.80
1995	12020.5	19.60	8.70	1.00
1996	13878.3	19.30	9.30	0.90
1997	14265.2	17.90	6.50	0.60

续表

年份	第一产业产值（亿元）	第一产业产值占GDP比重（%）	第一产业对GDP贡献率（%）	第一产业对GDP拉动（%）
1998	14618.7	17.20	7.20	0.60
1999	14549.0	16.10	5.60	0.40
2000	14717.4	14.70	4.10	0.40
2001	15502.5	14.00	4.60	0.40
2002	16190.2	13.30	4.10	0.40
2003	16970.2	12.30	3.10	0.30
2004	20904.3	12.90	7.30	0.70
2005	21806.7	11.60	5.20	0.60
2006	23317.0	10.60	4.40	0.60
2007	27788.0	10.30	2.70	0.40
2008	32753.2	10.30	5.20	0.50
2009	34161.8	9.80	4.00	0.40
2010	39362.6	9.50	3.60	0.40
2011	46163.1	9.40	4.20	0.40
2012	50902.3	9.40	5.20	0.40
2013	55329.1	9.30	4.30	0.30
2014	58343.5	9.10	4.70	0.30
2015	60862.1	8.80	4.60	0.30
2016	63672.8	8.60	4.30	0.30
2017	65467.6	7.90	4.90	0.30

资料来源：国家统计局。

从表4-2可以看出，我国第一产业产值在1978~2017年有大幅度增长，从最初的1018.5亿元增长到65467.6亿元。另外，1978~1993年，我国第一产业产值增长速度较慢，年均增长量不到1000亿元。1993年后，我国第一产业产值增长速度加快，年均增长量超过2000亿元。从表4-2中还可以看出，第一产业对GDP的贡献率在1978~1990年波动幅度较大，低至1980年的-4.8%，高达1981年的40.5%。1990年后，第一产业对GDP的贡献率稳定在2%~10%。再来看我国第一产业对GDP的拉动，从表4-2可看出，在观测期内我国第一产业对GDP的拉动效果不明显，最大仅有3.9%，不到4%，最低的低至-0.4%。同时，第一产业对GDP的拉动主要呈窄幅波动，其在0.3%~1%波动。

从图 4-2 可以看出，我国第一产业产值占 GDP 比重在改革开放初期呈逐步上升趋势，并结合表 4-2 可以看出，其占 GDP 比重从 27.7% 增加到 1982 年的 32.8%，这个阶段第一产业呈现上升趋势与我国推广家庭联产承包责任有关，家庭联产承包责任制极大地解放了劳动生产力，1982~1991 年，其所占比重呈缓慢下降，1991 年后下降幅度增加，从 1991 年的 26.6% 至 2017 年的 7.9%，共下降了 18.7 个百分点。由此可见，改革开放初期我国第一产业产值占 GDP 比重呈上升趋势，在 20 世纪 80 年代后第一产业产值占 GDP 比重呈缓慢下降趋势，且在 90 年代后第一产业产值占 GDP 比重下降的幅度增大。

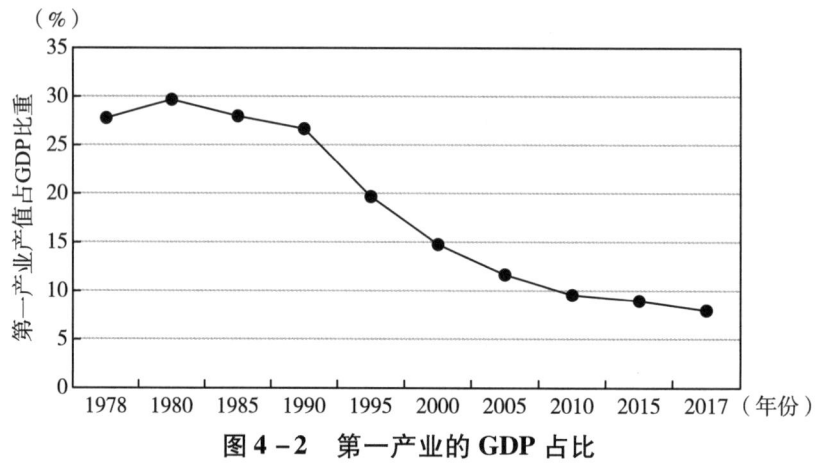

图 4-2 第一产业的 GDP 占比

总体来看，第一产业产值占 GDP 比重、对 GDP 的贡献率、对 GDP 的拉动自改革开放以来基本呈大幅度下降趋势。这可能与 20 世纪 80 年代中期后，我国实行以能源、交通重点的产业倾斜政策有关，重点扶持知识和技术密集型产业，促进新兴产业的发展，使第三产业得到飞速发展，从而导致第一产业进入发展缓慢阶段。该现象也表明我国第一产业的发展日益趋于合理化。

4.1.3 第一产业就业人口结构演变过程

本章主要采用的是 1978~2017 年第一产业就业人口及总就业人口的数据，并构建了表 4-3 来描述 1978~2017 年我国第一产业就业人口结构演变规律。从表 4-3 中可以看出，1978~1991 年，我国第一产业人口总量一直在增长；1992~2002 年，我国第一产业人口总量呈上下波动趋势；2002 年后，我国第一产业人口总量呈下降趋势，减少到 2017 年的 20944 万人，这比 1978 年的就业人口减少了 7 万多人。从相对数角度看，我国第一产业就业人口占总就业人口的比重呈直线下降趋势,从 1978 年的 70.50% 下降到 2017 年的 27%,下降了 43.5 个百分点。1997 年是我国第一产业就业结构的一个转折点,其就业人口占总就业人口比重首次低于 50%。突破 50% 后,我国第一产业就业人口占总人口比重下降速度逐渐减慢。由此可见,改革开放后,第一产业就业人口占总就业人口的比重呈下降趋势,这也说明我国产业结构发生了改变,劳动力密集型产业不再是主导产业。

表 4 - 3　　　　1978~2017 年第一产业就业人口及其占比

年份	第一产业就业人口（万人）	第一产业就业人口占比（%）	年份	第一产业就业人口（万人）	第一产业就业人口占比（%）
1978	28318	70.50	1998	35177	49.80
1979	28634	69.80	1999	35768	50.10
1980	29122	68.70	2000	36043	50.00
1981	29777	68.10	2001	36399	50.00
1982	30859	68.10	2002	36640	50.00
1983	31151	67.10	2003	36204	49.10
1984	30868	64.00	2004	34830	46.90
1985	31130	62.40	2005	33442	44.80
1986	31254	60.90	2006	31941	42.60
1987	31663	60.00	2007	30731	40.80
1988	32249	59.30	2008	29923	39.60
1989	33225	60.10	2009	28890	38.10
1990	38914	60.10	2010	27931	36.70
1991	39098	59.70	2011	26594	34.80
1992	38699	58.50	2012	25773	33.60
1993	37680	56.40	2013	24171	31.40
1994	36628	54.30	2014	22790	29.50
1995	35530	52.20	2015	21919	28.30
1996	34820	50.50	2016	21496	27.70
1997	34840	49.90	2017	20944	27.00

资料来源：国家统计局。

4.1.4　第一产业劳动生产率演变过程

关于第一产业劳动生产率的演变过程,本章主要采取的是 1978~2017 年我国第一产业劳动生产率的数据,并构建了表4-4来表示我国第一产业劳动生产率的演变过程。从表4-4可以看出,1978~1992年,我国第一产业劳动生产率以每年增长1个百分点的速度稳定增长;1993~2003年,我国第一产业劳动生产率的增长速度逐渐加快;2003年以后,我国第一产业劳动生产率呈高速增长,从2004年的60.02%增长到2017年的312.58%,其第一产业劳动生产率翻了超过两番。同时,我国第一产业劳动生产率从1978年的3.60%增长到2017年的312.58%,增加了300多个百分点。由此可见,我国产业结构得到大幅度调整,经济发展及技术进步促使我国第一产业劳动生产率得到大幅度提升。

表4-4　　　　　　1978~2017年第一产业劳动生产率

年份	第一产业劳动生产率（%）	年份	第一产业劳动生产率（%）
1978	3.60	1998	41.56
1979	4.40	1999	40.68
1980	4.67	2000	40.83
1981	5.19	2001	42.59
1982	5.71	2002	44.19
1983	6.29	2003	46.87
1984	7.44	2004	60.02
1985	8.16	2005	65.21
1986	8.84	2006	73.00
1987	10.12	2007	90.42
1988	11.88	2008	109.46
1989	12.73	2009	118.25
1990	12.89	2010	140.93
1991	13.53	2011	173.58
1992	14.99	2012	197.50
1993	18.28	2013	228.91
1994	25.86	2014	256.00
1995	33.83	2015	277.67
1996	39.86	2016	296.21
1997	40.94	2017	312.58

资料来源:国家统计局。

4.2 第二产业的演变过程

第二产业主要是对第一产业或本产业提供的产品或原料进行加工的部门，其中的工业是我国国民经济的一大主导行业。工业是国民经济各部门进行技术改造的物质基础，为国民经济各部分提供先进的技术设备、能源和物质材料，是国家积累的主要来源。本节将具体分析我国第二产业的演变过程。

4.2.1 第二产业内部构成演变过程

根据《国民经济行业分类》（GB/T4754-2002）可知，第二产业包括工业和建筑业。其中，工业又可分为采矿业，制造业，电力、热力、燃气及水生产和供应业；建筑业是指生产和经营建筑的行业，即从事建筑安装工程的勘察、设计、施工对现存建筑物进行维修的行业。第二产业内部结构较为复杂，其内部结构的动态变化研究对产业结构的调整具有重要意义。目前，我国正处于工业化进程中，第二产业作为我国国民经济的支柱产业，其发展演变对产业结构的调整和国民经济的拉动都有重要影响。

本节分别从工业和建筑业这两大行业对第二产业的内部结构进行分析，主要采用1978~2017年我国第二产业的数据，并构建了表4-5来描述第二产业的内部构成。从表4-5中可以看出，我国第二产业产值自改革开放以来一直在增加，从最初的1755.2亿元增加到2017年的334622.6亿元，第二产业产值扩大了近190倍。工业、建筑业这两个行业的产值也呈上升趋势，且上升幅度较大。

表4-5　　　　1978~2017年工业、建筑业产值及占比

年份	第二产业产值（亿元）	工业产值（亿元）	工业产值占比（%）	建筑业产值（亿元）	建筑业产值占比（%）
1978	1755.2	1621.5	92.38	138.9	7.91
1979	1925.4	1786.5	92.79	144.6	7.51
1980	2204.7	2014.9	91.39	196.3	8.90

续表

年份	第二产业产值（亿元）	工业产值（亿元）	工业产值占比（%）	建筑业产值（亿元）	建筑业产值占比（%）
1981	2269.1	2067.7	91.12	208.0	9.17
1982	2397.7	2183.0	91.05	221.6	9.24
1983	2663.0	2399.1	90.09	271.7	10.20
1984	3124.8	2815.9	90.11	317.9	10.17
1985	3886.5	3478.3	89.50	419.3	10.79
1986	4515.2	4000.8	88.61	527.3	11.68
1987	5274.0	4621.3	87.62	667.5	12.66
1988	6607.4	5814.1	87.99	811.8	12.29
1989	7300.9	6525.7	89.38	796.1	10.90
1990	7744.3	6904.7	89.16	861.7	11.13
1991	9129.8	8138.2	89.14	1017.7	11.15
1992	11725.3	10340.5	88.19	1417.9	12.09
1993	16473.1	14248.8	86.50	2269.9	13.78
1994	22453.1	19546.9	87.06	2968.8	13.22
1995	28677.5	25023.9	87.26	3733.7	13.02
1996	33828.1	29529.8	87.29	4393.0	12.99
1997	37546.0	33023.5	87.95	4628.3	12.33
1998	39018.5	34134.9	87.48	4993.0	12.80
1999	41080.9	36015.4	87.67	5180.9	12.61
2000	45664.8	40259.7	88.16	5534	12.12
2001	49660.7	43855.6	88.31	5945.5	11.97
2002	54105.5	47776.3	88.30	6482.1	11.98
2003	62697.4	55363.8	88.30	7510.8	11.98
2004	74286.9	65776.8	88.54	8720.5	11.74
2005	88084.4	77960.5	88.51	10400.5	11.81
2006	104361.8	92238.4	88.38	12450.1	11.93
2007	126633.6	111693.9	88.20	15348	12.12

续表

年份	第二产业产值（亿元）	工业产值（亿元）	工业产值占比（%）	建筑业产值（亿元）	建筑业产值占比（%）
2008	149956.6	131727.6	87.84	18807.6	12.54
2009	160171.7	138095.5	86.22	22681.5	14.16
2010	191629.8	165126.4	86.17	27259.3	14.22
2011	227038.8	195142.8	85.95	32926.5	14.50
2012	244643.3	208905.6	85.39	36896.1	15.08
2013	261956.1	222337.6	84.88	40896.8	15.61
2014	277571.8	233856.4	84.25	44880.5	16.17
2015	282040.3	236506.3	83.86	46626.7	16.53
2016	296547.7	247877.7	83.59	49702.9	16.76
2017	334622.6	279996.9	83.68	55689	16.64

资料来源：国家统计局。

从表4-5可以看出，自改革开放以来我国工业产值占第二产业产值的比重呈缓慢下降趋势，建筑业产值所占比重变化趋势正好与工业相反，但是工业产值所占比重仍远高于建筑业产值所占比重。由此可见，工业一直在第二产业中占主导地位，其所占比重稳定在85%左右。

随着新技术的引进，我国工业结构有所调整，其转型升级也取得一定的进展。根据公开资料显示，2018年我国高技术制造业较上一年增长11.7%，高技术制造业产值占规模以上企业工业增加值比重达13.9%。但是其产业结构仍有待改善。高耗能产业在工业中所占比重仍较大，新兴产业发展不充分仍是亟待解决的问题。因此，要想实现工业全面转型升级，不仅要加强工业企业的研发投入，落实政策的实施，提高企业的创新能力，同时政府要加大对重点行业的支持力度，鼓励高新技术产业做强做大，对其给予最大的政策支持。

改革开放以来，我国建筑业也得到了良好的发展。建筑业规模日益扩大，建筑业结构也日趋优化，建筑业行业也逐渐纵向发展，在建设内容、建造流程和建设性质上都有所拓展。如今，我国建筑业具有信息化、工业化这两大特征。信息化已成为建筑业发展的大趋势，以工业化的方式重新组织建筑业也已经成为提升建筑质量的重要方式，是我国建筑业未来发展的方向。同时，随着"走出去"和"一带一路"倡议的实施，信息化、工业化在我国建筑业转型升级中发挥着越来越重要的作用。随着互联网在建筑业逐渐渗透，BIM 应用已成为建筑业信息化的重要组成部分。但是我国建筑业仍存在"大而不强"的问题。加强建筑业专业人才队伍建设、大力支持企业资质升级、提高建筑产品质量、优化建筑业产业结构，是我国打造一批具有核心竞争力的建筑业品牌企业的有效方法。

目前，我国第二产业正面临全球新一轮工业革命和技术革命的冲击及发达国家和新兴市场国家"前堵后追"的双重挤压。要促进第二产业的发展，首先，加大企业的创新投入强度，提高政策实施的有效性；其次，加大对重点行业的支持力度，鼓励重点行业做大做强；最后，积极引进外国先进技术和管理经验，推动企业内部的自主创新，提高企业的创新能力。

4.2.2 第二产业产值与 GDP 占比演变过程

本节选取了 1978~2017 年第二产业产值、第二产业占 GDP 比重、第二产业对 GDP 贡献率及第二产业对 GDP 的拉动数据来描述我国第二产业产值及占 GDP 比重的演变过程，具体见表 4-6。贡献率、拉动在前面已作解释，此处不再赘述。从表 4-6 可看出，在整个观测期间，我国第二产业产值占 GDP 比重整体呈缓慢下降趋势，但是其下降幅度较小，主要在 40%~50% 的范围内波动，图 4-3 也很好地说明了这点。同时，我国第二产业产值占 GDP 比重一直较大，达到将近一半。此外，从第二产业对 GDP 的贡献率来看，其对 GDP 的贡献率波动较大，最高的达到 85.6%，最低的仅有 17.7%，多数在 40%~60% 上下波动。再来看第二产业对 GDP 的拉动，第二产业对 GDP 的拉动作用较小，整体不足 10%。1978~1992 年，第二产业对 GDP 的拉动呈上下波动，1992 年后第二产业对 GDP 的拉动基本呈缓慢下降趋势，直到 2017 年第二产业对 GDP 的拉动仅有 2.5%，不足 3%。

表 4-6　　　　1978~2017 年第二产业产值与 GDP 占比

年份	第二产业产值（亿元）	第二产业 GDP 占比（%）	第二产业对 GDP 贡献率（%）	第二产业对 GDP 的拉动（%）
1978	1755.2	47.70	61.80	7.20
1979	1925.4	47.00	53.60	4.10

续表

年份	第二产业产值（亿元）	第二产业 GDP 占比（%）	第二产业对 GDP 贡献率（%）	第二产业对 GDP 的拉动（%）
1980	2204.7	48.10	85.60	6.70
1981	2269.1	46.00	17.70	0.90
1982	2397.7	44.60	28.80	2.60
1983	2663.0	44.20	43.50	4.70
1984	3124.8	42.90	42.70	6.50
1985	3886.5	42.70	61.20	8.20
1986	4515.2	43.50	53.20	4.80
1987	5274.0	43.30	55.00	6.40
1988	6607.4	43.50	61.30	6.90
1989	7300.9	42.50	44.00	1.80
1990	7744.3	41.00	39.80	1.60
1991	9129.8	41.50	61.10	5.70
1992	11725.3	43.10	63.20	9.00
1993	16473.1	46.20	64.40	8.90
1994	22453.1	46.20	66.30	8.60
1995	28677.5	46.80	62.80	6.90
1996	33828.1	47.10	62.20	6.20
1997	37546.0	47.10	59.10	5.50
1998	39018.5	45.80	59.70	4.70
1999	41080.9	45.40	56.90	4.40
2000	45664.8	45.50	59.60	5.10
2001	49660.7	44.80	46.40	3.90
2002	54105.5	44.50	49.40	4.50
2003	62697.4	45.60	57.90	5.80
2004	74286.9	45.90	51.80	5.20
2005	88084.4	47.00	50.50	5.80
2006	104361.8	47.60	49.70	6.30
2007	126633.6	46.90	50.10	7.10
2008	149956.6	46.90	48.60	4.70

续表

年份	第二产业产值（亿元）	第二产业 GDP 占比（%）	第二产业对 GDP 贡献率（%）	第二产业对 GDP 的拉动（%）
2009	160171.7	45.90	52.30	4.90
2010	191629.8	46.40	57.40	6.10
2011	227038.8	46.40	52.00	5.00
2012	244643.3	45.30	49.90	3.90
2013	261956.1	44.00	48.50	3.80
2014	277571.8	43.10	47.80	3.50
2015	282040.3	40.90	42.40	2.90
2016	296547.7	39.90	38.20	2.60
2017	334622.6	40.50	36.30	2.50

资料来源：国家统计局。

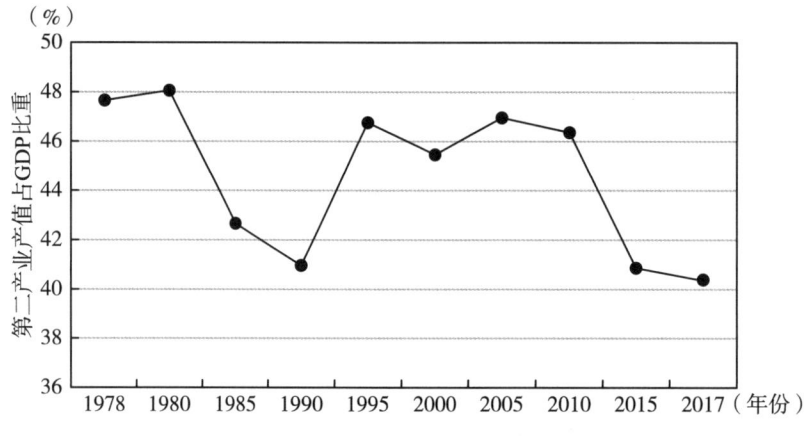

图 4-3　第二产业产值占 GDP 比重

首先，从整体来说，改革开放以来，我国第二产业占 GDP 的比重、第二产业对 GDP 贡献率及第二产业对 GDP 的拉动基本呈下降趋势，其中第二产业占 GDP 比重和第二产业对 GDP 的拉动波动幅度不大，第二产业对 GDP 的贡献率波动较大。

其次，本书选取了 2017 年我国各省区市的第二产业截面数据来分析第二产业产值在我国各地区呈现的特点。从表 4-7 可看出，广东、江苏、山东、浙江这四个省份的工业增加值和建筑业增加值都遥遥领先于其他省区市。其中广东、江苏的工业增加值超过 3 万亿元，山东的工业增加值超过 2 万亿元，远领先于海南、青海的工业增加值；江苏、山东的建筑业增加值超过 4000 亿元，江苏、浙江两省的建筑业增加值之和占建筑业增加值总和的25.8%。另外,根据所查资料,跨省完成的建筑业产值也在持续增长,跨省完成的建筑业产值排名前两位的仍是浙江和江苏,分别为14011.3亿元和13093.96亿元,两省跨省产值之和占全部跨省产值比重36.44%。从工业增加值和建筑业增加值都遥遥领先的这四个省份所在区域可知,这些省份都位于我国东部沿海地区,其经济较为发达,工业和建筑业起步较早,基础设施相对完善,产业结构稳定。再根据表4-7,我国河南、湖北、安徽等省份的工业增加值和建筑业增加值处于中等地位,仅次于东部沿海地区。而西部地区及东北地区建筑业起步较晚,产业结构调整空间较大。

表4-7　　2017年我国各省区市工业、建筑业增加值　　单位:亿元

省份	工业增加值	建筑业增加值	省份	工业增加值	建筑业增加值
广东	35291.8	2818.8	天津	6864.0	745.7
江苏	34013.6	4651.8	重庆	6587.1	1997.5
山东	28705.7	4277.0	吉林	6057.3	964.1
浙江	19474.5	2845.5	广西	5822.9	1635.7
河南	18452.1	2694.1	山西	5771.2	1019.8
河北	13757.8	2109.0	内蒙古	5109.0	1291.5
湖北	13060.1	2459.7	北京	4274.0	1140.8
福建	12674.9	2707.8	贵州	4260.5	1169.5
湖南	11879.9	2278.7	云南	4089.4	2123.7
四川	11576.2	2838.4	黑龙江	3332.6	852.8
安徽	10916.3	1943.6	新疆	3254.2	1159.5
陕西	8691.8	2218.0	甘肃	1763.4	811.4
上海	8392.8	970.8	宁夏	1096.3	484.4
江西	7789.6	1839.0	青海	777.6	384.9
辽宁	7302.4	1999.3	海南	528.3	470.0

资料来源:国家统计局。

从整体上看,我国中、东部地区的第二产业水平整体上要优于西部以及东北地区。这可能是由于我国东部沿海地区及中部地区的经济较为发达,其管理水平和技术水平较为领先,工业、建筑业的起步较早,而我国西部地区受地理

位置约束且人力资源有限,第二产业市场起步较晚,东北地区则因工业外延粗放的发展方式导致其竞争力逐步下降。党的十九大报告中也指出,我国东西部地区第二产业发展水平的差距正在进一步扩大,若长此以往将不利于我国第二产业的发展。由此可见,我国第二产业发展存在地区发展不平衡、不充分的问题,地区间的差异较大,故政府要根据各地实际情况因地施策、注重区域间产业的协调,以推动我国产业早日实现转型升级。

4.2.3 第二产业就业人口结构演变过程

为后续与第一产业、第三产业的就业人口演变过程进行横向比较,本节采用 1978~2017 年我国第二产业就业人口的数据,并构建了表 4-8 来具体描述我国第二产业就业人口的演变规律。从表 4-8 可以看出,我国第二产业就业人口一直在增加,从最初的 6945 万人增加到 2017 年的 21824 万人,增加了近三倍。从表 4-8 仍可以看出,1978~2012 年,我国第二产业就业人口占总人口的比重一直在增加,其增加的幅度较小,2012 年后,我国第二产业就业人口占总人口的比重逐渐下降,该比重每年大约下降 0.5 个百分点。

表 4-8　　　　　1978~2017 年第二产业就业人口结构

年份	第二产业就业人口（万人）	第二产业就业人口占比（%）	年份	第二产业就业人口（万人）	第二产业就业人口占比（%）
1978	6945	17.30	1988	12152	22.37
1979	7214	17.58	1989	11976	21.64
1980	7707	18.19	1990	13856	21.40
1981	8003	18.30	1991	14015	21.40
1982	8346	18.43	1992	14355	21.70
1983	8679	18.69	1993	14965	22.40
1984	9590	19.90	1994	15312	22.70
1985	10384	20.82	1995	15655	23.00
1986	11216	21.87	1996	16203	23.50
1987	11726	22.22	1997	16547	23.70

续表

年份	第二产业就业人口（万人）	第二产业就业人口占比（%）	年份	第二产业就业人口（万人）	第二产业就业人口占比（%）
1998	16600	23.50	2008	20553	27.20
1999	16421	23.00	2009	21080	27.80
2000	16219	22.50	2010	21842	28.70
2001	16234	22.30	2011	22544	29.50
2002	15682	21.40	2012	23241	30.30
2003	15927	21.60	2013	23170	30.10
2004	16709	22.50	2014	23099	29.90
2005	17766	23.80	2015	22693	29.30
2006	18894	25.20	2016	22350	28.80
2007	20186	26.80	2017	21824	28.11

资料来源：国家统计局。

从整体上看，改革开放以来，我国第二产业就业人口的规模在不断扩大，第二产业就业人口占总就业人口的比重也一直增加，这表明我国第二产业的就业结构一直趋于上升化。但是自2012年后，第二产业的就业人口逐渐下降，其所占比重也缓慢下降，这可能由于第二产业中的制造业、采矿业等行业遇到了"瓶颈期"，其急待新技术的引入，产业结构有待调整。

4.2.4 第二产业劳动生产率演变过程

本节主要采用1978~2017年我国第二产业劳动生产率的数据，并构建了表4-9来反映我国第二产业劳动生产率的演变过程。如表4-9所示，我国第二产业劳动生产率一直呈上升趋势，1978~1992年，我国第二产业劳动生产率增长较为缓慢，每年增长不到10个百分点；1992年以后我国第二产业劳动生产率增长速度猛增，平均每年增长50个百分点，到2017年达到1533.28%，远远高于最初的劳动生产率。由此可见，改革开放后我国劳动生产率得到大幅度提高。这可能得益于我国经济快速发展、高新技术和高素质人才的引入，进而带动第二产业高质量发展。

表 4-9　　　　　　　1978~2017 年第二产业劳动生产率

年份	第二产业劳动生产率（％）	年份	第二产业劳动生产率（％）
1978	25.27	1998	235.05
1979	26.69	1999	250.17
1980	28.61	2000	281.55
1981	28.35	2001	305.91
1982	28.73	2002	345.02
1983	30.68	2003	393.65
1984	32.58	2004	444.59
1985	37.43	2005	495.80
1986	40.26	2006	552.35
1987	44.98	2007	627.33
1988	54.37	2008	729.61
1989	60.96	2009	759.83
1990	55.89	2010	877.35
1991	65.14	2011	1007.09
1992	81.68	2012	1052.64
1993	110.08	2013	1130.58
1994	146.64	2014	1201.66
1995	183.18	2015	1242.85
1996	208.78	2016	1326.84
1997	226.91	2017	1533.28

资料来源：国家统计局。

从整体来看，我国第二产业劳动生产率得到显著提高，且一直呈现上升趋势。这也间接地表明我国第二产业结构得到优化，产业结构日益趋向于合理化。

4.3　第三产业的演变过程

第三产业作为国民经济的一个重要部门，对经济发展有强大的拉动作用。第三产业的高速高质量发展有利于加快转变我国经济发展方式，提高我国综合国力。第三产业具有行业多、门类广的特点，众多的新兴产业，创造了更多的就业岗位，有利于缓解我国就业压力，吸引社会各界的优秀人才。另外，第三产业内的教育、医疗等行业为我国社会发展提供了保障，旅游、文化业的发展大大改善了我国人民生活质量，推动社会主义精神文明建设。因此，第三产业的发展尤其重要。本节将从第三产业的内部构成、第三产业产值及 GDP 占比、第三产业就业人口结构和第三产业劳动生产率的演变过程来详细阐述我国第三产业自改革开放以来的演变过程。

4.3.1 第三产业内部构成演变过程

根据《国民经济行业分类》（GB/T4754 - 2002）可知，第三产业主要包括批发和零售业，交通运输、仓储和邮政业，住宿和餐饮业，金融业，房地产业以及其他行业。其他行业主要是指那些与社会福利相关的行业，如环境和公共设施管理、居民服务业、教育、卫生、社会保障和社会福利业等。这些行业的总产值占第三产业产值的比重最大，为人民良好生活提供了基础保障。其中，卫生和社会服务业是国民生活最基本的保障，卫生和社会服务事业的发展关系到人民群众的身体健康和生老病死的各个方面，不仅与人民群众切身利益密切相关，而且与社会经济的可持续协调发展息息相关，为我国构建社会主义和谐社会打下坚实的基础。

从发达国家第三产业发展的历程来看，第三产业发展可分为三个阶段：第一阶段是优先发展商业和交通运输业；第二阶段是大力发展金融业、保险业和通信业，增强第二产业的服务功能；第三阶段是快速发展现代服务业，如金融保险与商务服务业、科学、教育等行业。现阶段我国第三产业发展正处于发达国家第三产业发展的第一阶段向第二阶段的过渡期。第三产业在我国国民经济发展中处于重要战略地位，其生产的服务型生产资料是我国现代生产系统中不可或缺的生产要素，这也成为提高我国国民经济效率的重要战略发源地。同时，有效的服务型生产资料有利于提高我国在全球的经济竞争力，提高我国国民生活质量，满足人民日益增长的生活需要。

本节构建表 4 - 10 描述了 1978 ~ 2017 年我国第三产业产值及其内部行业产值的变化。从表 4 - 10 可以看出，我国第三产业产值在观测期内呈高速增长，其产值从 1978 年的 905.1 亿元增长到 2017 年的 427031.5 亿元，其绝对规模扩大了 470 倍。再来看第三产业内各行业产值的变化,其中批发和零售业产值在 1978~2017 年增加了 77501.4 亿元,2017 年产值达到 1978 年产值的 320 倍;交通运输、仓储和邮政业产值从 1978 年的 182.0 亿元增加到 2017 年的 31802.7 亿元,共计增加了 31610.7 亿元,2017 年的产值已将近达到 1978 年产值的 175 倍;金融业产值从 1978 年的 76.5 亿元增加到 2017 年的 65748.9 亿元,共计增加了 65672.4 亿元,达到其最初产值的 859 倍;房地产业产值从 1978 年的 79.9 亿元增加到 2017 年的 53850.7 亿元,共计增加了 53770.8 亿元,2017 年的产值已将近达到 1978 年产值的 674 倍;我国住宿和餐饮业的产值增加了 14549.5 亿元,2017 年产值达到 1978 年产值的 327 倍;2017 年其他行业的产值相比于 1978 年增加了 174421.6 亿元,增加了将近 658 倍。

表 4-10　　1978~2017 年第三产业内部各产业产值　　单位:亿元

年份	第三产业产值	批发和零售业产值	交通运输、仓储和邮政业产值	住宿和餐饮业产值	金融业产值	房地产业产值	其他行业产值
1978	905.1	242.3	182.0	44.6	76.5	79.9	265.5
1979	916.1	200.9	193.7	44.0	75.9	86.3	298.4
1980	1023.4	193.8	213.4	47.4	85.8	96.4	368.1
1981	1121.1	231.1	220.8	54.1	91.6	99.9	403.2
1982	1214.0	171.4	246.9	62.3	130.6	110.8	469.3
1983	1397.0	198.7	275.0	72.5	168.9	121.8	535.0
1984	1858.1	363.5	338.6	96.8	230.5	162.3	637.0
1985	2670.7	802.4	421.8	138.3	293.8	215.2	765.5
1986	3096.9	852.6	499.0	163.2	401.0	298.1	845.6
1987	3696.2	1059.6	568.5	187.1	506.0	382.5	949.2
1988	4741.8	1483.4	685.9	241.4	658.6	473.8	1146.1
1989	5650.6	1536.2	812.9	277.4	1079.6	566.2	1319.9
1990	6111.4	1268.9	1167.2	301.9	1143.7	662.2	1500.7
1991	7587.0	1834.6	1420.5	442.3	1194.7	763.7	1852.1
1992	9668.9	2405.0	1689.2	584.6	1481.5	1101.3	2308.3
1993	12312.6	2816.6	2174.3	712.1	1902.6	1379.6	3206.0
1994	16712.5	3773.4	2788.2	1008.5	2556.5	1909.3	4513.7

续表

年份	第三产业产值	批发和零售业产值	交通运输、仓储和邮政业产值	住宿和餐饮业产值	金融业产值	房地产业产值	其他行业产值
1995	20641.9	4778.6	3244.7	1200.1	3209.7	2354.0	5660.0
1996	24107.2	5599.7	3782.6	1336.8	3698.3	2617.6	6841.3
1997	27903.8	6327.4	4149.1	1561.3	4176.1	2921.1	8487.4
1998	31558.3	6913.2	4661.5	1786.9	4314.3	3434.5	10140.9
1999	34934.5	7491.1	5175.9	1941.2	4484.9	3681.8	11824.5
2000	39897.9	8158.6	6161.9	2146.3	4836.2	4149.1	14090.8
2001	45700.0	9119.4	6871.3	2400.1	5195.3	4715.1	16980.9
2002	51421.7	9995.4	7494.3	2724.8	5546.6	5346.4	19816.0
2003	57754.4	11169.5	7914.8	3126.1	6034.7	6172.7	22749.2
2004	66648.9	12453.8	9306.5	3664.8	6586.8	7174.1	26746.1
2005	77427.8	13966.2	10668.8	4195.7	7469.5	8516.4	31725.0
2006	91759.7	16530.7	12186.3	4792.6	9951.7	10370.5	36881.9
2007	115810.7	20937.8	14605.1	5548.1	15173.7	13809.7	44492.1
2008	136805.8	26182.3	16367.6	6616.1	18313.4	14738.7	53063.2
2009	154747.9	29001.5	16522.4	6957.0	21798.1	18966.9	59835.2
2010	182038.0	35904.4	18783.6	7712.0	25680.4	23569.9	68464.3
2011	216098.6	43730.5	21842.0	8565.4	30678.9	28167.6	80763.9
2012	244821.9	49831.0	23763.2	9536.9	35188.4	31248.3	92629.2
2013	277959.3	56284.1	26042.7	10228.3	41191.0	35987.6	105302.8
2014	308058.6	62423.5	28500.9	11158.5	46665.2	38000.8	118322.7
2015	346149.7	66186.7	30487.8	12153.7	57872.6	41701.0	134605.5
2016	383365.0	71290.7	33058.8	13358.1	61121.7	48190.9	153008.9
2017	427031.5	77743.7	36802.7	14594.1	65748.9	53850.7	174687.1

资料来源：国家统计局。

再从相对数角度，本章分析了第三产业中各行业产值占第三产业产值比重的动态变化，具体如图4-4所示。从图4-4中可以看出，其他行业产值占第三产业产值比重远高于另外几个行业产值所占比重，批发和零售业产值所占比重位居第二，金融业产值所占比重、房地产业产值所占比重分别位居第三、第四,交通运输、仓储和邮政业产值所占比重在近年来呈下降趋势,位居第五,住宿和餐饮业产值所占比重最低。再从各行业产值所占比重的变化趋势来看,批发和零售业产值所占比重一直较大,仅次于其他行业所占比重,主要表现为1978~1991年波动较大,1992~2006年小幅下降,2007~2014年又有所回升,2014年后又稍有下降,这可能与网购热潮的掀起有关。在"互联网+"的时代背景下,人们的消费模式逐渐从线下转为线上,这对实体店零售有一定的阻碍作用。整体而言,批发和零售业产值所占比重在1978~1992年波动幅度较大,在1992年后波动幅度较小。我国金融业产值占第三产业产值的比重不大,基本在8%~20%。我国房地产业产值占第三产业产值的比重较小,基本在8%~15%波动,但是在2005~2010年房地产业产值占第三产业产值比重出现了较大波动,呈明显的上升趋势,到2010年后基本趋于稳定,预计未来仍保持在第三。交通运输、仓储和邮政业产值占第三产业产值比重排位较为靠后,位于倒数第二,在1978~2017年呈缓慢下降趋势,从1978年的20.11%下降到2017年的8.62%,共计下降11.49个百分点。从观测期来看,住宿和餐饮业行业产值占第三产业产值比重变化幅度很小,排在最末位。这可能是由于其他行业规模的扩大速度大于该行业规模扩大速度,压缩了该行业产值占第三产业产值的比重。但住宿和餐饮业作为基础行业,该行业产值占第三产业产值比重还是较为稳定,维持在5%左右。其他行业产值占第三产业产值的比重在1982~1992年呈下降趋势,在其他年间其保持上升趋势。在整个观测期内,其他行业产值占第三产业产值比重整体呈上升趋势,在20%~45%波动。

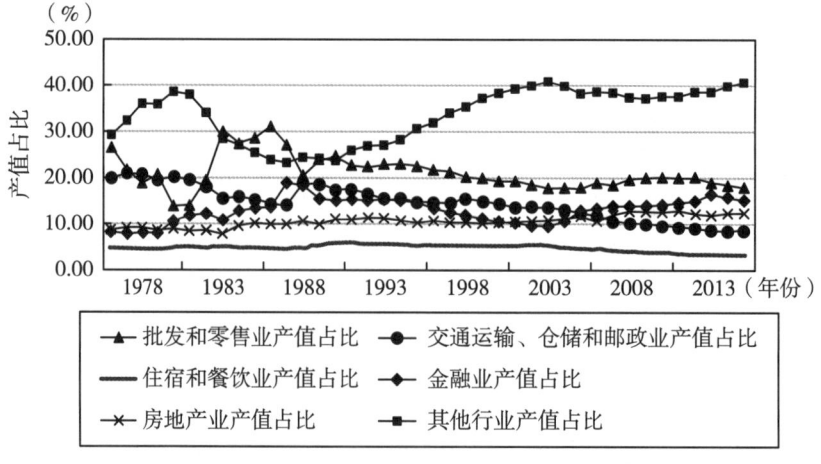

图4-4 第三产业内部行业产值占第三产业产值比重变化趋势

总之，我国第三产业产值在 1978~2017 年呈高速增长趋势，第三产业内的各行业规模也得到显著扩大，各行业产值占第三产业产值比重发生明显变动，其中金融业产值所占比重明显提升，其他行业产值所占比重先是经历一个波动，随后呈稳定上升趋势。这也表明我国第三产业内部结构正在不断改善。另外，随着国民经济的不断发展，第三产业对 GDP 的贡献率已经超过了第一产业，第三产业逐渐成为经济的重要推动力，在一些发达地区第三产业甚至超过第二产业成为国民经济的主要推动力。由此可见，第三产业在国民经济中的地位越来越高。

4.3.2 第三产业产值与 GDP 占比演变过程

表 4-11 主要反映了 1978~2017 年我国第三产业产值及 GDP 占比、第三产业对 GDP 贡献率和第三产业对 GDP 拉动的变化过程。从表 4-11 可以看出，在观测期间我国第三产业总产值在不断增加，第三产业产值占 GDP 比重也从最初的 24.6% 增加到 2017 年的 51.6%，所占比重从不到 1/4 扩大到超过一半。图 4-5 也描述了改革开放以来我国第三产业产值占 GDP 比重的变化趋势，可知 2015 年后我国第三产业产值占 GDP 比重增幅有所下降。这可能与我国经济进入"新常态"有关，我国经济正从高速增长逐渐向高质量发展转变。由此可见，1978~2017 年，我国第三产业得到高速发展，其在国民经济中的地位越来越高，对国民经济的影响越来越大。

表 4-11　　1978~2017 年第三产业产值与其占 GDP 比重

年份	第三产业总产值（亿元）	第三产业产值占 GDP 比重（%）	第三产业对 GDP 贡献率（%）	第三产业对 GDP 的拉动（%）
1978	905.1	24.60	28.40	3.30
1979	916.1	22.30	25.60	1.90
1980	1023.4	22.30	19.20	1.50
1981	1121.1	22.70	41.80	2.10
1982	1214.0	22.60	32.60	2.90
1983	1397.0	23.20	32.70	3.50
1984	1858.1	25.50	31.70	4.80
1985	2670.7	29.40	34.80	4.70
1986	3096.9	29.80	36.90	3.30

续表

年份	第三产业总产值（亿元）	第三产业产值占GDP比重（%）	第三产业对GDP贡献率（%）	第三产业对GDP的拉动（%）
1987	3696.2	30.40	34.80	4.10
1988	4741.8	31.20	33.40	3.70
1989	5650.6	32.90	40.10	1.70
1990	6111.4	32.40	20.00	0.80
1991	7587.0	34.50	32.20	3.00
1992	9668.9	35.60	28.70	4.10
1993	12312.6	34.50	28.00	3.90
1994	16712.5	34.40	27.40	3.60
1995	20641.9	33.70	28.50	3.10
1996	24107.2	33.60	28.50	2.80
1997	27903.8	35.00	34.50	3.20
1998	31558.3	37.00	33.00	2.60
1999	34934.5	38.60	37.40	2.90
2000	39897.9	39.80	36.20	3.10
2001	45700.0	41.20	49.00	4.10
2002	51421.7	42.20	46.50	4.20
2003	57754.4	42.00	39.00	3.90
2004	66648.9	41.20	40.80	4.10
2005	77427.8	41.30	44.30	5.00
2006	91759.7	41.80	45.90	5.80
2007	115810.7	42.90	47.30	6.70
2008	136805.8	42.80	46.20	4.50
2009	154747.9	44.30	43.70	4.10
2010	182038.0	44.10	39.00	4.20
2011	216098.6	44.20	43.80	4.20
2012	244821.9	45.30	44.90	3.50
2013	277959.3	46.70	47.20	3.70
2014	308058.6	47.80	47.50	3.50
2015	346149.7	50.20	52.90	3.70
2016	383365.0	51.60	57.50	3.90
2017	427031.5	51.60	58.80	4.00

资料来源：国家统计局。

从表4-11还可以看出，我国第三产业对GDP的贡献率1978~1989年呈小幅度地上下波动，其整体增长了11.7个百分点；1990~2000年，相对于1989年的贡献率有所下降，到2001年第三产业对GDP的贡献率又突破40%，达到49%；2001~2014年，第三产业对GDP的贡献率基本在40%~49%波动；2015~2017年，第三产业对GDP贡献率有所上升，到2017年达到58.8%。1978~2017年，我国第三产业对GDP的拉动基本在0.5%~7%，最低的是1990年，第三产业对GDP的拉动仅有0.8个百分点，不到1个百分点；最高的是2007年，达到6.7%（见图4-5）。

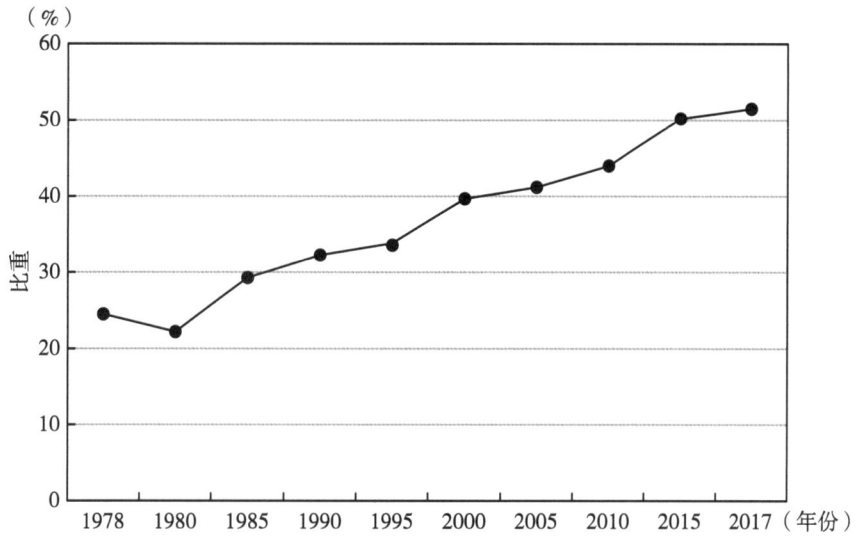

图4-5 第三产业产值占GDP比重

改革开放以来，我国第三产业得到充分发展，我国第三产业产值占GDP比重、对GDP贡献率和对GDP拉动都呈良好的上升趋势，且其上升幅度较大。这可能得益于，改革开放后我国农村富余劳动力都纷纷涌向城市，推动了金融、房地产、交通运输业等第三产业的兴起。同时，随着我国经济实力的增强，对高新技术的研发投入也不断增加，让我国经济从资源驱动逐渐向技术驱动转变，推动第三产业向高质量方向发展。

4.3.3 第三产业就业人口结构演变过程

表4-12反映了1978~2017年我国第三产业中就业人口结构的变化，选取

了第三产业就业人口和第三产业就业人口所占比重这两个指标来反映我国第三产业人口结构。从表4-12中可以看出，我国第三产业就业人口在观测期间一直在增加，且其增加幅度较大，从1978年的4890万人增加到2017年的34872万人，增加了6倍以上。同时，还可以看出，我国第三产业就业人口占总人口比重从1978年的12.18%上升到2017年的44.91%，预计将会超过我国总就业人口的一半，可见改革开放后我国第三产业发展迅猛。

表4-12　　　　　　　1978~2017年第三产业就业人口结构

年份	第三产业就业人口（万人）	第三产业就业人口占比（%）	年份	第三产业就业人口（万人）	第三产业就业人口占比（%）
1978	4890	12.18	1998	18860	26.70
1979	5177	12.62	1999	19205	26.90
1980	5532	13.06	2000	19823	27.50
1981	5945	13.60	2001	20165	27.70
1982	6090	13.45	2002	20958	28.60
1983	6606	14.23	2003	21605	29.30
1984	7739	16.06	2004	22725	30.60
1985	8359	16.76	2005	23439	31.40
1986	8811	17.18	2006	24143	32.20
1987	9395	17.80	2007	24404	32.40
1988	9933	18.28	2008	25087	33.20
1989	10129	18.31	2009	25857	34.10
1990	11979	18.50	2010	26332	34.60
1991	12378	18.90	2011	27282	35.70
1992	13098	19.80	2012	27690	36.10
1993	14163	21.20	2013	29636	38.50
1994	15515	23.00	2014	31364	40.60
1995	16880	24.80	2015	32839	42.40
1996	17927	26.00	2016	33757	43.50
1997	18432	26.40	2017	34872	44.91

资料来源：国家统计局。

总的来说，自1978年以来，第三产业就业人口和第三产业就业人口占总就业人口的比重均呈上升趋势，第三产业的就业人口结构日趋合理化。这也表明，改革开放以来党和政府对第三产业的发展高度重视，第三产业的就业主导地位也日益明显。

4.3.4 第三产业劳动生产率演变过程

随着经济的不断发展，第三产业逐渐转向为发展新型行业和知识密集型行业。具体来说，在初级阶段，第三产业刚萌芽，以家务劳动和生活服务为主的简单集市贸易为典型形态；第二阶段，即工业化阶段，以低投入、劳动密集为特征的饮食、旅馆、商业和运输业等行业成为第三产业的主体部分；第三阶段，以知识技术密集型为特征的行业逐渐成为第三产业的主体行业，如情报信息、咨询、技术服务、文化娱乐、旅游等新兴服务行业和金融保险、房地产、教育、医疗保健等行业。

从表4-13中可以看出，1978~2017年我国第三产业劳动生产率主要呈上升趋势。1978~1993年，我国第三产业劳动生产率上升趋势较小，平均每年上升不到10个百分点；1994~2006年，我国第三产业劳动生产率上升幅度有所提高，平均每年上升50个百分点；2006年后我国第三产业劳动生产率高速增长，平均每年增长超过100个百分点。同时，从表4-13中还可以看出，改革开放以来我国第三产业劳动生产率提高很多，从1978年的18.51%上升到2017年的1224.57%，增加了65倍多。总的来说，改革开放后我国第三产业劳动生产率得到显著提高。

表4-13　　　　　　　　1978~2017年第三产业劳动生产率

年份	第三产业劳动生产率（%）	年份	第三产业劳动生产率（%）
1978	18.51	1985	31.95
1979	17.70	1986	35.15
1980	18.50	1987	39.34
1981	18.86	1988	47.74
1982	19.93	1989	55.79
1983	21.15	1990	51.02
1984	24.01	1991	61.29

续表

年份	第三产业劳动生产率（%）	年份	第三产业劳动生产率（%）
1992	73.82	2005	330.34
1993	86.93	2006	380.07
1994	107.72	2007	474.56
1995	122.29	2008	545.32
1996	134.47	2009	598.47
1997	151.39	2010	691.31
1998	167.33	2011	792.09
1999	181.90	2012	884.15
2000	201.27	2013	937.91
2001	226.63	2014	982.20
2002	245.36	2015	1054.08
2003	267.32	2016	1135.66
2004	293.29	2017	1224.57

资料来源：国家统计局。

4.4 三次产业发展演变过程的横向对比

本节将对前三节进行总结，并对三次产业产值及三次产业产值占 GDP 比重、三次产业就业人口结构、三次产业劳动生产率发展历程进行横向比较，以便更好地发现我国三次产业发展的演变规律，为我国产业升级建言献策。

4.4.1 三次产业产值与 GDP 占比对比

通过整理前面三次产业产值及三次产业产值占 GDP 比重的数据，本节构建了表 4-14 和图 4-6 来反映 1978~2017 年我国三次产业产值及三次产业产值占 GDP 比重的变化趋势。从表 4-14 可以看出，改革开放后我国三次产业的绝对规模都得到了扩张，三次产业产值都在最初的基础上增加了 50 倍以上。其中，第三产业产值的增加幅度最大,从最初的 905.1 亿元增加到 2017 年的 427031.5 亿元,增加了 470 倍多,其次是第二产业产值的增加幅度,第一产业产值的增加幅度最小。

表 4-14　　　　　　　　1978~2017 年三次产业产值　　　　　　　单位:亿元

年份	第一产业产值	第二产业产值	第三产业产值	年份	第一产业产值	第二产业产值	第三产业产值
1978	1018.5	1755.2	905.1	1998	14618.7	39018.5	31558.3
1979	1259.0	1925.4	916.1	1999	14549.0	41080.9	34934.5
1980	1359.5	2204.7	1023.4	2000	14717.4	45664.8	39897.9
1981	1545.7	2269.1	1121.1	2001	15502.5	49660.7	45700.0
1982	1761.7	2397.7	1214.0	2002	16190.2	54105.5	51421.7
1983	1960.9	2663.0	1397.0	2003	16970.2	62697.4	57754.4
1984	2295.6	3124.8	1858.1	2004	20904.3	74286.9	66648.9
1985	2541.7	3886.5	2670.7	2005	21806.7	88084.4	77427.8
1986	2764.1	4515.2	3096.9	2006	23317.0	104361.8	91759.7
1987	3204.5	5274.0	3696.2	2007	27788.0	126633.6	115810.7
1988	3831.2	6607.4	4741.8	2008	32753.2	149956.6	136805.8
1989	4228.2	7300.9	5650.6	2009	34161.8	160171.7	154747.9
1990	5017.2	7744.3	6111.4	2010	39362.6	191629.8	182038.0
1991	5288.8	9129.8	7587.0	2011	46163.1	227038.8	216098.6
1992	5800.3	11725.3	9668.9	2012	50902.3	244643.3	244821.9
1993	6887.6	16473.1	12312.6	2013	55329.1	261956.1	277959.3
1994	9471.8	22453.1	16712.5	2014	58343.5	277571.8	308058.6
1995	12020.5	28677.5	20641.9	2015	60862.1	282040.3	346149.7
1996	13878.3	33828.1	24107.2	2016	63672.8	296547.7	383365.0
1997	14265.2	37546.0	27903.8	2017	65467.6	334622.6	427031.5

资料来源:国家统计局。

从图 4-6 可以看出,我国三次产业产值占 GDP 比重自改革开放以来发生了较大的变化,其中,第一产业产值占 GDP 比重和第二产业产值占 GDP 比重发生的变化最大。第一产业产值占 GDP 比重在改革开放初期有所上浮,1980~1990 年有小幅度下降,1990 年后第一产业产值占 GDP 比重呈大幅度下降,从 26.6% 下降到 7.9%。第二产业产值占 GDP 比重在观测期内的变化幅度较小,基本在

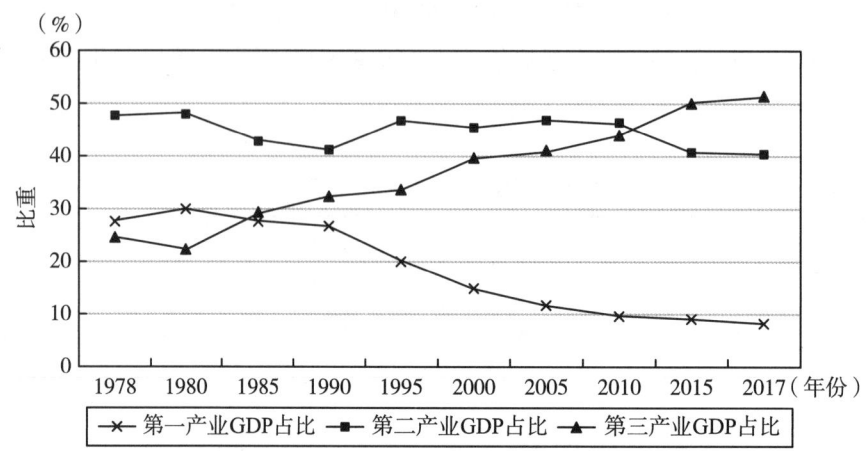

图 4-6 三次产业产值占 GDP 比重变化趋势

40%~50%波动。第三产业产值占 GDP 比重在观测期内发生了较大波动,从最初处于劣势地位逐渐赶超第一产业产值占 GDP 比重,第二产业产值占 GDP 比重位居第一,其变化趋势和第一产业产值占 GDP 比重的变化趋势恰好相反,基本呈此消彼长的趋势。另外,2013 年我国第三产业产值占 GDP 比重首次超过第二产业产值占 GDP 比重,2015 年我国第三产业产值占 GDP 比重首次突破 50%,到 2017 年第三产业产值占 GDP 比重达到 51.6%,相比于 1978 年的 24.6%上涨 27 个百分点。由此可见,我国第三产业在产业发展的历程中逐渐占主导地位,且其主导地位越来越不容置疑。

总的来说,改革开放后我国三次产业的绝对规模都得到了大幅度的提升,我国的产业结构也得到了明显的调整,产业结构从改革开放初期的以第二产业为主导地位的资本密集型产业逐渐向现在以第三产业为主导产业的知识技术密集型产业转换。这也与我国社会主要矛盾的转变相呼应,从人民日益增长的物质文化需要同落后的社会生产之间的矛盾转换成人民日益增长的美好生活需要和不平衡不充分发展之间的矛盾。

4.4.2 三次产业就业人口结构对比

通过整理前面三次产业的就业人口结构数据,本节也构建了表 4-15 来反映我国 1978~2017 年三次产业就业人口结构发生的变化。从表 4-15 中可看出,我国第一产业就业人口在 1978~1991 年呈稳定增长态势,从 1978 年的 28318 万人增长到 1991 年的 39098 万人，这可能是由于在改革开放初期，我国大多数劳动力仍在家务农，"走出去"意识不强。1992~2005 年，我国第一产业就业人口有所波动，但波动幅度不大。在 2005 年后，我国第一产业就业人口呈缓慢下降趋势，下降到 20944 万人，远低于 1978 年的 28318 万人。第二产业就业人口相对于第一产业就业人口的波动有所差异，其就业人口基本呈扩张趋势，直到近年来有所下降，但远高于最初的就业人口。第三产业就业人口在观测期间一直呈上升趋势，其增加幅度远高于第二产业就业人口，且最后逐渐趋于主导地位。

表 4-15　　　　　1978~2017 年三次产业就业人口结构　　　　单位：万人

年份	第一产业就业人口	第二产业就业人口	第三产业就业人口	年份	第一产业就业人口	第二产业就业人口	第三产业就业人口
1978	28318	6945	4890	1998	35177	16600	18860
1979	28634	7214	5177	1999	35768	16421	19205
1980	29122	7707	5532	2000	36043	16219	19823
1981	29777	8003	5945	2001	36399	16234	20165
1982	30859	8346	6090	2002	36640	15682	20958
1983	31151	8679	6606	2003	36204	15927	21605
1984	30868	9590	7739	2004	34830	16709	22725
1985	31130	10384	8359	2005	33442	17766	23439
1986	31254	11216	8811	2006	31941	18894	24143
1987	31663	11726	9395	2007	30731	20186	24404
1988	32249	12152	9933	2008	29923	20553	25087
1989	33225	11976	10129	2009	28890	21080	25857
1990	38914	13856	11979	2010	27931	21842	26332
1991	39098	14015	12378	2011	26594	22544	27282
1992	38699	14355	13098	2012	25773	23241	27690
1993	37680	14965	14163	2013	24171	23170	29636
1994	36628	15312	15515	2014	22790	23099	31364
1995	35530	15655	16880	2015	21919	22693	32839
1996	34820	16203	17927	2016	21496	22350	33757
1997	34840	16547	18432	2017	20944	21824	34872

资料来源：国家统计局。

从图4-7中可清晰明了地看出，改革开放以来我国三次产业就业人口占总就业人口比重的变化趋势。其中，我国第一产业人口占总就业人口比重在观测期内基本呈下降趋势，先是在2011年被第三产业赶超，再是2014年被第二产业赶超，从所占比重最大跌落到所占比重最小。我国第二产业就业人口占总就业人口的比重在1978年以来有所上浮，虽然在观测期间内该比重的排序有所改变，但最后第二产业就业人口占总就业人口比重仍位居第二。我国第三产业就业人口占总就业人口比重后来居上，从最初的末位赶超到第一位，这与第三产业产值占GDP比重的变化趋势一致。另外，从图4-7还可以看出，1978年我国第一产业就业人口占总就业人口比重达到70.5%，其所占份额相当高，意味着这一时期我国大部分劳动人口都在从事劳动生产工作。虽然这一时期我国第二产业产值占GDP比重远高于第一产业，但是从事第二产业的劳动人口不足总就业人口的1/5。由此可见这一时期我国仍处于农业时代，农业还是大部分人从事生产的唯一途径。1997年，我国第一产业就业人口占总就业人口比重首次低于50%，且1997年后该比重逐年下降，到2017年不足30%，这表明我国正逐渐告别农业时代，走进新时代。第三产业就业人口占总就业人口比重的变化趋势也很好地说明了这点，预计在未来我国第三产业就业人口占总就业人口的比重将会超过50%，我国也将从农业大国向经济强国迈进。

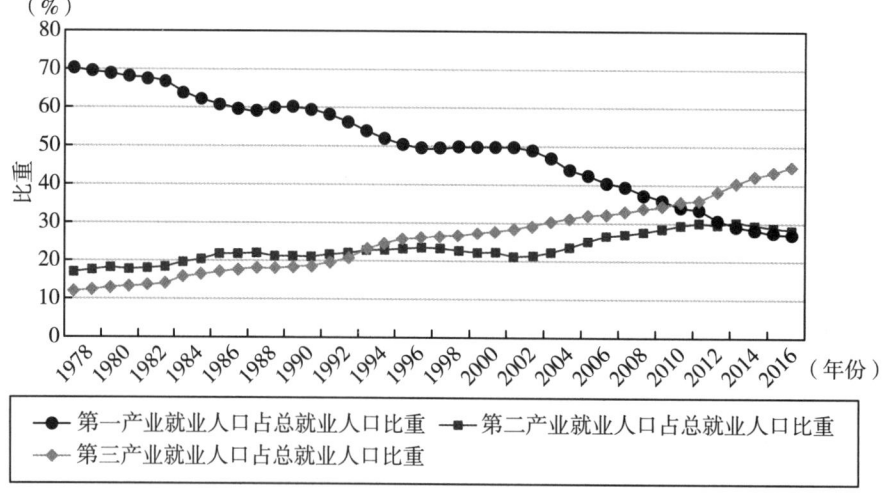

图4-7 三次产业就业人口占总就业人口比重的变化趋势

通过上述对我国三次产业就业人口结构在1978~2017年的演变过程进行分析，发现我国就业产业人口结构发生了明显的改变，从第一产业就业人口占总就业人口比重最大转变成第三产业就业人口占总就业人口比重最大。

4.4.3 三次产业劳动生产率对比

通过整理前面三次产业的劳动生产率数据,本节构建了表4-16来反映我国1978~2017年三次产业劳动生产率的变化。从表4-16可以看出,自1978年以来,我国三次产业劳动生产率都有明显提升,其中第二产业劳动生产率提升的幅度最大,从最初的25.27%增加到2017年的1533.28%。这可能得益于近年来我国大力发展制造业,争取到2025年基本实现工业化,迈入制造强国行列。我国第三产业劳动生产率紧跟第二产业劳动生产率的步伐,可能由于其起点比较低,其劳动生产率与第二产业劳动生产率仍存在一定差距。另外,从表4-16中仍可以看出,我国第二产业劳动生产率和第三产业劳动生产率自2009年以来增长幅度大幅度提高,平均每年上涨100个百分点。

表4-16　　　　　1978~2017年三次产业劳动生产率

年份	第一产业劳动生产率(%)	第二产业劳动生产率(%)	第三产业劳动生产率(%)	年份	第一产业劳动生产率(%)	第二产业劳动生产率(%)	第三产业劳动生产率(%)
1978	3.60	25.27	18.51	1990	12.89	55.89	51.02
1979	4.40	26.69	17.70	1991	13.53	65.14	61.29
1980	4.67	28.61	18.50	1992	14.99	81.68	73.82
1981	5.19	28.35	18.86	1993	18.28	110.08	86.93
1982	5.71	28.73	19.93	1994	25.86	146.64	107.72
1983	6.29	30.68	21.15	1995	33.83	183.18	122.29
1984	7.44	32.58	24.01	1996	39.86	208.78	134.47
1985	8.16	37.43	31.95	1997	40.94	226.91	151.39
1986	8.84	40.26	35.15	1998	41.56	235.05	167.33
1987	10.12	44.98	39.34	1999	40.68	250.17	181.90
1988	11.88	54.37	47.74	2000	40.83	281.55	201.27
1989	12.73	60.96	55.79	2001	42.59	305.91	226.63

续表

年份	第一产业劳动生产率（%）	第二产业劳动生产率（%）	第三产业劳动生产率（%）	年份	第一产业劳动生产率（%）	第二产业劳动生产率（%）	第三产业劳动生产率（%）
2002	44.19	345.02	245.36	2010	140.93	877.35	691.31
2003	46.87	393.65	267.32	2011	173.58	1007.09	792.09
2004	60.02	444.59	293.29	2012	197.50	1052.64	884.15
2005	65.21	495.80	330.34	2013	228.91	1130.58	937.91
2006	73.00	552.35	380.07	2014	256.00	1201.66	982.20
2007	90.42	627.33	474.56	2015	277.67	1242.85	1054.08
2008	109.46	729.61	545.32	2016	296.21	1326.84	1135.66
2009	118.25	759.83	598.47	2017	312.58	1533.28	1224.57

资料来源：国家统计局。

整体来说，改革开放以来，我国三次产业劳动生产率得到显著提升，第二产业、第三产业都发展十分迅速，三次产值、三次产业就业人口和三次产业劳动生产率的增长幅度都比较大。虽然第一产业在这三个方面有所落后，但这并不意味着第一产业就此衰落。随着我国传统农业逐渐转向现代化农业，第一产业在各方面所占比重将会有所回升，毕竟第一产业的农业是我国国民经济的基础。

本章小结

本章分别从产业内部构成、产业产值、产业产值占 GDP 比重、就业人口结构和劳动生产率四个方面对我国三次产业发展的演变过程进行了阐述，并对三次产业发展的演变过程进行了横向对比，以便更加深入地分析我国三次产业的演变规律。研究发现：一是改革开放以来，我国三次产业的绝对规模都得到了大幅的扩张，三次产业产值都在最初的基础上增加了 50 倍以上。其中，第三产业产值的增加幅度最大，从最初的 905.1 亿元增加到 2017 年的 427031.5 亿元，实现了质的增长。二是我国第一产业产值占 GDP 比重与第三产业产值占 GDP 比重在观测期内呈此消彼长趋势，第二产业产值占 GDP 比重窄幅波动。虽然近年来我国第三产业产值占 GDP 比重高达 50% 以上，但与同一时期发达国家第三产业产值占 GDP 的比重相比仍有很大差距，我国产业产品质量仍有待提升，产业结构仍有待改善。三是我国劳动力逐渐由第一产业向第二、三产业转移，第三产业就业人口增长势头迅猛。另外，我国三次产业劳动生产率大幅度提升，第二产业劳动生产率增长最快，从最初的 25.27% 增长到 2017 年的 1533.28%，增加了近 60 倍。

第 5 章　产业升级的综合评价研究

前述章节对产业升级的内涵、我国产业发展历程进行了详细的阐述，进一步研究产业升级，对产业升级进行定量描述和测评十分必要，即要有一套科学合理的产业升级测度方法或评价指标体系。然而，学术界目前对产业升级的测度并没有形成一套公认的测评体系或评价指标体系，这在某种程度上制约了整个产业的发展。本章将从新时代背景下产业升级的内涵——产业不断向更高的效益和更优化的结构演变出发，遵循指标构建的基本原则，并结合学者已建立的有关产业升级的指标体系选取相应的指标，利用主成分分析、相关分析等方法对指标进行筛选，最终构建出完整的产业升级评价指标体系。最后，基于上述已建立的评价指标体系对全国和各个地区的产业升级进行综合评价，并对各地区产业升级情况进行了分类。

5.1　产业升级评价指标体系的建立

产业升级评价指标体系的建立是产业升级的基础，然而学术界并没有达成一套公认的产业升级评价指标体系。基于新时代背景下产业升级的内涵，本章将从指标体系设计的基本原则、指标体系的构成、指标的筛选与解释这三个方面来阐释产业升级评价指标体系的建立过程。

5.1.1　指标设计的基本原则

为了使所构建的产业升级评价指标体系能够更加全面、系统、客观地评价产业升级的水平，推动我国从制造大国向制造强国迈进，并为各级政府和相关部门制定有关加快产业升级的战略目标提供一定的参考，在构建产业升级评价指标体系时要遵循以下几条原则。

（1）系统性原则。产业升级评价指标体系的构建，要以新时代背景下产业升级的内涵为核心来构建基本框架。新时代背景下产业升级的内涵包含两个方面的内容：一是产业效益的提高；二是产业结构的优化升级。首先产业升级离不开一定的人力资源、物质资源，其次产业升级还需要大量的技术投入。产业升级的直接表现为产业产值的增加、专利申请项目的增加、污染的减少等，另外，产业升级对社会、经济、环境等均会有所影响。产业结构的优化升级主要体现在产业结构合理化和高度化这两个方面，本章也将按照以上思路来建立产业升级评价指标体系的框架，如图 5-1 所示。

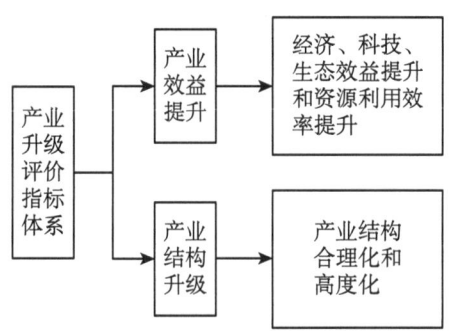

图 5-1 产业升级评价指标体系的框架

系统性原则，要求在构建产业升级评价指标体系时，既要考虑到各级指标间的相互联系与区别，又要充分考虑定性指标与定量指标相结合、静态指标与动态指标相结合，以及现实的发展情况和预计未来的发展情况，使这些指标形成一个统一的整体，进而客观反映产业升级的一般规律。

（2）科学性原则。在设计该评价指标体系的过程中，不仅要注重指标体系是否具有系统性，而且应遵循整体框架科学性的前提来设计评价指标体系。这要求指标的选取要有据可循，有理可依。指标间既要相互衔接，又要界限清晰。同时，各层级指标的统计口径和分类方法需要保持一致，计算方法也要合理。但是在实际设计中，某些指标在理论上确实很有必要保留，但其指标的数据很难获得或指标的测算方法仍不明确等，本章暂时不采取这样的指标。待今后条件成熟，本章再对现有的研究进行补充。本章构建的指标体系所需数据都较易获得、计算方法简便，且其计算结果均有明确的释义和现实指导性。

（3）可比性原则。该评价指标体系的构建要考虑到指标的可比性，这里所说的可比性原则主要包括两个方面：一是指标的可比性，即指标的统计口径和范围前后要一致；二是区域的可比性，即注意各地区在产业结构、自然环境等方面的差异，在指标的选择上应尽量选取具有共性的指标，以便指标的纵向、横向比较，区分不同区域、不同行业产业升级的状况。

（4）动态性原则。由于产业升级是一个动态发展过程，其产业效益不断提升和产业结构不断优化。因此，产业升级评价指标体系的建立不仅要遵循系统性、科学性、可比性原则，也应遵循动态性原则，以便更好地反映出产业升级的演变过程，动态地反映产业效益的提升和产业结构的合理化、高度化。

（5）综合性原则。任何整体都是由一些要素构成的。产业结构具有系统性、综合性强等特点，是由多种要素构成的综合体。这些要素又由多种结构综合而成，仅根据某一单要素进行分析判断，很可能做出不正确甚至错误的描述和分析。因此，产业升级评价指标体系的构建应综合平衡各要素、统筹兼顾，从整体的联系出发，注重多因素的综合性分析。

5.1.2 指标体系的构成

本章主要介绍产业升级评价指标体系源于新时代背景下产业升级的内涵——产业不断向更高的效益和更优化的结构演变。对于产业升级的测度，应综合考虑各种因素，如产业效益的提升不仅要考虑到经济效益的提升，也要考虑到社会效益、生态效益的提升；不仅要考虑到当前产业升级的情况，也要考虑到产业升级的发展前景。同时，结合我国产业实际发展情况，本章将从经济效益、资源利用效率、科技效益、生态效益、产业结构合理化、产业结构高度化这六个方面归纳构建产业升级评价指标体系的思路。

（1）经济效益。一般而言，企业的最终目标是追求利润最大化。产业升级会带来产业效益的提升，首当其冲的是经济效益的提升。首先，经济效益的提升会带来产业产值的增加，尤其是第二、第三产业产值的增加；其次，经济效益的提升，会增加我国就业率；再次，经济效益的提升，会间接地提升我国城镇化率；最后，经济效益的提升，还会带动居民消费水平的增加，促进我国经济增长，以推动我国产业优化升级。

（2）资源利用效率。大量生产要素的投入是产业生产的必要条件，而生产要素的合理配置是能否取得良好效果的关键。若生产要素没有得到很好的配置，就会造成资源要素的投入产出效率降低，资源不能得到充分利用。而资源利用效率的提升是产业升级的一个必要因素，能够使资源能够得到有效配置，推动产业升级，提升资源要素的投入产出效率，不断提高资本、劳动、能源等生产要素的经济效益，以实现产业优化升级。

（3）科技效益。在新时代背景下，科技创新日益成为现代化经济体系的重要支撑、提高社会生产力和综合国力的关键力量，同时产业升级也离不开科技的力量。产业升级中产业效益的提升，得益于科技效益的提升。充分利用科技发展的动力，不断增加及提高产业生产过程的创新要素，加快技术的转变，扩展现代科技成果在产品生产中的应用，积极发挥科技创新的驱动力量。

（4）生态效益。改革开放后，我国经济飞速发展，环境污染问题也日益凸显，依靠自然资源、物质要素投入驱动产业发展模式的问题浮出水面。新时代背景下，产业升级的效益提升必须注重生态效益的提升。生态效益的提升，有利于响应生态文明建设，倡导绿色低碳发展模式，减少废弃物的排放，加强企业、人民环境保护意识，构建人与自然命运共同体，以推动产业可持续性升级。

（5）结构合理化。产业结构合理化是产业结构升级的一个特征。产业结构合理化主要是指产业结构协调度和资源配置效率等。产业结构合理化，有利于推动产业结构优化升级，提高不同产业间的协调度，使资本更多地流向高附加值的产业部门，推动高技术产业的发展，扩大经济结构成分中第三产业所占比重，加速产业结构优化调整，促进产业优化升级。

（6）结构高度化。产业结构高度化是产业升级的另一大特征，主要是指产业结构在合理、协调的基础上，产业质量和效益向更高层次进化。产业结构高度化是反映产业结构由低级向高级的动态发展过程。产业结构高度化不断提升，有助于产品优等率的提高，有助于产业由劳动密集型产业向技术密集型产业的转变，有助于产业由优势产业为第一产业向优势产业为第二、第三产业的梯度演进，最终推动我国产业优化升级。

5.1.3 统计指标的筛选与解释

本节从指标选取、指标筛选、指标介绍三个方面分别介绍全国产业升级评价指标体系和我国各地区产业升级评价指标体系的构建过程。

5.1.3.1 全国产业升级评价指标的筛选与解释

根据新时代背景下产业升级的内涵，同时考虑测度指标的层次及数据的可得性，初步构建了经济效益、资源利用效率、科技效益、生态效益、产业结构合理化、产业结构高度化这6个子系统24个测度指标的产业升级评价指标体系，具体见表5-1。

表5-1　　　　　　　全国产业升级评价指标体系

一级指标	二级指标	三级指标	单位	功效
产业效益化提升	经济效益	GDP增长率（$x1$）	%	+
		第二产业增加值占GDP比重（$x2$）	%	+
		居民消费水平（$x3$）	元	+
		城镇化率（$x4$）	%	+
		失业率（$x5$）	%	-
	资源配置效率	人力资本存量（$x6$）	年	+
		劳动生产率（$x7$）	元/人	+
		能源加工转换率（$x8$）	%	+
	科技效益	R&D费用占GDP比重（$x9$）	%	+
		技术市场成交额占GDP比重（$x10$）	%	+
		高技术产业产值所占比重（$x11$）	%	+
		人均专利申请数（$x12$）	项/人	+
		研究与试验发展人员全时当量（$x13$）	万人年	+
	生态效益	单位GDP二氧化硫排放量（$x14$）	万吨/亿元	-
		单位GDP废水排放量（$x15$）	万吨/亿元	-
		单位GDP烟尘排放量（$x16$）	万吨/亿元	-
产业结构升级	结构合理化	第三产业占GDP比重（$y1$）	%	+
		高技术产品出口额占工业制成品出口额比重（$y2$）	%	-
		单位GDP能源消耗量（$y3$）	万吨×标准煤/亿元	-
		产业结构偏离度（$y4$）	—	—
	结构高度化	产品优等率（$y5$）	%	—
		产业就业弹性系数（$y6$）	—	—
		固定资产投资效果系数（$y7$）	—	—
		能源产出率（$y8$）	亿元/万吨×标准煤	—

(1) 指标选取。首先，本节主要从经济效益、资源利用效率、科技效益、生态效益这四个方面来描述产业升级的效益提升。经济效益方面，主要以 GDP 增长率、第二产业产值占 GDP 比重、居民消费水平、城镇化率、失业率这五个指标对产业升级的经济效益提升进行衡量。其中，GDP 增长率、第二产业产值占 GDP 比重、居民消费水平是从正面对产业升级的经济效益提升进行衡量，城镇化率、失业率是从侧面对经济效益的提升进行测度。资源利用效率方面，主要是从资本、劳动力、能源三个方面进行描述，选取了人力资本存量、劳动力生产率、能源加工转换效率这三个指标，描述资源利用效率的提升。科技效益方面，选取 R&D 费用占 GDP 比重、技术市场成交额占 GDP 比重、高技术产业产值占 GDP 比重、人均专利申请数、研究试验发展人员全时当量五个指标对产业升级的科技效益提升进行衡量，其中 R&D 费用占 GDP 比重、研究试验发展人员全时当量两个指标用以衡量科技投入，技术市场成交额占 GDP 比重、高技术产业产值所占比重、人均专利申请数三个指标用以衡量科技产出。生态效益方面，主要选取单位 GDP 二氧化硫排放量、单位 GDP 废水排放量、单位 GDP 烟尘排放量这三个指标对产业升级的生态效益进行衡量。

其次，本章从产业结构合理化和产业结构高度化两个维度来衡量产业结构升级。产业结构合理化方面，选取了第三产业产值占 GDP 比重、高技术产品出口额占工业制成品出口额比重、单位 GDP 能源消耗量、结构偏离度四个指标对产业结构合理化进行衡量。其中，产业结构偏离度是指三次产业增加值比重与相应就业比重的差异程度，指标值越接近于零，产业结构与就业结构就越协调。产业结构高度化方面，主要选取了产品优等率、产业就业弹性系数、固定资产投资效果系数、能源产出率四个指标来衡量产业结构高度化，以体现产业结构由低级向高级优化升级过程。其中，固定资产投资效果系数指国内生产总值逐期增长量与上一年全社会固定资产投资完成额的比值。

(2) 指标介绍。这里主要选取几个综合性指标进行介绍，如人力资本存量、劳动生产率、产业结构偏离度、产业就业弹性系数、固定资产投资效果系数等综合性指标，未介绍的指标含义均为指标名称的字面含义，此处不再赘述。

人力资本存量（$x6$），主要用来衡量我国的人均受教育水平。查阅相关文献可知，人力资源的测量指标有人力资本存量和教育基尼系数等。人力资源是推动我国产业升级的一个重要保证。本书采用张浼茗（2013）人力资本存量的计算方式：

$$x6_t = \sum_{i=1}^{n} x_i h_i \qquad (5-1)$$

其中，$x6_t$ 表示第 t 年我国人力资本存量，x_i 表示第 i 级的教育层次人数占受教育总人口的比重，h_i 表示第 i 级教育层次的教育年限，本章将受教育层次分为小学、初中、高中、普通高等学校四个层次，其受教育年限分别对应为 6 年、9 年、12 年、16 年。

劳动生产率（$x7$），描述劳动投入与产出之间的关系。劳动生产率是对我国整体劳动力投入与产出间关系的衡量，采用我国国内生产总值与总就业人口的比值来测算该指标。

研究试验发展人员全时当量（$x13$），指全时人员数加非全时人员按工作量折算为全时人员数的总和，也是国际上比较科技人力投入的可比性指标。

产业结构偏离度（$y4$）是衡量三次产业增加值比重与相应就业比重的差异程度，其指标越接近于零，产业结构与就业结构就越协调。学术界测量产业结构偏离度的方法有很多，这里采取徐仙英、张雪玲（2016）测量产业结构偏离度的方法：

$$y4 = \sqrt{\sum_{i=1}^{3} \left(\frac{y_i}{l_i} - 1\right)^2}, (i = 1,2,3) \qquad (5-2)$$

其中，$y4$ 代表产业结构偏离度，y_i 和 l_i 分别代表第 i 产业的增加值占 GDP 比重和就业人数占总就业人数比重，$i = 1, 2, 3$ 代表国民经济中的三次产业。

产业就业弹性系数（$y6$）指产业对就业的拉动程度，其计算公式为：

$$y6 = \frac{\frac{\Delta L}{L}}{\frac{\Delta Y}{Y}} \qquad (5-3)$$

其中，$y6$ 表示就业弹性系数，$\frac{\Delta L}{L}$ 表示我国就业增长率，$\frac{\Delta Y}{Y}$ 表示总产值增长率。

（3）指标筛选。本章主要基于主成分分析和相关性分析这两种方法对我国产业升级评价指标进行筛选。在进行主成分分析前，先对各指标进行了 KMO 检验，判断所使用的评价数据是否能利用主成分分析方法进行检验。KMO 检验主要是用来检验变量间是否具有较大的偏相关性，检验值在 0~1，若值小于 0.5 时，表示该变量不适合作主成分分析。KMO 检验结果如表 5-2、表 5-3 所示。

从表 5-2、表 5-3 中可看出，KMO 值分别为 0.819、0.74，其均大于 0.7，说明这些指标数据适合作主成分分析。

表 5-2　　　　　　　　　　KMO 检验结果 1

变量	$x1$	$x2$	$x3$	$x4$	$x5$	$x6$	$x7$	$x8$	—
kmo	0.602	0.621	0.744	0.772	0.919	0.899	0.756	0.812	—
变量	$x9$	$x10$	$x11$	$x12$	$x13$	$x14$	$x15$	$x16$	$Overall$
kmo	0.817	0.763	0.953	0.805	0.744	0.923	0.881	0.874	0.819

表 5-3　　　　　　　　　　KMO 检验结果 2

变量	$y1$	$y2$	$y3$	$y4$	$y5$	$y6$	$y7$	$y8$	$Overall$
kmo	0.752	0.838	0.750	0.720	0.785	0.691	0.736	0.664	0.746

紧接着，利用主成分分析法对指标进行筛选。首先对产业效益提升这一准则下的一系列指标进行筛选。结果如表 5-4 所示，第一主成分贡献率为 78.84%，第二主成分贡献率为 13.07%，第一、第二主成分累积方差贡献率为 91.91%，依据累计方差贡献率大于 85% 的原则，只需要提取前两个主成分。再根据各变量间的相关系数，对指标进一步筛选。根据表 5-5、表 5-6 显示的变量间相关系数矩阵，发现居民消费水平（x3）与各指标［除 GDP 增长率（x1）、第二产业产值所占 GDP 比重（x2）］相关系数的绝对值都大于 0.8，说明这些指标间存在较高相关性。由于这些指标都能反映产业效益提升，故只需要保留其中的一个指标即可。最后根据主成分的载荷矩阵，如表 5-7、表 5-8 所示，选择载荷系数较大的指标保留下来。根据表 5-7、表 5-8 主成分载荷系数，第一主成分中应保留 GDP 增长率（x1）、第二产业产值占 GDP 比重（x2）、城镇率（x4）、R&D 费用占 GDP 比重（x9）这四个指标。第二主成分保留 GDP 增长率（x1）、第二产业产值占 GDP 比重（x2）、失业率（x5）、人均专利申请数（x12）这四个指标。经过第一轮主成分筛选和相关分析，在产业效益提升这二级指标下，保留的指标有 GDP 增长率（x1）、第二产业产值占 GDP 比重（x2）、城镇率（x4）、失业率（x5）、R&D 费用占 GDP 比重（x9）、人均专利申请数（x12）这六个指标，所占比重达到 37.5%，即本准则下反映产业效益提升的指标占比为 37.5%，达到了用少数指标反映整体情况的效果。

表 5-4　　　　　　　　　　主成分方差贡献率 1

成分	特征值	贡献率	累计贡献率
Comp1	12.6144	0.7884	0.7884
Comp2	2.0914	0.1307	0.9191
Comp3	0.6758	0.0422	0.9614
Comp4	0.2969	0.0186	0.9799
Comp5	0.1313	0.0082	0.9881
Comp6	0.0974	0.0061	0.9942
Comp7	0.0349	0.0022	0.9964
Comp8	0.0192	0.0012	0.9976
Comp9	0.0144	0.0009	0.9985
Comp10	0.0089	0.0006	0.999
Comp11	0.0059	0.0004	0.9994
Comp12	0.0035	0.0002	0.9996
Comp13	0.0028	0.0002	0.9998
Comp14	0.0018	0.0001	0.9999
Comp15	0.0011	0.0001	1.0000
Comp16	0.0002	0.0000	1.0000

表 5-5　　　　　　　　　　相关系数矩阵 1

	$x1$	$x2$	$x3$	$x4$	$x5$	$x6$	$x7$	$x8$
$x1$	1.0000							
$x2$	0.5907	1.0000						
$x3$	-0.3482	-0.0997	1.0000					
$x4$	-0.3406	-0.2776	0.9480	1.0000				
$x5$	0.1301	-0.1437	-0.8191	-0.8316	1.0000			
$x6$	-0.2057	-0.1317	0.8931	0.9659	-0.8977	1.0000		
$x7$	-0.3654	-0.3809	0.9135	0.9687	-0.6948	0.9125	1.0000	
$x8$	-0.3433	-0.0656	0.9312	0.8799	-0.7725	0.8490	0.8516	1.0000
$x9$	-0.3435	-0.3206	0.9020	0.9847	-0.7998	0.9719	0.9726	0.8554
$x10$	-0.3524	-0.4583	0.8752	0.9606	-0.6944	0.8884	0.9683	0.7984
$x11$	-0.3453	-0.3816	0.9131	0.9820	-0.7431	0.9281	0.9794	0.8399

续表

	$x1$	$x2$	$x3$	$x4$	$x5$	$x6$	$x7$	$x8$
$x12$	-0.4408	-0.5554	0.8341	0.8973	-0.5301	0.7895	0.9643	0.7650
$x13$	-0.3853	-0.3973	0.9038	0.9524	-0.6622	0.8912	0.9962	0.8428
$x14$	-0.2182	-0.0248	0.9662	0.9574	-0.9099	0.9499	0.8872	0.8857
$x15$	-0.1220	0.0690	0.9458	0.9245	-0.9167	0.9272	0.8386	0.8669
$x16$	-0.1372	0.1444	0.9161	0.8711	-0.9265	0.8795	0.7586	0.8607

表 5-6 相关系数矩阵 2

	$x9$	$x10$	$x11$	$x12$	$x13$	$x14$	$x15$	$x16$
$x9$	1.0000							
$x10$	0.9522	1.0000						
$x11$	0.9770	0.9804	1.0000					
$x12$	0.8980	0.9587	0.9370	1.0000				
$x13$	0.9624	0.9607	0.9707	0.9674	1.0000			
$x14$	0.9190	0.8650	0.9135	0.7688	0.8672	1.0000		
$x15$	0.8765	0.8250	0.8726	0.7081	0.8143	0.9881	1.0000	
$x16$	0.8108	0.7433	0.8007	0.6182	0.7308	0.9640	0.9734	1.0000

表 5-7 主成分载荷系数 1

变量	$x1$	$x2$	$x3$	$x4$	$x5$	$x6$	$x7$	$x8$
$Comp1$	-0.097	-0.069	0.272	0.281	-0.235	0.271	0.273	0.255
$Comp2$	0.445	0.640	0.071	-0.015	-0.289	0.096	-0.118	0.079

表 5-8 主成分载荷系数 2

变量	$x9$	$x10$	$x11$	$x12$	$x13$	$x14$	$x15$	$x16$
$Comp1$	0.276	0.268	0.275	0.252	0.269	0.272	0.263	0.249
$Comp2$	-0.052	-0.146	-0.091	-0.259	-0.141	0.160	0.229	0.277

对产业结构升级这一准则下一系列的指标进行筛选，筛选步骤与产业效益提升准则下指标筛选类似。如表 5-9 所示，第一主成分方差贡献率为

82.83%，第二主成分方差贡献率为 10.26%，第一、第二主成分累计方差贡献率为 93.09%。根据累计方差贡献率大于 85% 的原则，则只须提取这两个主成分即可。同时，根据碎石图 5-2，在第二个成分后特征值明显趋于平缓，因此只须提取前两个主成分，这与根据累计方差贡献率大于 85% 的原则筛选主成分的结果一致。再根据各变量间的相关系数对指标进一步筛选，相关系数矩阵如表 5-10 所示。从表 5-10 中可看出，第三产业产值占 GDP 比重（$y1$）与除了就业弹性系数（$y6$）、能源产出率（$y8$）这两个指标以外的其他指标的相关系数均超过 0.8，说明存在较高的相关性，故这些指标中只须选取一个指标来体现产业结构升级。再根据主成分的载荷矩阵，选择载荷系数大的指标保留下来，第一主成分保留的指标有高技术产品出口额占工业制成品出口额比重（$y2$）、产业就业弹性系数（$y6$）、能源产出率（$y8$）；第二主成分保留产业结构偏离度（$y4$）、产业就业弹性系数（$y6$）、能源产出率（$y8$），故产业结构升级这一准则下保留了高技术产品出口额占工业制成品出口额比重（$y2$）、产业结构偏离度（$y4$）、产业就业弹性系数（$y6$）、能源产出率（$y8$）这四个指标来体现产业结构升级，所占比重达到 50%，说明产业结构升级准则下反映其整体信息的指标占比达到 50%，符合了指标的精简化、涵盖面广等特点。

表 5-9　　　　　　　　　　主成分方差贡献率 2

主成分	特征值	贡献率	累计贡献率
$Comp1$	6.6261	0.8283	0.8283
$Comp2$	0.8209	0.1026	0.9309
$Comp3$	0.2613	0.0327	0.9635
$Comp4$	0.1317	0.0165	0.9800
$Comp5$	0.1138	0.0142	0.9942
$Comp6$	0.0348	0.0043	0.9986
$Comp7$	0.0066	0.0008	0.9994
$Comp8$	0.0049	0.0006	1.0000

第 5 章 产业升级的综合评价研究

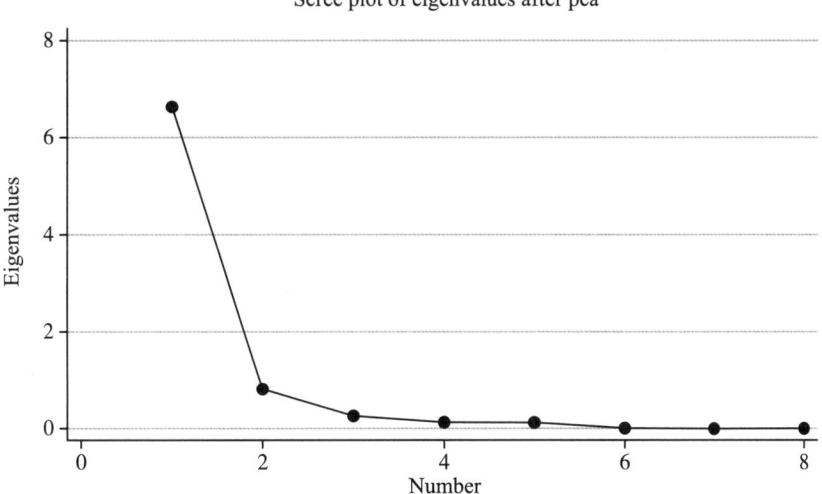

图 5-2 用于筛选的碎石图

表 5-10　　　　　　　　　　相关系数矩阵 3

	y1	y2	y3	y4	y5	y6	y7	y8
y1	1.0000							
y2	0.9763	1.0000						
y3	0.9131	0.8885	1.0000					
y4	0.8122	0.8868	0.8002	1.0000				
y5	0.8975	0.9227	0.8913	0.8803	1.0000			
y6	0.7495	0.7506	0.6834	0.5856	0.7842	1.0000		
y7	0.9599	0.9703	0.9433	0.9092	0.9042	0.6837	1.0000	
y8	-0.7307	-0.6888	-0.7399	-0.6668	-0.6662	-0.2012	-0.7424	1.0000

5.1.3.2 各地区产业升级评价指标的筛选与解释

各地区产业升级评价指标体系仍在产业效益提升和产业结构升级这两大准则下建立，与全国产业升级评价保持一致，此处仍然选择经济效益、资源利用效率、科技效益、生态效益、产业结构合理化、产业结构高度化这 6 个二级指标，但选取的三级指标与全国产业升级评价指标体系中的三级指标有所不同，一共选取了 16 个三级指标，具体指标体系如表 5-11 所示。

表 5-11　　各地区产业升级评价指标体系 1

一级指标	二级指标	三级指标	单位	功效
产业效益提升	经济效益	居民消费水平（$z1$）	元	+
		人均 GDP（$z2$）	元	+
		失业率（$z3$）	%	-
		城镇化率（$z4$）	%	+
	资源利用效率	单位 GDP 能源消耗量（$z5$）	万吨/亿元	-
	科技效益	技术市场成交额占 GDP 比重（$z6$）	%	+
		万人专利申请数（$z7$）	项/万人	+
		研究与试验发展人员全时当量（$z8$）	人年	+
	生态效益	单位工业增加值废水排放量（$z9$）	吨/亿元	-
		单位工业增加值二氧化硫排放量（$z10$）	吨/亿元	-
产业结构升级	产业结构合理化	第二产业占 GDP 比重（$z11$）	%	+
		第三产业占 GDP 比重（$z12$）	%	+
		高技术产业人均产值（$z13$）	亿元/万人	+
	产业结构高度化	产品优等率（$z14$）	%	+
		能源产出率（$z15$）	%	+
		固定资产投资效果系数（$z16$）	—	+

（1）指标的选取。

首先，在各地区产业升级评价指标体系中，本章仍从经济效益、资源利用效率、科技效益和生态效益这四个方面来衡量产业效益的提升。其中，经济效益方面，选取居民消费水平、人均 GDP、失业率、城镇化率四个指标对经济效益的提升进行衡量。其中，居民消费水平主要反映各地区居民的收入水平与购买能力；人均 GDP 直观反映各地区经济发展情况；失业率和城镇化率则是间接反映各地区产业升级所带来的经济效益。资源利用效率方面，由于数据缺失比例较大，仅选用单位 GDP 能源消耗量一个指标表示产业生产中资源利用效率情况。单位 GDP 能源消耗量是指每生产一单位的国内生产总值所耗费的能源数量。科技效益方面，选取技术市场成交额占 GDP 比重、万人专利申请数、研究与试验发展人员全时当量三个指标，其中万人专利申请数表示每万人申请的专利数。研究与试验发展人员全时当量该指标已在前面作了相关说明。生态效益方面，考虑到数据的可得性,选取了单位工业增加值废水排放量和单位工业增加值二氧化硫排放量这两个指标对产业的生态效益提升进行衡量。其次,关于产业结构升级这一指标的测量,本章仍从产业结构合理化和产业结构高度化这两个子系统出发选取相应的指标来对其测量。其中,产业结构合理化主要是采用第二产业产值占 GDP 比重,第三产业产值占 GDP 比重、高技术产业人均产值三个指标进行衡量。高技术产业人均产值指从事高技术产业人员的人均产值,反映我国高技术产业的发展情况。产业结构高度化的测量指标仍与全国产业升级评价指标体系中的采用的指标相同,但由于部分省份缺少数据,这里缺少了产业就业弹性系数这一指标。

(2) 指标的筛选。

由于全国产业升级评价指标体系,已对多数综合性的指标进行了详细介绍,此处不再赘述。接下来,本节将对该指标体系中的指标进行筛选。

先对产业效益提升这一综合指标下的各指标进行筛选,主成分分析结果如表 5-12 和表 5-13 所示。从表 5-12 中可以看出,前五个主成分的累积方差贡献率达到 88.35%,根据累积方差贡献率大于 85% 的原则,只须提取前五个主成分,这五个主成分已基本涵盖全部指标所包含的信息。再对各指标进行相关分析,可知居民消费水平($z1$)、人均 GDP($z2$)、万人专利申请数($z7$)指标间的相关系数大于 0.7(这里与全国指标的筛选阈值有所区别),说明这三个指标间具有很强的相关性。接着,从主成分的载荷系数由表 5-13 可知,人均 GDP($z2$)的载荷系数要大于居民消费水平($z1$)、万人专利申请数($z7$)的载荷系数,则保留人均 GDP($z2$)这一指标。故最后保留人均 GDP($z2$)、失业率($z3$)、城镇化率($z4$)、单位 GDP 能源消耗量($z5$)、技术市场成交额占 GDP 比重($z6$)、研究与试验发展人员全时当量($z8$)、单位工业增加值废水排放量($z9$)、单位工业增加值二氧化硫排放量($z10$)8 个指标。

再对产业结构升级这一综合指标下的各指标进行筛选,筛选过程与产业效益提升指标的筛选相类似,此处不再赘述。最终保留第三产业产值占 GDP 比重($z11$)、高技术产业人均产值($z13$)、产品优等率($z14$)、固定资产投资效果系数($z16$)4 个指标。

表 5-12　　　　　各地区主成分方差贡献率

成分	特征值	贡献率	累积贡献率
$Comp1$	3.9331	0.3933	0.3933
$Comp2$	1.9757	0.1976	0.5909
$Comp3$	1.3535	0.1354	0.7262
$Comp4$	0.9694	0.0969	0.8232
$Comp5$	0.6036	0.0604	0.8835
$Comp6$	0.5146	0.0515	0.9350
$Comp7$	0.4213	0.0421	0.9771
$Comp8$	0.1905	0.0190	0.9962
$Comp9$	0.0382	0.0038	1.0000
$Comp10$	0.0000	0.0000	1.0000

表 5-13　　　　　各地区主成分载荷系数

变量	$Comp1$	$Comp2$	$Comp3$	$Comp4$	$Comp5$	$Comp6$
$z1$	0.4638	-0.0686	-0.0123	-0.2035	0.1169	-0.1984
$z2$	0.4697	-0.1044	-0.0516	-0.2435	0.1079	-0.0851
$z3$	0.1491	0.1385	0.6471	0.1757	-0.6158	-0.0047
$z4$	0.3264	-0.0477	0.1710	-0.6167	-0.0725	0.4888
$z5$	0.3102	-0.0628	-0.1183	0.5598	0.2448	0.6623
$z6$	-0.0483	0.1618	0.6973	0.0681	0.6394	-0.0272
$z7$	0.4124	-0.0518	-0.0242	0.2052	0.1855	-0.5210
$z8$	0.3661	-0.1331	-0.0058	0.3575	-0.2945	-0.0579
$z9$	0.1277	0.6755	-0.1564	-0.0067	-0.0112	0.0085
$z10$	0.1286	0.6754	-0.1545	-0.0092	-0.0133	0.0104

5.2　产业升级的综合评价

本节主要是在上一节的基础上用主成分分析方法计算综合得分,对我国产业升级进行综合评价,并分别从横向、纵向的角度对产业升级进行综合评价。

本节主要内容是先对全国整体产业升级进行综合评价,再对地区产业升级进行综合评价,最后利用聚类分析方法对我国这30个省区市的产业升级发展状况进行分类。

5.2.1　全国产业升级的综合评价

近年来,随着我国经济的高速增长,各产业结构也在不断地优化调整,那么我国产业升级情况又是如何?本章运用主成分分析法和相关分析法对指标进行筛选,并采用熵值法对指标进行赋权得到我国产业升级的综合评价得分,下面将进行具体分析。

5.2.1.1　数据来源

综合考虑所构建的评价指标体系和数据的可获得性,本节主要选取以下数据进行实证研究。由于我国早年数据缺失较大,很多人为因素导致数据口径存在较大差别,为方便数据的处理与获得,本节选取我国1990~2017年的统计数据作为研究样本。其中,烟尘排放量数据来自中国经济社会大数据研究平台;部分废水排放总量、技术市场成交额、高新技术产业利润总额的数据来自《中国科技统计年鉴》《中国环境统计年鉴》;能源加工转换效率该数据来自《中国能源统计年鉴》;其他数据来自《中国统计年鉴》和国家统计局官网。

5.2.1.2　数据处理

对于缺失数据,本节主要采用移动平均法对缺失值进行填补。此处对移动平均法进行改进,一方面用于对前期历史确实数据的填补,另一方面用于对未来缺失数据的填补。对于前期历史缺失数据,本节主要采用移动平均法1;对于中间缺失的数据,本书主要采取移动平均法2。移动平均法1是对前期历史缺失数据的估计,是一种倒推方法,第t期的估计值是通过第$t+1$值和第$t+2$值估计得到的。由于采用倒推方法,一般正指标的数据呈现上升趋势,故对$t+1$值赋予更高权重,例如,周期为2的移动平均法1公式如下:

$$x_t = 2 \times x_{t+1} - x_{t+2} \tag{5-4}$$

移动平均法2主要是对未来数据的一种估计,第t期的估计值是根据第$t-1$期和第$t+1$期的值得到的,是根据已知的数据对未知数据的一种预测,其测算公式如下:

$$x_t = \frac{x_{t-1} + x_{t+1}}{2} \tag{5-5}$$

对所选的指标进行无量纲化处理。本章所构建的产业升级评价指标体系中的指标，既有正指标又有逆指标。其中，正指标表示该指标值越大，评价结果越好；逆指标表示该指标值越大，评价结果越差。尽管本指标体系中所采用的指标都是相对数，但部分指标的量纲仍存在不同。为消除不同测度指标在量纲方面的不一致性，本章采用极差法对产业升级评价指标体系中各测度指标作标准化处理，如公式（5-6）所示。

$$y_{ti} = \begin{cases} \dfrac{x_{ti} - \min(x_{\cdot i})}{\max(x_{\cdot i}) - \min(x_{\cdot i})}, x_{ti}为正向指标 \\ \dfrac{\max(x_{\cdot i}) - x_{ti}}{\max(x_{\cdot i}) - \min(x_{\cdot i})}, x_{ti}为逆向指标 \end{cases} \quad (5-6)$$

其中，t 表示年份，i 表示测度指标；x_{ti} 和 y_{ti} 分别表示原始的和标准化后得产业升级评价指标体系的测度指标，$\max(x_{\cdot i})$ 和 $\min(x_{\cdot i})$ 分别表示指标 i 的最大值和最小值。

5.2.1.3 综合评价

通过使用主成分分析和相关分析这两种方法对我国产业升级评价指标体系中各项指标进行筛选，发现产业效益提升准则下保留的指标为 GDP 增长率（$x1$）、第二产业产值占 GDP 比重（$x2$）、城镇率（$x4$）、失业率（$x5$）、R&D 费用占 GDP 比重（$x9$）、人均专利申请数（$x12$）；产业结构升级准则下保留的指标为高技术产品出口额占工业制成品出口额比重（$y2$）、产业结构偏离度（$y4$）、产业就业弹性系数（$y6$）、能源产出率（$y8$）。对这两大准则下保留的指标再次运用主成分分析，其中产业效益提升准则下的主成分方差累积贡献率见表 5-14。

表 5-14　　　　　　　　主成分方差贡献率 3

主成分	特征值	贡献率	累积贡献率
1	3.8002	0.6334	0.6334
2	1.5052	0.2509	0.8842
3	0.5144	0.0857	0.9700
4	0.1441	0.0240	0.9940
5	0.0283	0.0047	0.9987
6	0.0078	0.0013	1.0000

从表 5-14 中可看出，第一主成分的方差贡献率为 63.34%，第二主成分的方差贡献率为 25.09%，累积方差贡献率达到 88.42%。根据累积方差贡献率大于 85% 的原则，选取前面两个主成分。再根据主成分因子载荷系数，可得第一、第二主成分的表达式为：

$$p1 = -0.2653 \times x1 - 0.2382 \times x2 + 0.4983 \times x4 - 0.3814 \times x5 \\ + 0.4981 \times x9 + 0.480 \times x12 \tag{5-7}$$

$$p2 = 0.5195 \times x1 + 0.6626 \times x2 + 0.1785 \times x4 - 0.4765 \times x5 \\ + 0.1481 \times x9 - 0.1015 \times x12 \tag{5-8}$$

为了对产业效益的提升进行综合评价，本章选取第一主成分和第二主成分，并以各主成分对应的方差贡献率作为权数，组成一个产业效益提升的综合评价函数，具体函数为：

$$p = 0.6334 \times p1 + 0.2509 \times p2 \tag{5-9}$$

在产业结构升级这一准则下，使用主成分分析，得出第一主成分方差贡献率为 73.35%，第二主成分方差贡献率为 20.16%，前两个主成分的累积方差贡献率达到 93.51%，因此提取前两个主成分即可。如图 5-3 所示，产业结构升级这一准则下的主成分分析碎石图也很好地说明了这点。

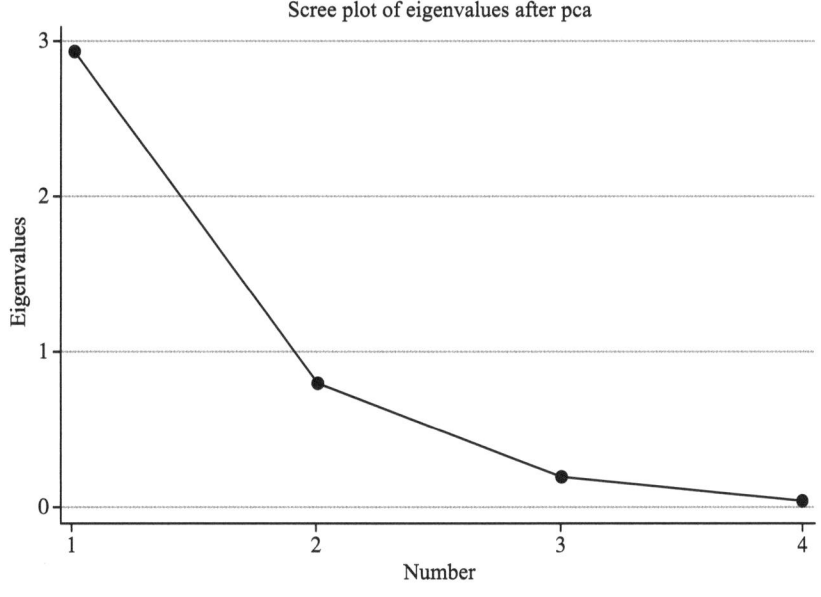

图 5-3 主成分分析碎石图

再根据主成分因子载荷系数，得到第一、第二主成分的表达式为：

$$pp1 = 0.5723 \times y2 + 0.5436 \times y4 + 0.4321 \times y6 - 0.4362 \times y8 \quad (5-10)$$

$$pp2 = 0.0655 \times y2 - 0.0828 \times y4 + 0.7151 \times y6 - 0.6910 \times y8 \quad (5-11)$$

最后以第一主成分和第二主成分的方差贡献率作为权重，得到产业结构升级的综合评价函数为：

$$pp = 0.7335 \times pp1 + 0.2016 \times pp2 \quad (5-12)$$

根据式（5-9）、式（5-12）可分别得到产业效益提升的综合得分和产业结构升级的综合得分。

由于构建的产业升级评价指标体系是在产业效益提升和产业结构升级这两大准则下进行的，因此，在产业效益提升和产业结构升级两大系统综合得分的基础上，要得到产业升级的综合得分则必须确定产业效益提升和产业结构升级两大系统的权重。

指标的赋权方法有多种，如层次分析法、熵值法、主成分分析法、变异系数法等，指标的赋权方法对最终评价结果造成直接影响。由此可见，赋权方法的选取在评价指标体系中尤为重要，在具体研究中，赋权方法的选择要根据实际情况确定。由于主观赋权法需要经验丰富的专家进行确定，但实际应用中难以达到预期情况，极易受到人为主观因素的影响而导致偏差，故采用客观赋权方法更为合适。客观赋权方法主要是基于原始数据之间的关系，通过构造数学模型确定权重，使赋予评价体系中指标的权重能够随着数据的变化而调整，实现对评价对象的动态监测。本章对全国产业升级的综合评价主要利用熵值法赋予指标权重。

熵值法是基于各测度指标数据的变异程度所反映的信息量对指标权重进行确定，降低了指标赋权时人为主观因素的干扰，是一种客观赋权法。信息熵是描述样本数据变化的相对速率，系数越接近于1，距离目标就越近；系数越接近于0，距离目标就越远。与其他赋权方法相比，熵值法确定权重，能够消除人为因素的干扰，能使评价结果更加科学合理。其具体计算步骤如下：

第一步：计算产业升级评价指标体系中各测度指标 y_{ti} 的信息熵 e_i：

$$e_i = -\frac{1}{\ln m} \times \sum_{t=1}^{m}\left[\left(\frac{y_{ti}}{\sum_{t=1}^{m} y_{ti}}\right) \times \ln\left(\frac{y_{ti}}{\sum_{t=1}^{m} y_{ti}}\right)\right] \quad (5-13)$$

第二步：计算信息效用值：

$$d_i = 1 - e_i \quad (5-14)$$

第三步：计算各测度指标权重：

$$w_i = \frac{d_i}{\sum_{i=1}^{n} d_i} \qquad (5-15)$$

通过上述方法，可得到各测度指标的权重，如表 5-15 所示。

表 5-15　　　　　　　　　　各指标权重

指标	x1	x2	x4	x5	x9	x12	y2	y4	y6	y8
权重	0.026	0.001	0.015	0.035	0.086	0.527	0.126	0.012	0.136	0.036

根据表 5-15，可知产业效益提升下指标所占总权重为 0.69，产业结构升级下指标所占总权重为 0.31，故可得到我国产业升级的综合得分方程为：

$$P = 0.69 \times p + 0.31 \times pp \qquad (5-16)$$

从图 5-4 我国产业升级的综合得分趋势图可以看出，在 1990~2017 年这段时间，我国产业升级水平整体呈上升趋势，这可能得益于改革开放后我国各项产业政策的顺利实施，科学技术研发的大量投入，创新驱动不断更新。同时，政府为我国国有企业和民营企业发展营造了一个稳定的政治环境和良好的营商环境，进而推动我国产业不断优化升级。1998 年之前我国产业升级的综合得分为负数，表明我国产业发展不充分，产业结构亟待调整；而 1998 年后我国产业升级的综合得分由负转正，且保持上升趋势，表明产业结构正在不断优化升级，直到 2017 年，我国产业升级的综合得分大于 1，相对于 1990 年已经取得了明显的提升。

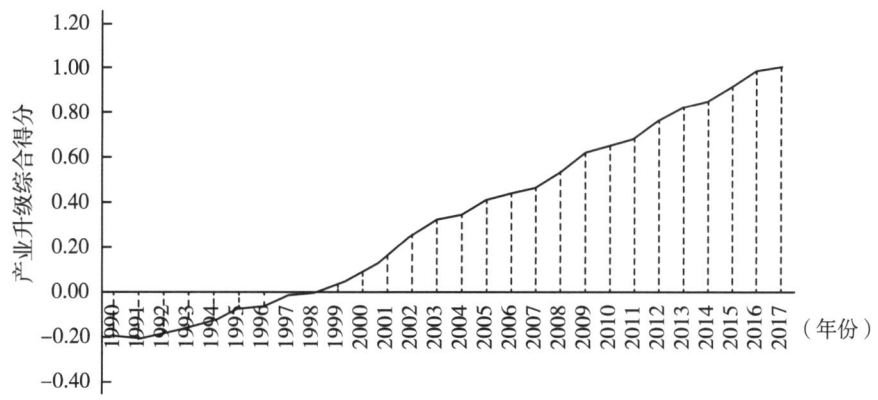

图 5-4　全国产业升级的综合得分趋势

5.2.2 我国各地区产业升级的综合评价

前面已经对我国整体产业升级的发展状况进行了综合评价分析,那么我国各地区产业升级情况又如何,各地区的产业升级情况又是否存在差异?以下将针对这两个问题进行系统阐述。

5.2.2.1 数据来源

由于很多有关产业升级的官方数据才更新到 2016 年,且 2016 年是我国供给侧结构性改革的深化之年,故本节仅以 2016 年我国各地区有关产业升级的统计数据为研究对象来分析产业升级发展状况。又由于西藏自治区缺少技术市场成交额和能源消费总量的数据,本节选取的是 2016 年我国 30 个省区市(除西藏自治区)有关产业升级的数据。各地区能源消耗总量的数据来自《中国能源统计年鉴》,其他数据来自我国经济社会大数据研究平台和国务院研究发展中心信息网。

5.2.2.2 数据处理

(1) 消除价格因素。

居民消费水平($z1$),本章采用居民消费水平除以消费者价格指数来消除价格因素对指标的影响。

人均 GDP($z2$),采用人均国内生产总值除以人均国内生产总值指数消除价格因素对指标的影响。

对于其他未明确说明的经济指标,都是通过除以消费者价格指数的方法消除价格因素对综合评价结果的影响。

(2) 消除量纲。

本节仍采用极差法对我国各地区产业升级评价指标体系中各测度指标进行标准化处理:

$$Z_{ij} = \begin{cases} \dfrac{z_{ij} - \min(z_{\cdot j})}{\max(z_{\cdot j}) - \min(z_{\cdot j})}, & z_{ij}\text{为正向指标} \\ \dfrac{\max(z_{\cdot j}) - z_{ij}}{\max(z_{\cdot j}) - \min(z_{\cdot j})}, & z_{ij}\text{为逆向指标} \end{cases} \quad (5-17)$$

其中,Z_{ij} 表示 i 省第 j 项测度指标;$z_{\cdot j}$ 和 $Z_{\cdot j}$ 分别表示原始的和标准化后的各地区产业升级评价指标体系的测度指标,$\max(z_{\cdot j})$ 和 $\min(z_{\cdot j})$ 分别表示指标 z_{ij} 的最大值和最小值。

5.2.2.3 综合评价

本节仍利用主成分分析和相关分析这两种方法对新时代下我国各地区产业升级统计监测指标体系中的各项指标进行筛选，产业效益提升保留的指标为人均GDP（$z2$）、失业率（$z3$）、城镇率（$z4$）、单位GDP能源消耗量（$z5$）、技术市场成交额占GDP比重（$z6$）、研究与试验发展人员全时当量（$z8$）、单位工业增加值废水排放量（$z9$）和单位工业增加值二氧化硫排放量（$z10$）这8个指标；产业结构升级保留的指标包括第三产业产值占GDP比重（$z11$）、高技术产业人均产值（$z13$）、产品优等率（$z14$）和固定资产投资效果系数（$z16$）。指标筛选后的各地区产业升级评价指标体系见表5-16。

表 5-16　　各地区产业升级评价指标体系 2

一级指标	二级指标	三级指标	单位	功效
产业效益提升	经济效益	人均 GDP（$z2$）	元	+
		失业率（$z3$）	%	−
		城镇化率（$z4$）	%	+
	资源利用效率	单位 GDP 能源消耗总量（$z5$）	万吨/亿元	−
	科技效益	技术市场成交额占 GDP 比重（$z6$）	%	+
		研究与试验发展人员全时当量（$z8$）	人年	+
	生态效益	单位工业增加值废水排放量（$z9$）	吨/亿元	−
		单位工业增加值二氧化硫排放量（$z10$）	吨/亿元	−
产业结构升级	结构合理化	第三产业占 GDP 比重（$z12$）	%	+
		高技术产业人均产值（$z13$）	亿元/万人	+
	结构高级化	产品优等率（$z14$）	%	+
		固定资产投资效果系数（$z16$）	—	+

前文中对全国产业升级的综合评价，先根据主成分分析法和熵值法赋权，再计算出我国每年产业升级的综合得分，进而分析我国产业升级的变化趋势。而本部分对我国各地区产业升级的综合评价基础上，为了检验我国各地区产业升级是否存在差异，使用另一种分析思路：首先，对产业效益提升和产业结构升级两大一级指标下的三级指标进行因子分析，并根据各指标对应的因子得分进行加权，得到各地区的产业升级综合得分；其次，在各地区产业升级综合得分的基础上，利用聚类分析法对各地区产业升级发展状况进分类，并对分类结果进行分析。

因子分析法是多元统计分析法中的一种经典方法，也是处理多变量数据的统计分析方法之一，主要是通过将相关性较强的指标转化为较少且彼此不相关的指标，达到降维的目的。其基本原理是通过研究变量间的相关系数矩阵，把这些变量中错综复杂的关系归结为少数具有综合性的公因子，并据此对原始变量进行分类的一种统计方法，由于公因子中包含着原始变量的信息，因此我们可以使用较少的几个公因子去替代整体信息，进而降低分析难度。

假设有 n 个评价对象，每个对象有 p 个评价指标，记为 $x_{ij}(i=1,2,3,\cdots,n;j=1,2,\cdots,p)$，其中 x_{ij} 表示第 i 个对象指标 j 的观测值，F_1，F_2，$\cdots$，F_k 表示 k 个公共因子，ε_1，ε_2，$\cdots$，ε_p 表示 p 个特殊因子，即无法通过因子解释的那部分，且无法被观测到，则因子分析模型可写为：

$$x_{.1} = a_{11}F_1 + a_{12}F_2 + \cdots + a_{1k}F_k + \varepsilon_1 \tag{5-18}$$

$$x_{.2} = a_{21}F_1 + a_{22}F_2 + \cdots + a_{2k}F_k + \varepsilon_2 \tag{5-19}$$

$$\cdots$$

$$x_{.p} = a_{p1}F_1 + a_{p2}F_2 + \cdots + a_{pk}F_k + \varepsilon_p \tag{5-20}$$

在上述因子分析模型中，$a_{ij}(i=1,2,3,\cdots,n;j=1,2,\cdots,p)$ 表示因子载荷，代表第 i 个变量在第 j 个公共因子上的载荷，反映变量 $x_{.j}$ 在因子 F_j 上的重要性，因子载荷 a_{ij} 所构成的矩阵 A 被称为因子载荷矩阵，即：

$$A = \begin{bmatrix} a_{11} & \cdots & a_{1k} \\ \vdots & \ddots & \vdots \\ a_{p1} & \cdots & a_{pk} \end{bmatrix} \tag{5-21}$$

ε_1，ε_2，$\cdots$，ε_p 即特殊因子，可写成向量的形式 $\varepsilon = (\varepsilon_1, \varepsilon_2, \cdots, \varepsilon_p)'$，故因子分析模型也可写成如下的矩阵形式：$X = AF + \varepsilon$。

在因子分析模型建立后对模型中的参数进行估计，得到因子载荷矩阵 A，再利用线性回归得到公因子的表达式，其表示为原始变量的线性组合：

$$F_t = \sum_{j=1}^{p} c_{ij} x_{.j}(t=1,2,3,\cdots,k;j=1,2,\cdots,p) \tag{5-22}$$

其中，F_t 表示第 t 个公因子，c_{ij} 为公因子 $x_{.j}$ 的估计参数，$x_{.j}$ 表示 j 指标。这里的参数估计方法主要采用汤普森（1939）提出的估计方法，即 $C = A'R^{-1}$，R 为样本相关系数矩阵，A 为因子载荷矩阵。最后根据求得的公因子 F_t，建立综合评价模型，得到最终评价结果。通过利用式（5-22）的公因子表达式，得到综合评价模型为：

$$y_i = \sum_{j=1}^{k} w_j F_{ij}(i = 1,2,3,\cdots,n; j = 1,2,\cdots,k) \qquad (5-23)$$

其中，y_i 表示为第 i 个对象的综合评价值，F_{ij} 表示第 i 地区的第 j 个公因子的值。w_j 表示第 j 个公因子的权重，等于第 j 个公共因子的方差贡献率占累计方差贡献率的比重。

在进行因子分析前，首先对各指标进行 KMO 检验和 Bartlett 检验，这两者都是用来检验评价指标的数据能否用于因子分析。Bartlett 球形检验是用来检验分析变量间的相关矩阵是否为单位矩阵，其原假设为"变量之间是相互独立的"，若检验结果显示为拒绝原假设，说明各评价指标间的相关性较高，适合作因子分析检验。KMO 检验在全国产业升级评价指标体系中已作说明，此处不再赘述。根据表 5-17，Bartlett 检验的检验值为 292.967，检验结果显著，同时 KMO 检验值为 0.663，大于 0.5，表明所选指标可以进行因子分析。

表 5-17　　　　　　　　KMO 检验和 Bartlett 检验结果

KMO 检验		0.663
Bartlett 球形检验	检验值	292.967
	显著性水平	0.000

在检验通过的前提下，首先利用主成分分析法提取公因子；其次运用最大方差法对初始因子载荷矩阵进行旋转，得到因子旋转载荷矩阵，并计算得出每个公因子得分；最后利用公因子的方差贡献率对各因子得分进行加权，得到最终的综合得分。本部分对所选指标进行因子分析，所得结果见表 5-18，前 5 个因子的累积方差贡献率达到 81.973%，大于 80%，故各地区产业升级的统计评价指标选取 5 个公共因子 F_1、F_2、F_3、F_4、F_5。

表 5-18　　　　　　　　各地区产业升级的方差贡献率

主成分	特征值	旋转方差贡献率（%）	旋转累积方差贡献率（%）
1	3.817	21.573	21.573
2	2.146	19.586	41.160
3	1.659	16.936	58.096
4	1.124	12.755	70.851
5	1.091	11.123	81.973

根据因子旋转载荷矩阵，可计算每个公共因子的得分，并将每个公共因子

的方差贡献率作为权数对其进行加权，可得到我国各省区市产业升级的综合得分，即：

$$FF_i = (21.573 \times F_1 + 19.586 \times F_2 + 16.936 \times F_3 + 12.755 \times F_4 + 11.123 \times F_5)/81.973 \qquad (5-24)$$

其中，FF_i表示i省区市产业升级的综合得分，通过该公式计算得到我国30个省区市（除西藏自治区外）产业升级的综合得分，具体结果见表5-19。

表5-19　　　　　我国各地区产业升级综合得分及排序

地区	得分	排序	地区	得分	排序
北京	1.39	1	甘肃	-0.02	16
江苏	0.68	2	重庆	-0.03	17
广东	0.59	3	陕西	-0.07	18
天津	0.54	4	湖南	-0.09	19
浙江	0.53	5	黑龙江	-0.19	20
海南	0.42	6	云南	-0.21	21
山东	0.32	7	四川	-0.22	22
上海	0.31	8	辽宁	-0.29	23
福建	0.22	9	内蒙古	-0.37	24
湖北	0.22	10	贵州	-0.40	25
广西	0.22	11	青海	-0.57	26
吉林	0.11	12	新疆	-0.57	27
安徽	0.05	13	山西	-0.74	28
江西	0.03	14	宁夏	-0.78	29
河南	-0.02	15	河北	-1.07	30

从表5-19我国各地区产业升级综合得分和排序可以看出，首先，在所研究的30个省区市中，北京的产业升级评分为1.39，居我国首位，遥遥领先我国的其他省区市，这可能是由于北京长期位于我国政治和经济中心，资源禀赋高于其他省区市，城市经济基础牢固，产业升级政策制定较为完善。其次，北京高校众多，具有丰富的人力资源，且全国优质的人力资源、物质资源每年都大量涌入北京，也在一定程度上推动了产业优化升级。排名第2、3、4、5名的分别是江苏、广东、天津和浙江，这些都是沿海省市，它们的经济发展都表现较好，由此可看出相较于内陆省区市，沿海省市的发展速度和质量又快又好。紧随其

后的是海南、山东、上海、福建、湖北，这些省区市的产业发展状况都较好，其中海南的经济发展水平远落后于其他四个省市，但是其产业升级综合得分领先于这些省市，这在一定程度上说明了海南目前产业转型较为成功，但在经济发展方面仍需继续努力。再接着是广西、吉林、安徽、江西，这些省区的产业升级综合得分都大于零，暂且认为这些省区的产业发展状况一般，拥有很大的发展潜力。排名靠后的省区有青海、新疆、山西、宁夏、河北，这五个省区的产业仍须对企业增加先进技术、先进管理经验等生产要素的投入，注重对产业结构的调整方向，以推动产业优化升级，促进经济持续增长。

紧接着，基于我国各地区产业升级的综合得分，采用系统聚类分析法来对我国30个省区市的产业升级情况进行聚类分析，具体聚类结果如图5-5所示。

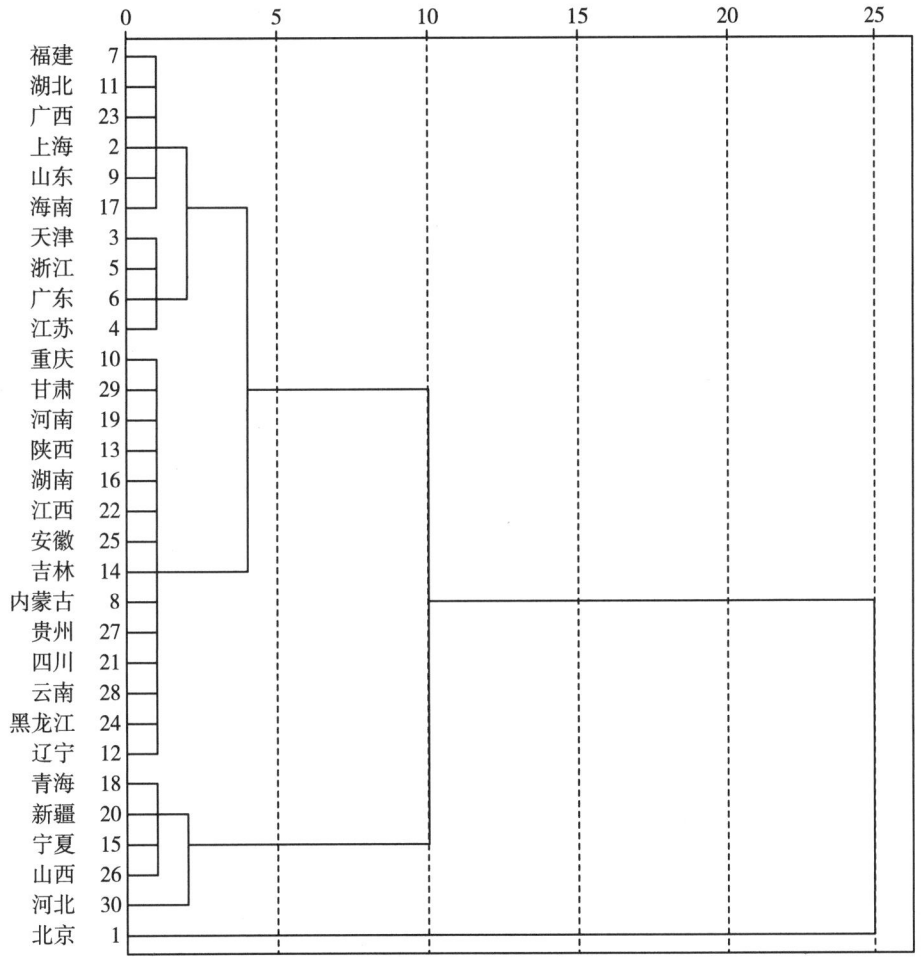

图5-5 聚类分析结果

首先，根据图 5-5 的聚类分析结果，可将我国各地区产业升级的状况大致分为四类：第一类是北京，其产业升级的能力及产业发展远远领先于其他省区市；第二类包括福建、湖北、广西、上海、山东、海南、天津、浙江、广东、江苏这 10 个省区市；第三类是重庆、甘肃、河南、陕西、湖南、江西、安徽、吉林、内蒙古、贵州、四川、云南、黑龙江、辽宁这 14 个省区市，这类所包含的省区市数量最多；第四类是青海、新疆、宁夏、山西、河北这 5 个省区。这与各地区产业升级的综合得分和排序相一致。其次，从图 5-5 还可看出，第一类北京市是我国产业转型升级最好的城市，其产业发展和产业转型状况位居我国 30 个省区市（除西藏自治区）之首；第二类产业升级特征可归纳为产业发展状况较为良好、产业转型升级能力较强的城市；划分在第三类产业发展状况较为一般，产业转型升级能力较弱；第四类产业发展状况恶劣，产业升级能力薄弱，当地政府应重视对其产业结构的调整，制定合理的产业政策，注重教育发展，并引入先进技术、高端知识分子推动当地产业结构不断优化升级，加速经济发展方式转变。这也间接表明了我国各省区市产业结构不均衡，我国产业结构亟待优化调整。

本章小结

本章首先介绍产业升级综合评价指标体系的建立流程，强调在构建评价指标体系时要遵循系统性原则、科学性原则、可比性原则、动态性原则和综合性原则等五大原则。其次，在构建评价指标体系方面，从产业效益提升和产业结构升级两大指标出发建立产业升级综合评价体系。其中产业效益提升指标包括经济效益、资源利用效率、科技效益、生态效益 4 个子系统和 16 个测度子指标；产业结构升级包括结构合理化、结构高度化 2 个子系统和 8 个测度子指标。

在指标体系建立完成之后，先对构成指标体系的各个指标来源及其含义进行了详细的介绍。为了对全国以及全国各个地区产业升级进行综合评价，采用了主成分分析和相关分析的方法对指标体系中的指标进行筛选，主要包括对全国产业升级综合评价指标的筛选与我国各个地区产业升级综合评价指标的筛选两大部分。一方面，在对全国产业升级进行综合评价的过程中，先利用熵值法为已筛选出的指标赋予权重，再利用主成分分析法计算全国产业升级的综合得分情况，发现在 1990~2017 年，我国产业升级水平整体呈上升趋势，这可能得益于改革开放后我国各项产业政策的顺利实施，科学技术研发的大量投入，创新驱动不断更新。同时，政府为我国国有企业和民营企业发展营造了一个稳定的政治环境和良好的营商环境，进而推动我国产业不断优化升级。1998 年之前我国产业升级的综合得分为负数，表明我国产业发展不充分，产业结构亟待调整；而 1998 年后我国产业升级的综合得分由负转正，且保持上升趋势，表明产业结构正在不断优化升级，直到 2017 年，我国产业升级的综合得分大于 1，相对于 1990 年已经取得了明显的提升。另一方面，在对全国各地区产业升级的综合评价中，先利用因子分析计算已筛选出的指标的得分，并用此得分为筛选出的指标赋予权重，再利用因子分析计算出各地区产业升级综合得分，最终根据各地区产业升级的综合得分对其进行排序，发现北京市的产业升级位居我国 30 个省区市的首位。随后在全国各地区产业升级综合得分的基础上，对各地区产业升级的状况进行系统聚类分析，发现我国各地区产业升级的状况大致分为四类：第一类仅北京市一个市；第二类包括福建、湖北、广西、上海、山东、海南、天津、浙江、广东、江苏这 10 个省区市；第三类是重庆、甘肃、河南、陕西、湖南、江西、安徽、吉林、内蒙古、贵州、四川、云南、黑龙江、辽宁，该类包含的省区市数量最多；第四类是青海、新疆、宁夏、山西、河北五个省区，这与各地区产业升级的综合得分和排序相一致，也说明了我国各省区市间产业结构发展不均衡情况严重，政府应重视产业的转型升级，并根据各省区市实际情况制定合理的产业政策，先促进我国各地区产业协调发展，进而推动我国产业实现整体转型升级。

第6章 产业升级的拓展研究

前几章对关于产业升级测度以及产业升级综合评价做了相当充分的工作，使我们在整体和部分层面上对产业升级情况有了较为全面的掌握，然而，研究产业升级的目的是助力供给侧结构性改革，提供我国经济发展动力，最终实现新常态下我国经济中高速发展转为经济高速发展，加速经济转型升级。因此，接下来本章将在上述产业升级测度研究的基础上开展其与经济、政治、文化因素之间的关系研究。

6.1 外商直接投资对产业升级的影响研究

6.1.1 研究内容及研究意义

6.1.1.1 研究内容

第一，本章在第3章详细介绍的产业升级新内涵的基础上，对外商直接投资核心概念进行界定，并查阅相关文献对外商直接投资理论进行总结，再对产业升级与外商直接投资理论做系统概述，探究得出外商直接投资与产业升级之间的作用机理。

第二，在产业升级新内涵的基础上，基于三次产业产值与其对应的就业人数建立测定产业升级的指标体系，再利用泰尔指数构建测定我国各地级市产业升级指数，测算得出我国2004~2016年的各地级市产业升级状况，最后利用核密度估计探究产业升级动态演进路径。

第三，利用固定效应面板模型和随机效应面板模型检验不同空间下外商直接投资对产业升级的影响，并对最终模型的内生性和稳健性进行对应的统计检验，确保模型结果真实可信。

第四，在原有的面板模型基础上添加空间因素，并对外商直接投资与产业升级分别进行空间自相关检验，利用 LISA 指数分析产业升级空间集聚程度，再利用空间计量模型探究外商直接投资对产业升级的溢出效应，并比较直接效应与间接效应的影响程度。

第五，根据本章实证结果，并借鉴相关实际经验，针对政府以及企业层面提出实现产业升级的政策建议。

6.1.1.2 研究意义

本章通过建立核密度估计模型、面板计量模型以及空间杜宾模型，对 2004~2016 年全国 281 个地级市外商直接投资和产业升级相关数据进行分析，研究全国和分地区在地级市水平上的产业升级不同时空下的演进路径、产业升级的影响因素以及外商直接投资对产业升级的空间效应。并从中探寻核密度估计模型对于监测全国与分地区产业升级动态演进的价值、发掘当前外商直接投资对我国产业升级的具体影响机制以及影响程度，从而优化外商直接投资与其他要素配置，为我国从地级市水平上精准实现产业升级献计献策。

6.1.1.3 技术路线

本节在第 3 章对产业升级新内涵研究的基础上，并结合外商直接投资理论，规划得出技术路线，具体如图 6-1 所示。

6.1.2 外商直接投资理论研究

6.1.2.1 核心概念界定

根据国际货币基金组织（IMF）的统一定义，在国际范围内，外商直接投资被定义为一国的投资者将其资本用于他国的生产或经营，掌握一定的经营控制权的投资行为，并且通常将该投资者在所投资的企业内拥有 25% 或者更多的投票权作为其控制所有权的合理标准。

世界经济合作与发展组织（OECD）也对外商直接投资进行了定义，即在母国以外，一个经济体中的直接投资者通过在他国投资建立企业并以永久性利益为目标的投资活动。

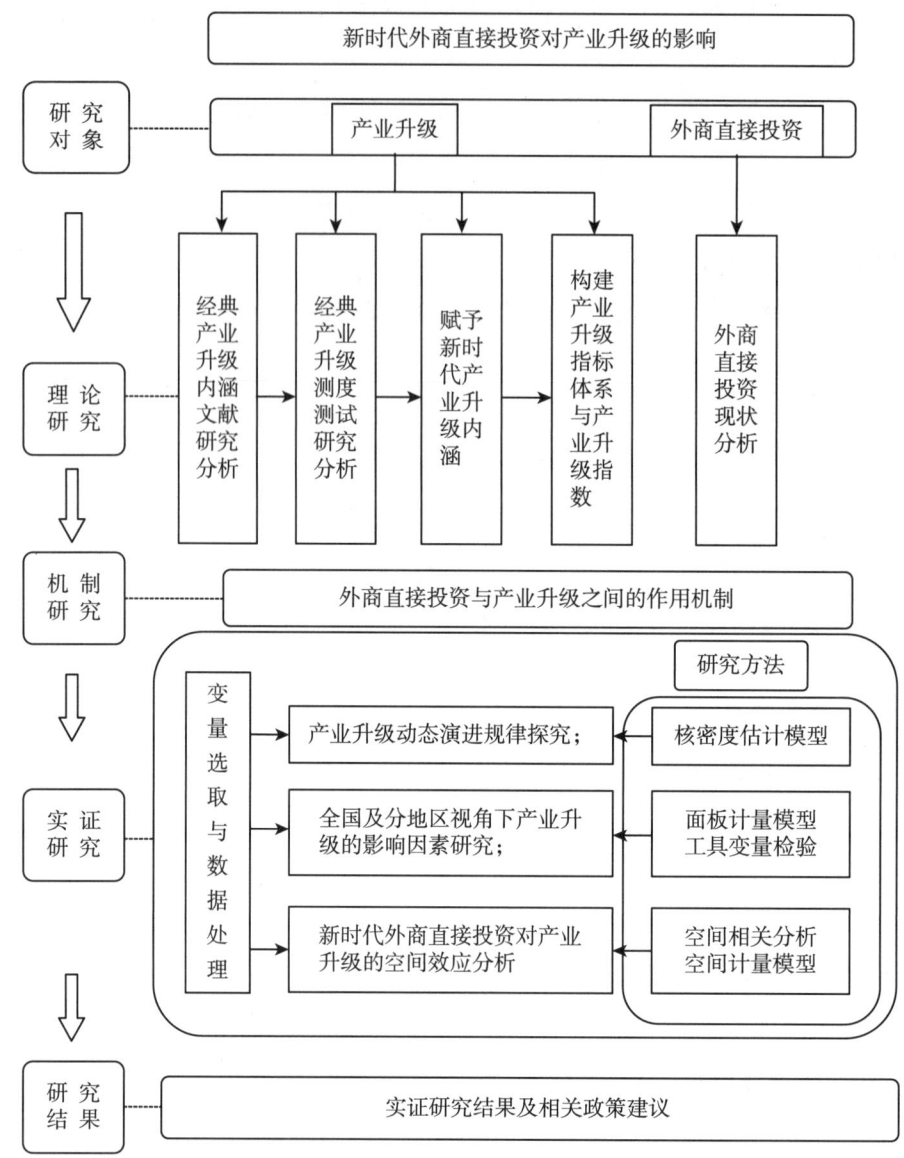

图 6-1 本节的技术路线

我国外商直接投资定义在国际货币基金组织定义的基础上进行了更细致的界定，指外国企业和经济组织或者个人（包括华侨、港澳同胞以及我国在境外注册的企业），遵守我国经营相关的政策、法律法规，使用人民币、实物和技术等要素在我国境内开办外商独资企业、与我国境内的企业或者经济组织共同举办中外合资企业、合作经营企业或者合作开发资源的投资（包括外商投资收益再投资），以及通过我国政府有关部门批准的项目投资中包含企业从境外借入的资金。特别地，我国外商直接投资中的外商主要指的是外国投资者和我国港澳台地区的投资者。

综上所述，国际上对于外商直接投资的定义各有不同，但是每个定义都把投资的长期性和稳定性作为重点，并强调外商投资者虽然拥有企业的管理权和决策权，但是不要求对企业拥有绝对的控制权。

6.1.2.2 外商直接投资相关理论

第二次世界大战结束后，美国、日本等一系列跨国公司迅速发展壮大，外商直接投资逐渐成为跨国公司发展的主要资金来源，也是全球组织经济活动的一种重要形式。在外商直接投资形式逐渐流行时，外商直接投资理论在20世纪60年代应运而生，学术界众多学者开始逐渐迈入该领域。紧接着20世纪80~90年代以来，随着世界全球化趋势不断推进和改革开放程度不断加深，外商对华投资活动日益频繁，中国广大的消费市场开始面向全球开放，这进一步吸引了更多的学者对外商直接投资进行研究，使外商直接投资成为学术界、政府关注的重点问题。因此，到目前为止，国内外学者对外商直接投资进行了广泛的学术研究并得到了丰富的理论成果。

首先，早期关于外商直接投资的理论研究大多出现在国外，且自外商直接投资理论诞生到现在的几十年里，国际上已经大致形成了以下几个学派。

（1）垄断优势理论。垄断优势理论指的是厂商凭借自己特定的垄断优势拓展其对外直接投资的一种国际直接投资理论，又可称为特定优势理论。麻省理工学院教授海默（1960）在其博士论文中最早提出该理论。海默教授指出，国内企业到国外进行相应投资的诱因是由于该企业在国外拥有特定的优势。这种企业的特定优势可以帮助它在国外获得更大的利润，是企业国际化经营的垄断优势。

垄断优势的主要内容如下：

第一，认清国际直接投资的真正诱因，必须从不完全竞争的角度来分析国际市场，研究外企的对外直接投资行为。在传统的国际贸易和国际资本流动纯理论中，最基本的假设前提是市场达到完全竞争状态。在该假设的前提下，众多生产者生产同一类的产品，在完全竞争市场中生产者无法制定商品价格，商品价格完全根据供求关系决定。而"国际资本的纯理论"认为，国际投资可以看成是用"现在的商品"去交换"未来的商品"。根据比较优势理论原则，擅长生产现在商品的国家应该进口"未来商品"，出口"现在商品"，这就形成了国际投资。这种交易方式从资本的表现形式观察即从资本相对充足且利率相对较低的国家流向资本供给稀缺且利率相对较高的国家。

第二，由于完全竞争市场的前提往往并不成立，国际市场上多数都是不完全竞争。目前，市场不完全性主要由四种类型组成：一是由规模经济引起的不完全竞争；二是产品市场引起的不完全竞争；三是资本和劳动力等生产要素市场存在着不完全竞争；四是由于政府机构介入形成市场壁垒，如关税、贸易许可证、进出口配额等，最终导致市场不完全竞争。可以看出，前面三种不完全竞争是由企业自身是否有垄断优势决定的，而第四种不完全性是由外部因素，即由政府决定的，因而企业如果想实现不完全竞争的垄断优势只有通过对外直接投资这一手段，即获得更好的市场价格优势，牟取垄断利润。

第三，企业如果想要进行外商直接投资：一方面企业自身必须具有竞争优势，抵消外企在东道国所面临的劣势；另一方面，东道国市场需要是不完全竞争市场。

第四，跨国公司有能力凭借自身的优势进入东道国市场并与当地企业进行竞争，其中跨国公司拥有的优势主要包括以下三种：一是要拥有高水平的资产，如高新技术、创新能力、先进的管理方法等；二是市场要处于不完全竞争市场，跨国公司需要体现出垄断优势；三是跨国公司需要达到实现规模经济的状态。另外，对于拥有上述三种优势的跨国企业，它们可以生产当地企业无法生产的产品，从而体现垄断优势，并最大限度地弥补跨国经营的高额成本。

第五，由于东道国存在如关税这样的关税壁垒，而且技术出口不能获得全部利益，因此跨国公司考虑实行对外直接投资。

通过对垄断优势理论进行分析发现，垄断优势理论的观点是利用不完全竞争市场代替完全竞争市场，首次从理论上区分直接投资与间接投资，而且这也是国际直接投资理论首次从传统理论中以独立的形态分离出来，为发展国际直接投资理论的发展产生了深远的影响。

（2）内部化理论。内部化理论即国际跨国企业拒绝将自己用的高新技术以及管理制度作为产品进行销售，而必须通过进入东道国建立公司牟取利益。

内部化理论作为分析外商直接投资理论的新兴理论，也被称为交易费用论，是作为海默垄断优势理论的发展和补充。其内部化是指将外国国际市场构建在东道国企业内部的过程，使东道国企业内部原来的外部市场被取代。与此同时，在内部化理论中，不完全竞争市场并非全由规模经济、寡头市场或者关税壁垒造成的，大部分都是由于内部市场的特殊性和垄断势力导致外部"市场失灵"，进而外部市场被内部市场内部化。该理论的主要内容包括以下四个方面：

第一，由于外部"市场失灵"，使内部化得以顺利形成。跨国企业拥有高新技术，与东道国相比具有比较优势，并且跨国企业不出售高新技术。因而，一旦跨国企业进入东道国，东道国企业为了获得更高的生产效益，但是经常难以在外部市场上合理配置资源，因此企业经常采取内部化手段。另外，技术要素等中间产品在市场上往往很难以某个确定的价格实现交割，交割完成之后也无法保证后续能够得到现有情况下的最优配置，因此，最终只有实行内部化。

第二，内部化主要通过四个因素决定：一是产业因素，这与产业产品的特性、产业的市场结构和规模经济有关；二是区位因素，主要包括地理与人文要素；三是政治要素，主要由政治经济制度体现；四是跨国企业自身素质，主要包括企业自身的技术素养和管理制度。因此，当跨国企业同时拥有这四个要素时，并且东道国企业此时能够管理内部化企业时，则东道国企业会更多地采取内部化的方式。

第三，内部化能够为企业带来多种优势：一是高新技术和管理方法不作为商品在市场上出售，这在极大程度上防止其在交易过程中发生扩散和丧失；二是由于研究的前提是处于不完全竞争市场，这导致市场价格处于不确定状态，因此实施内部化交易可以有效降低交易成本和交易风险；三是对于跨国公司而言，它们可以通过国际投资进而转移价格成本，实现逃税避税，最终牟取高额利益。

（3）产品生命周期理论。产品生命周期理论最早是由美国教授雷蒙德·维农（1966）提出的，该理论把跨国公司对外直接投资的动机和时机以及区位的选择进行了详细的阐明，并基于产品生命周期的更迭，提出产品在每个生命周期内都应该与市场中的竞争地位一一对应。因此，我们可以根据产品在不同时期的竞争地位将产品分为三个阶段：新产品阶段、成熟产品阶段以及标准化产品阶段。产品处于不同阶段，跨国公司对其的营销策略和投资决策各有不同。

第一，对于新产品阶段，该阶段的产品处于创新阶段，企业此时生产技术、产品工艺尚未完善，产品尚未定型，而且此时的国内市场需求高于供给，产品需求弹性较低，收入弹性较高，同时也还不具备大幅生产该产品的能力，此时企业往往会先选择在本国内生产该产品，将市场区位重心放在国内。一方面，此时国内生产可以方便获得改进产品质量和扩大产品产量所需要的先进技术、管理方案、原材料等；另一方面，国内生产更有利于收集消费者购买偏好、购买力等信息，为产品进一步改善提供了帮助。随后，当企业生产达到一定的生产规模以后可能会逐渐转向海外消费者，逐步增加出口，而在这一阶段，其他发展中国家甚至部分发达国家还无法大规模生产出该产品，因而该企业（以发达国家（美国或者日本）跨国企业为例）可以凭借自己特有的先进技术等非价格因素进行生产，维持自身在国际上的垄断地位。

第二，当企业渡过了新产品阶段，来到成熟产品阶段，此时部分发达国家逐渐掌握了生产该产品的技术，国内外也出现了大量的可替代品，该产品替代性增强使原来在技术和市场上的垄断地位逐渐衰退，但是大多数企业在生产该类产品时又设置了较高的贸易壁垒来保护同类产品在国内发展，这就直接导致原企业的销售成本上升。为了降低成本并且巩固原有的垄断地位，企业通过进行对外投资，被迫在其他国家生产，促使该产品生产技术流向其他企业，这也标志着产品进入了成熟阶段。

第三，随着企业不断对外投资，技术外溢不断加强，这一阶段的产品和技术也都已经高度标准化和普及，其他企业也逐渐将该生产技术内化为自身技术。此时，国内外商品市场充斥着各式各样的仿制品，整个国际市场结构由垄断市场、不完全垄断以及寡头完全沦为完全竞争性市场，市场价格完全由供给和需求因素决定，原企业已经完全失去垄断优势。因此，原本拥有该技术的企业纷纷向自然资源丰富、劳动力充足且廉价的发展中国家迁移。这一阶段资本输出取代商品输出的效用十分明显，尤其是美国、日本等发达国家对发展中国家的资本输出。

（4）国际生产折衷理论。随着对外投资发展不断繁荣，跨国公司建立的速度也不断加快，之前的三种对外直接投资理论主要是基于某一个国家的实际情况而言的，因此在研究多国之间的对外直接投资时得出的结论往往不奏效。为此，英国经济学家约翰—邓宁在垄断优势理论、内部化理论以及区位理论的研究基础上，把国际贸易中的资源禀赋学说整合进来，并汲取各个理论之所长，最终提出了国际生产折衷理论。

该理论的核心思想主要包括三个部分：一是垄断优势的思想；二是内部化优势的特点；三是区位优势的理念。该理论认为垄断优势、内部化优势以及区位优势这三个基本要素总和决定了跨国公司的对外直接投资的行为。

垄断优势：作为一个企业优于其他企业的优势，主要体现在一国企业在东道国从事的生产技术、管理制度方面高于东道国企业的内在优势，其特点主要包括企业规模优势、组织管理优势、先进技术优势等。

内部化优势：指跨国公司在把公司的所有权保证在公司内部的前提下，规避所在外部市场的不利因素，将外部市场转化为内部市场，降低市场交易成本。并且外部"市场失灵"所要支付的成本越高，跨国公司就越有可能利用内部化优势组织生产。

区位优势：指某一地区具有各种有利于跨国公司对外投资的条件。该优势决定了跨国公司对外直接投资的国际生产布局，也是影响国际直接投资的一个重要因素。影响区位优势的关键因素主要包括东道国自然资源储量、投入品价格、劳动力资源以及国际运输成本投资政策等。

（5）比较优势理论。第二次世界大战结束以后，以美国为代表的西方国家由于资本富余向落后发展中国家进行资本输出，进而衍生出外商直接投资理论，其中以垄断优势理论和产品生命周期理论作为代表。但是，随着国际投资理论以及各国经济的发展，日本学者小岛清（1970）提出西方的国际直接投资理论并不适用于日本企业的对外直接投资，相对于西方国家过于强调企业层面的微观经济效益，忽视国家宏观整体利益，并且将国内许多具有比较优势的产业和产品转移到国外生产，这与国际分工理论中的比较优势基本原则相悖，是不够合理的。因此，小岛清基于古典贸易理论对外商直接投资进行重新解释，并提出了比较优势的国际直接投资理论，又称边际产业扩张理论。

比较优势理论的基本原理：相较于投资国的比较优势产业，由于多数发达国家逐渐掌握了某个技术或产品生产方法，导致该产品在这些发达国家中是缺乏竞争力的，同时也导致该类产品在出口方面缺乏竞争力。因此，如果生产这些产品的企业将技术、管理方法转移到具有潜在或明显比较优势的东道国进行生产，那么东道国获得了先进的技术、充足的资金以及先进的管理技能后，其生产的比较优势会大大增强，原来较低的生产成本在来到东道国后会进一步下降。使比较成本差距进一步扩大，既有利于东道国以较低的产品价格向投资国出口返销原投资国相对劣势的产品，也有利于跨国企业占领国际市场。

6.1.2.3 外资引入对产业升级的影响研究

近年来，"一带一路"倡议稳步推进，使我国对外开放程度进一步加深，推动了投资的国际化进程，促使外商直接投资成为当下产业经济研究的重点和热点话题，同时外商直接投资对产业转型升级的影响也一直是学术界研究的热点所在，国内外学者就外商直接投资对产业转型升级的影响研究做出了诸多贡献。

早期关于外商直接投资对产业升级影响的理论研究主要集中在国外，Ragnar（1953）研究发现外商直接投资能够增加东道国的资本补给，即具有资本补给效应，从而在一定程度上帮助东道国突破了资本匮乏的"瓶颈"，使东道国最终实现经济增长。另外，在促进东道国资本形成的同时，也对东道国的技术进步产生了一定的促进效应，Romer（1986）和 Lucas（1988）认为对外开放和参与国际贸易可以加速先进技术和高端人才在世界市场流动，有助于东道国获得外商直接投资产生的技术溢出效应。并且 Dimelis 和 Louri（2001）研究也发现外商直接投资有助于当地技术创新能力提高。Markusen（1999）研究指出，由于存在不同产业且每个产业内部都包含一定程度的关联效应，即产业关联效应，使外商直接投资能够促进发展中国家产业发展及产业结构优化升级。相较于国外关于外商直接投资对产业升级影响的理论研究，国内学者更多的是利用实证来研究外商直接投资如何促进产业转型升级。陈望远和黄金波（2012）基于 1999 ~ 2009 年实际利用外资和行业增加值数据得出外商直接投资流入总体上能有效推动产业结构升级和优化。王静（2013）基于 2000 ~ 2009 年全国省级面板数据研究发现外商直接投资技术溢出对产业结构优化具有显著的促进作用。谢婷婷（2018）基于全国 30 个省级面板数据，利用空间计量方法从全国层面和分区域层面对外商直接投资与产业结构升级之间的关系进行了实证研究，并分别给出了相应的对策建议。然而部分学者提出不同看法，认为外商直接投资抑制了产业结构合理发展，刘宇（2007）基于 1984 ~ 2003 年面板数据研究了外商直接投资与三次工业增加值之间的关系，发现其对三次工业增加值增长具有正效应，但加剧了我国产业结构的偏斜。李文臣（2010）和李晓钟（2014）也提出外商直接投资在带动高新技术发展的同时也抑制了本土产业的成长，外商直接投资促进产业结构升级的效应存在"虚拟性"。

综上所述，现有文献资料为本书研究内容提供了借鉴，如外商直接投资与产业升级之间的影响机制等，但还存在以下不足：一是目前文献对于产业升级的定义仍然不是十分清晰，并且随着新时代的到来，主要矛盾发生重大变化，产业升级内涵是否也发生变化的研究甚少；二是已有文献普遍采用全国省级面板数据进行研究，对于地级市层面甚至县域层面的研究较为匮乏，而对地市层面甚至更深层面的分析正是研究的重点及难点所在；三是近几年关于更新产业升级测算方法的研究文献较少，多数仍然沿用之前学者的测算方法；四是由于地理位置的接近导致产业升级一般存在空间溢出效应，但目前将空间影响因素考虑到模型中的研究较少,且空间效应如果存在但未考虑到将不可避免地造成结果出现较大误差,同时空间计量模型使用的空间权重矩阵往往未考虑实际情况,仅做理论上研究。鉴于此,本节首先在新时代背景下提出产业升级的新内涵,与时俱进;其次基于2004~2016年全国所有地级市面板数据进行研究,在小尺度数据下精准测定产业升级程度,增强模型结果的可信度;最后本节利用空间计量方法研究外商直接投资对产业升级的影响,并使用更为贴合实际的空间权重矩阵,探究不同地理空间的外商直接投资如何影响产业升级,为实现相对精准的区域产业升级献计献策。

6.1.3 三者关系的理论机制分析

随着经济全球化程度的不断加深,国际投资也迅猛发展,而外商直接投资作为国际投资中的一个极其重要的部分,已经超越国际贸易成为促进全球经济转型升级的最活跃和最重要的因素。一方面,发达国家由于"资本过剩",一般会将过剩资本向发展中国家转移,减轻了发展中国家资金不足的问题;同时,随着国际资本的转移,具有相对优势的人力资源也随之转移,发展中国家人力资源总体素质得到提高;而且,外资的引入带动了当地经济发展,提高了经济发展水平,拉动需求结构向上升级,从而间接拉动产业升级。另一方面,"过剩外资"流入的同时也引进了国外高新技术,为欠发达地区提高高新技术水平提供了巨大帮助。通过上述对 FDI 的投资效果分析,本书归纳出 FDI 对产业升级的四种影响机制:资本补给效应、消费拉动升级效应、人力资本升级效应、高新企业激励效应。结构如图 6-2 所示。

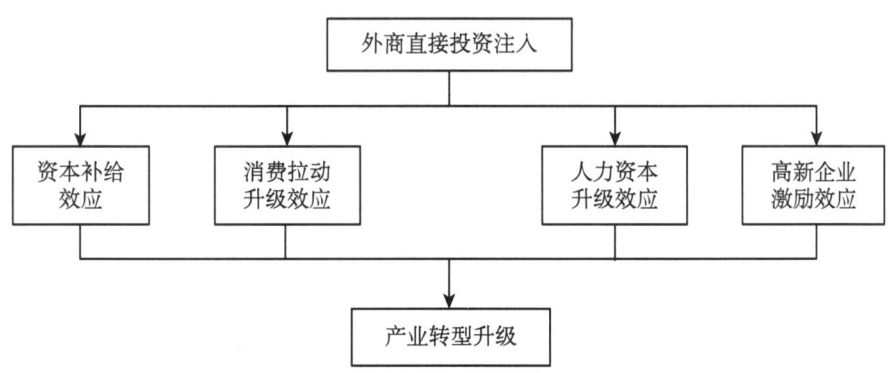

图 6-2 外商直接投资与产业升级之间的影响机制技术路线

6.1.3.1　资本补给效应的影响机制分析

在一国企业发展的过程中,生产要素是否充足决定了企业的发展能力及发展前景,则要素稀缺的企业发展将受到极大限制,为了破除发展困境完成产业升级,多数企业会选择引进外资来弥补自身不足。因此,当企业与外资协商达成一致以后,FDI 顺利进入我国,弥补了企业储蓄与外汇的"双重缺口"。随后,外资一方面在东道国投资建厂,加大东道国的生产规模,提高生产效率;另一方面补充东道国必要的生产要素,从而推动产业转型,向更高端价值链攀升。综上所述,东道国按照上述环节最终促使产业不断获得升级。

6.1.3.2　消费拉动升级效应的影响机制分析

在一国经济运行过程中,消费结构以及消费水平反映了当前国民经济的发展现状。因此,当消费需求主要集中于高附加值、高技术水平的产品时,则表明目前产业主要向更高附加值和更高技术方向前进。随着 FDI 不断流入,使一国的生产要素红利得到更充分的释放,这在一定程度上加速了社会经济的发展,提升了人均收入,经济发展水平得以提高,推动人们的消费结构不断向高度化和服务化方向演化,倒逼产业结构适应市场需求,并朝着市场需求的方向转变产业结构,最终促使产业价值链提升,实现产业转型升级。

6.1.3.3　人力资本升级效应的影响机制分析

当外商进行投资时,一方面为了使产品生产达到预期标准,另一方面东道国为外商提供了土地、劳动力等资源,因而可以聘请具有高级职称的先进技术人员对本国人员进行培训,使东道国人力资本综合素质得到提升,在与外商合作的同时,外商的优质人力资本也会流入东道国投入生产。综上所述,外商先进技术流入东道国,人力资本得到培训加强,技术效率得到提高,另外,产业内存在的示范效应和竞争效应、产业间技术人员的互动交流,最终带动了东道国产业升级。

6.1.3.4　高新企业激励效应的影响机制分析

一国高新技术的发展程度,往往代表着国家最先进技术前进方向和国家综合国力发展速度,其重要性不言而喻,然而高新技术的发展依赖国际先进技术的带动、充分的要素投入以及大众对高新技术产品的认知。因此,随着外资的流入,国际先进的科学技术等资源不断流入我国,使越来越多的先进产品被生产出来流入市场,刷新了大众对高新技术产品的认知,促使高新技术的发展得到了国内更广泛的支持,助力营造了高新技术产业蓬勃发展的氛围。最终,唤起了大众对高新企业发展的高度重视,随着新旧技术迭代更替,高新企业发展不断向前推进,产业实现转型升级。

6.1.4 实证研究

6.1.4.1 变量选取与数据来源

(1)变量选取。本书综合前人的观点及新时代的发展要求,初步拟订新时代产业升级的新内涵为:产业不断向更高的效益和更优化的结构演变的过程。关于产业升级的衡量指标,目前常见的主要有产业合理化指标(TL)和产业高级化指标($Stru$)(后续直接用符号表示),多数学者使用产业高级化指标进行测度,然而该指标仅将三次产业的产值分别与总产值的比值做了一个简单的加权处理,包含的信息相对较少,衡量产业升级的水平有限,因而本书借鉴干春晖(2011)提出的产业合理化指标对产业升级进行衡量,将各行业的生产总值以及对应行业的就业人数融入衡量产业升级的指标中,更精准地测定产业升级。本书采用全国281个地级市数据进行研究,同时基于数据的可获得性,将泰尔指数重新进行定义,所构造的产业合理化指标为:

$$TL = \sum_{i=1}^{n} \left(\frac{Y_i}{Y}\right) \ln\left(\frac{Y_i}{Y} \times \frac{L_i}{L}\right) \quad (6-1)$$

其中,Y_i 表示某一地级市第 i 产业的产出,Y 表示某一地级市所有产业的全部产出;L_i 表示某一地级市第 i 产业的就业人数,L 表示某一地级市所有产业的就业人数。根据式(6-1),TL 指标数值位于 0~1,且 TL 值越小,表示产业结构发展越合理,各类产业、行业趋向于高质量、高附加值方向发展;而 TL 值大,表示产业结构发展逐渐偏离,各类产业、行业发展存在一定问题。

基于各地级市数据测算出各自的产业合理化指数,本书给出后续需要使用的主要解释变量及控制变量,具体如下:

外商直接投资(fdi)。fdi_{it} 表示地级市 i 第 t 年的实际利用的外商直接投资总额。根据上述机制的分析,一方面外商可以弥补我国储蓄和外汇的"双缺口",对稀缺资源进行补充,促进了经济发展水平提高,从而通过需求拉动了产业升级;另一方面外商先进技术流入提高了我国劳动力技术水平,并促进我国高新技术产业的发展,使东道国产业得以升级。本书 fdi 指标计算方法为先将各地级市 fdi 按照当年的汇率进行转化,再对其进行 GDP 平减处理,消除通货膨胀带来的影响。

经济发展水平（pgdp）。$pgdp_{it}$表示地级市i第t年的经济发展水平，本书利用各地级市的人均GDP代表其经济发展水平。许多文献提及，随着经济发展水平提高，人们对产品层次的需求逐渐提升，对产品质量以及技术含量的要求也不断上升，进而间接促进产业升级。由于数据库中没有列出各个地级市历年人均GDP，因此本书利用各地级市每年实际GDP除以其年末常住人口数进行代替。为消除价格因素影响，实际GDP由名义GDP除以GDP平减指数所得。

金融发展水平（fin）。fin_{it}表示地级市i第t年的金融发展水平，本书采用各地级市金融机构年末实际贷款余额与其年末实际GDP比值表示。根据金融机构在国民经济中发挥的作用可以得出，金融机构运行是否平稳对市场的流通资本配置效率具有很大程度的影响。金融机构运行平稳，企业融资渠道更加通畅，则企业运行更好。因而金融发展水平的提高有助于企业向前发展，促进产业升级。

固定资产存量（fix）。fix_{it}表示地级市i第t年的固定资产存量。一般而言，一个产业发展需要依靠底层建筑为基础支撑，而且产业的基础设施等其他要素配备越完善，则要素无论在产业间还是产业内流动越顺畅，使产业发展效率提高，最终带动产业升级。由于《区域经济数据库》中未列出各地级市不同年份的固定资产存量，因而本书采用永续盘存法（叶明确和方莹，2012；赵云鹏和叶娇，2018）进行推算，基本公式为$K(t)=I(t)+(1-\delta)K(t-1)$。其中，$K(t)$表示$t$年末各地级市的实际固定资产投资存量（已使用GDP平减指数处理）。δ代表经济折旧率，对于该折旧率的确定，通过文献查询，虽然众多学者对此存在较多争议且进行过许多研究（张军，2004；孙辉和支大林，2010；潘玉君，2011），但最终结果都在张军（2004）提出的9.6%附近，因此本书采用大多数学者使用的9.6%作为经济折旧率。由于目前数据库中没有明确给出初始年份的固定资产存量，因此本书借鉴Hall和Jones（1999）提出的方法推算初始年份固定资产存量，公式为$K(t)=I/(g+\delta)$。其中，I表示初始年份的名义固定资产流量值，g为固定资产投资年均几何增长率。最终，本书从《区域经济数据库》采集各地级市不同年份的固定资产流量，并设定2004年为初始年份，得出各地级市历年的固定资产存量值。

人力资本存量（hc）。hc_{it}表示地级市i第t年的人力资本存量。由于目前我国产业正沿劳动密集型、资本密集型、技术密集型方向转变，而人力资本正是推动这一转变胜利完成的保障。查阅文献可知，目前表示人力资本存量的指标主要有人力资本存量和教育基尼系数（Thomas，Wang and Fan，2003）。本书借鉴人力资本存量的测算方法，具体计算公式为 $hc_{it} = \sum_{j=1}^{n} EY_{itj} \cdot M_{itj}$，其中 EY_{itj} 表示地级市 i 第 t 年第 j 学历的受教育年限，本书受教育年限分为小学、初中、高中、普通高等学校四个层次。M_{itj} 表示上述各层次人数占总常住人口数比重。

政府干预程度（gov）。gov_{it} 表示地级市 i 第 t 年的政府干预程度。由于产业结构的变化往往与中央以及当地政府的制定政策方向一致，而且产业发展有时也需要政府提供一些支持，因而，本书选取地方财政一般预算内支出与当地GDP 的比值代表政府干预程度。

以上经济变量均已经过 GDP 平减指数处理。

（2）数据来源。本章从《区域经济数据库》《中国统计年鉴》《各省市自治区统计年鉴》以及《中经网产业数据库》中选取了各项指标位于 2004~2016 年的数据。其中《区域经济数据库》给出了全国各地级市历年来三次产业的生产总值及对应各产业的就业人数、外商投资总额、固定资产投资额；《各省市自治区统计年鉴》提供了各地区财政一般预算内支出、年末金融机构贷款余额等指标；《中国统计年鉴》提供了 GDP 平减指数，年末人口数以及小学、初中、高中等不同教育程度的人口数目等；《中经网产业数据库》报告了固定资产投资价格指数。

6.1.4.2 模型建立

基于导论中的研究方法，本章应用研究主要采用了核密度估计方法、面板固定效应模型、面板随机效应模型以及空间计量模型。另外，对于本章中将要使用的空间计量模型、空间权重矩阵的设定尤为重要，因为模型建立前的空间自相关检验十分依赖空间权重矩阵。目前主流的空间权重矩阵主要包括基于邻接关系矩阵和基于距离函数的矩阵。基于邻接关系的矩阵，具有代表性的是众多学者在理论分析时使用的二元邻接矩阵，即 0~1 矩阵，该空间权重矩阵仅考虑直接相邻的两个单元之间的空间依赖关系，并假定非邻接关系的空间实体之间不存在相互影响；而基于距离函数矩阵，主要包括二元地理距离矩阵、地理距离函数矩阵、经济距离矩阵等。本章考虑到随着经济社会的发展，地理位置在空间上不邻接造成的经济发展互不影响的假设缺乏合理性，因而使用二元邻接矩阵可能会导致模型结果与实际偏差较大，因此，本章打算采用基于地理距离函数的空间权重矩阵进行分析,并且在实际检验不同地区指标的空间自相关时,空间权重矩阵中的元素都将有各地级市质心之间的距离倒数表示。

6.1.4.3 实证结果分析

(1) 产业升级的动态演进。根据产业合理化指数测度全国以及东、中和西部产业升级演进状况。通过核密度函数从整体上刻画产业发展的位置、峰度以及形状特征,其中,核密度图形位置的左右平移表示产业升级的变动幅度,峰度高低表示产业升级趋异或两极分化的程度,形状大小表示产业升级的敛散程度。由于年份较多,此处设置4年为一个间隔选取2004年、2008年、2012年以及2016年为研究对象,具体演进情况如图6-3所示。首先,图6-3所示的核密度图均有先向左平移再向右略微平移的趋势,说明我国产业升级先发展迅速而后略有退步,这在全国以及东中西部地区均有类似的特征。其次,图6-3中全国、东部和西部地区峰度在历年中变化不大,而中部地区产业升级的峰度由宽峰变为尖峰,尤其从2012年的宽峰转变为2016年的尖峰最为明显,峰度的变化较为明显说明了产业升级情况更好。最后,从形状上

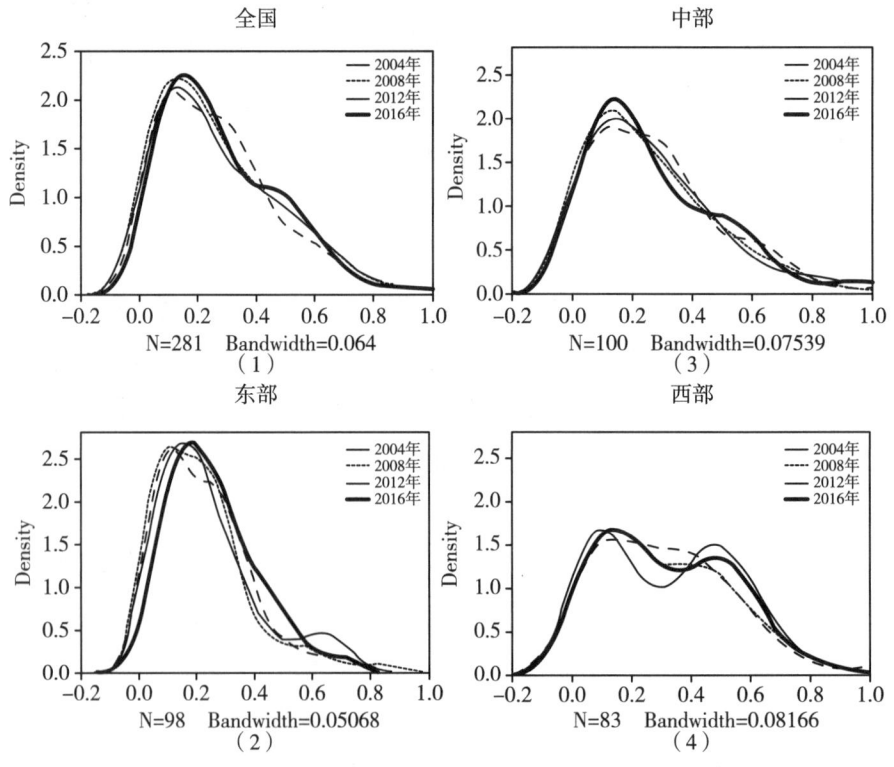

图6-3 全国以及东、中和西部地级市产业升级核密度图

看，除东部地区以外，核密度图大抵属于右偏分布，东部地区产业升级相比全国、中部和西部地区较为集中，右端面积明显较少，说明东部地区产业升级整体现状优于中部和西部地区，另外，全国、中部以及西部地区右偏分布最为明显，而且西部地区产业升级核密度图还呈现出异于其余地区的多峰趋同的现象，但在 2016 年双峰逐渐向单峰转变，说明西部地区产业升级经历了扩散向收敛的转变，产业发展趋好。总之，目前我国产业升级整体发展动力不足，升级速度缓慢，中西部地区产业升级状况虽与东部地区存在差距，但目前正努力向东部地区靠拢。

(2) 面板数据平稳性检验。首先，本章在进行实证分析之前，为了削弱异方差等其他因素的影响，将上述变量先进性对数化处理；其次，为了预防"伪回归"问题发生，确保模型结果真实可信，再根据导论中提到的面板数据单位根检验对各个变量进行平稳性检验。同时，为了增强面板单位根检验结果的可信度，采用了 LLC 检验、HT 检验、Breitung 检验和 IPS 检验方法进行检验，结果检验见表 6-1。

表 6-1　　　　　　　　　　面板数据单位根检验结果

变量	LLC 检验	HT 检验	Breitung 检验	IPS 检验
$\ln TI$	-9.193***	-11.317***	-3.499***	-1.715***
$\ln fdi$	-7.525***	-16.833***	2.322	-1.675
$\ln pgdp$	-23.799***	-29.415***	5.057	-1.572
$\ln fin$	-13.703***	-34.941***	-8.401***	-2.299***
$\ln fix$	-34.389***	9.667	16.337	-0.995
$\ln hc$	-27.567***	-31.108***	-0.698	-1.737*
$\ln gov$	-30.243***	-25.505***	-2.443***	-2.078***

注：*、**、*** 分别表示在 10%，5%，1% 的水平上显著，数据来源如上。

根据表 6-1 可以发现，各指标在面板单位根检验下均拒绝原假设，即各指标不存在单位根，能够进行后续实证分析。因此本章首先利用对数化处理后的数据建立混合最小二乘估计、固定效应模型和随机效应模型进行初步分析，检验外商直接投资对产业结构合理化指数的影响，模型的估计结果见表 6-2。

表 6-2　　　　　　　　全样本模型的回归估计结果

-	混合 OLS	固定效应	随机效应
lnfdi	-0.066*** (-2.86)	-0.038*** (-2.61)	-0.049*** (-3.60)
ln$pgdp$	-0.974*** (-11.58)	-0.022 (-0.23)	-0.369*** (-4.37)
lnfin	-0.459*** (-5.47)	-0.053 (-1.05)	-0.160*** (-3.35)
lnfix	0.576*** (8.62)	0.084 (1.33)	0.268*** (4.75)
lnhc	-0.073 (-0.46)	-0.024 (-0.24)	-0.034 (-0.35)
lngov	0.080 (0.88)	0.126* (1.72)	0.170*** (2.79)
常数项	-0.896 (-1.33)	-2.206*** (-3.18)	-1.707*** (-2.99)
R^2	0.382	0.396	0.377
Hausman 检验	—	Chi(6) = 168.22 P = 0.0000	

注：*、**、*** 分别表示在 10%，5%，1% 的水平上显著。括号中数值为显著性检验的 t 值。数据来源同上。

根据表 6-2 的全样本混合最小二乘估计、固定效应回归模型、随机效应回归模型结果显示：三种模型都表明外商直接投资对产业合理化指数上升具有明显的抑制作用，并且各个模型回归系数显著性检验通过，表明外商直接投资总额增加在一定程度上促进了产业升级；对于经济发展水平变量，混合 OLS 模型和随机效应模型的系数都在 1% 显著性水平下为负，但在固定效应模型系数检验不显著；金融发展水平在混合 OLS 与随机效应模型下均与产业合理化指标呈显著的负相关关系，对产业合理化指数上升具有明显抑制作用，同样金融发展水平变量在固定效应模型下系数也不显著；然而，固定资产投资存量在上述三种模型中均为正，但在固定效应模型中系数检验不显著，表明固定资产投资存量对产业升级具有一定的抑制作用；人力资本存量在三种回归模型中均不显著；

最后，政府干预在固定效应和随机效应模型对产业转型升级起抑制作用，表明政府过度干预经济发展最终可能会起反作用。

（3）模型内生性检验。为了进一步提升各个模型估计结果的可信度，检验模型是否违背了高斯经典假定，由于内生性会影响模型参数估计的一致性，因此本章主要对模型的内生性进行检验。首先，针对表6-2中全样本回归模型固定效应或者随机效应的选择，表6-2中的Hausman检验结果表明显著拒绝原假设，即认为固定效应模型效果更佳。其次，在此基础上，使用Davidson-Mackinnon（1993）提出的方法检验模型是否存在内生性，该检验方法的原假设为OLS估计与IV估计的参数都具有一致性，即内生性问题对OLS估计结果无明显影响。若无法拒绝原假设，则认为固定效应模型更加可信，反之则表明内生性问题更加严重，并且模型结果不可信。针对本节所建立的模型，为了检验模型是否存在内生性问题，先使用$\ln fdi$、$\ln pgdp$、$\ln fin$以及$\ln hc$的一阶、二阶滞后项作为工具变量重新进行回归，再使用Stata15.0软件进行Davidson-Mackinnon内生性检验，检验结果P值等于0.855，因此无法拒绝原假设，故可以暂定该固定效应模型不存在内生性，模型结果具有较高的可信度。

（4）基于区域差异的外商直接投资对产业升级影响的实证分析。

全样本回归分析的结果表明，在全国范围内，外商直接投资整体上对产业转型升级促进效果明显。然而，根据本书数据可知，各地级市的经济发展水平、固定资本投资强度、人力资本存量等多方面因素存在一定差距，最终可能导致外商直接投资对产业升级的促进效果存在高低之分。因此，为了进一步探究不同区域外商直接投资对产业升级的促进作用是否存在显著差异，本章将全国总样本分为东、中、西部三个地区子样本①继续进行分析。综合Hausman检验结果和Davidson-Mackinnon检验结果，使用固定效应模型对东、中、西部地区进行分析，结果见表6-3。

---

① 本书借鉴刘志勇、李海峥等（2018）关于东中西部地区的划分，将本书数据集进行如下划分：东部地区：北京、天津、河北、上海、江苏、浙江、福建、山东、广东、海南和辽宁；中部地区：山西、黑龙江、吉林、安徽、江西、河南、湖北和湖南；西部地区：内蒙古、广西、四川、重庆、贵州、云南、陕西、甘肃、青海、宁夏、西藏和新疆。由于贵州省毕节市、铜仁市以及内蒙古海拉尔、西藏拉萨数据缺失，北京、上海、天津和重庆为直辖市，因此都将其剔除。

表6-3　　　　　　　　　　分地区子样本回归结果

	东部地区	中部地区	西部地区
ln*fdi*	-0.004 (-0.13)	-0.078** (-2.08)	-0.023 (-1.43)
常数项	-3.327*** (-3.16)	-1.151 (-0.67)	-2.691*** (-3.11)
Hausman 检验	Chi(6) = 50.14 P = 0.0000	Chi(6) = 47.26 P = 0.0000	Chi(6) = 85.14 P = 0.0000

注：*、**、*** 分别表示在10%，5%，1%的水平上显著。括号中数值为显著性检验的 t 值。数据来源同上。

表6-3结果表明，东、中、西部三个地区的外商直接投资系数均为负，即前述三个地区的外商直接投资总额增加均对其产业升级具有推动作用，但是仅中部地区外商直接投资系数的统计检验结果显著，其余两个地区结果均不显著，因此无法判断其对产业升级是否具有推动作用。由于本书研究重点是探究外商直接投资与产业升级之间的关系，且控制变量与之前解释类似，故此处其结果不再详述。

对上述结果形成的主要原因进行具体分析：首先，东部地区地理位置开放，资本较为活跃，市场开发较早且目前已经较为完善，而中部地区处于内陆，导致其开发较晚且目前仍存在大量亟待深度开发的市场资源，这吸引了大量的外商投资，弥补了中部地区市场开发资金不足的缺陷，故中部地区的外商直接投资具有显著的资本补给效应；其次，本书引用的数据显示，东部地区人均GDP高出中部地区近一倍，经济水平较为发达，从而东部地区在当前消费水平的基础上再提高一个消费等级难度较高，反观中部地区，消费现状总体处于较低水平，因而随着外资的引入，中部地区消费水平将出现跃升，进而促使消费结构转型，倒逼产业发展适应市场需求，拉动产业升级，故中部地区外商直接投资具有显著的消费拉动产业升级效应；再次，数据表明东部地区的人力资本存量显著高于中部地区，同时在目前众多高科技人才流向东部沿海发达地区的趋势下，中部地区高科技人才明显存在一定程度的缺乏，因而随着外资的引入，外资企业会对当地人力资源提出更高的标准，并对其进行系统培训，促使先进的科学技术顺利流入中部地区，故中部地区外商直接投资具有显著的人力资本升级效应；最后，在中部地区基础设施建设不完善的现状下，外商直接投资的流入对其进行了一定程度的弥补,为高新企业落地中部地区发展提供了良好的外部环境,这也为后期引进更多的高新企业打下了良好基础,故中部地区外商直接投资具有更加显著的高新企业激励效应。上述四种效应综合作用,使外商直接投资推动了中部地区的产业升级。

另外,对东、西部地区外商直接投资效果不显著进行分析:首先,东部地区作为我国经济发展重心,经济实力雄厚,可能少量的外资流入对东部地区的总体经济水平作用微小,从而导致外商直接投资的资本补给效应不显著;其次,东部地区消费水平代表了我国最高消费水平,因而外商直接投资将其提升也较为困难;再次,根据我国人力资本存量现状可知,当前我国受过高等教育的人才主要流向东部发达地区,因而东部人力资源综合素质总体较高,导致外商直接投资对其提升作用同样较为有限;最后,东部地区配合发展高新企业的基础设施已经比较完善,故外商直接投资对高新企业的激励作用也不显著。另外,对于我国西部地区,由于经济发展、基础设施等各个方面相对于东、中部地区落后较多,即西部地区的外资"挤出效应"和技术"低端锁定效应"问题突出,导致西部地区外商直接投资难以产生上述四种刺激效应,促进产业升级。

(5) 外商直接投资对产业转型升级的空间计量分析。

①外商直接投资与产业合理化指数的空间自相关检验。

纵观国内众多学者的实证研究,已经验证外商直接投资在地理分布上具有很强的空间相关性,但大多数研究方向都是从省级面板出发,很少有学者从地级市层面或者县级市层面等更小尺度的视角进行深入研究。此外,地级市层面的数据与省级数据相比:一方面,前者拥有更多的样本观测,信息更加充分,模型估计结果在同等的情况下可以得到更大程度的优化;另一方面,地级市单位相较于省级单位尺度更小,在得出模型结果之后能够因地制宜地制定出针对各地级市促进产业升级的政策,并保障政策精准实施。与此同时,由于各地级市地理位置毗邻,因此它们的经济、技术和人力资本等各方面发展必然密切相关,而且各市的产业结构也将在很大程度上随之同步演进。因此,在研究FDI影响产业升级的框架下,存在区域间产业同步发展的可能性,本章必须考虑各地级市的外商直接投资是否会对相邻地级市的产业升级带来显著影响。综上所述,为了进一步分析外商直接投资对产业升级的空间效应,下面将基于各地级市面板数据进行空间计量分析。

在建立空间计量模型之前,先根据本书所提到的空间权重矩阵建立方法建立基于地理距离的空间权重矩阵，并对不同地级市的产业合理化指数和外商直接投资指数进行空间自相关检验，得到相应的莫兰（Moran's I）指数和吉尔里（Geary's C）指数检验结果，具体见表6-4和表6-5。

表6-4　产业合理化指数的Moran'I指数和Geary'C指数

年份	Moran's I	Geary's C	年份	Moran's I	Geary's C
2004	0.065***	0.867***	2011	0.067***	0.834***
2005	0.058***	0.926***	2012	0.066***	0.814***
2006	0.062***	0.900***	2013	0.057***	0.803***
2007	0.058***	0.835***	2014	0.053***	0.779***
2008	0.063***	0.867***	2015	0.056***	0.735***
2009	0.070***	0.850***	2016	0.053***	0.806***
2010	0.074***	0.837***	—	—	—

注：*、**、***分别表示在10%，5%，1%的水平上显著。数据来源同上。

表6-5　外商直接投资的Moran；I指数和Geary'C指数

年份	Moran's I	Geary's C	年份	Moran's I	Geary's C
2004	0.155***	0.772***	2011	0.147***	0.782***
2005	0.151***	0.781***	2012	0.159***	0.769***
2006	0.151***	0.778***	2013	0.153***	0.768***
2007	0.157***	0.784***	2014	0.144***	0.771***
2008	0.154***	0.778***	2015	0.135***	0.811***
2009	0.165***	0.762***	2016	0.144***	0.782***
2010	0.163***	0.773***	—	—	—

注：*、**、***分别表示在10%，5%，1%的水平上显著。数据来源同上。

表6-4和表6-5结果表明，2004~2016年产业合理化指数和外商直接投资的全局莫兰指数I都在1%的显著性水平下大于0，且吉尔里指数C也在1%的显著性水平下处于0~1，表明我国不同地区之间的产业合理化指数和外商直接投资存在显著的空间正自相关。

在全局自相关检验结果显著的基础上，本节继续对其进行局部空间自相关检验，深入研究外商直接投资对我国产业升级带来的空间影响，该检验的统计量使用局部莫兰指数 I[①]。

局部莫兰指数 I 与全局莫兰指数 I 相似，正的 I_i 表示区域 i 的高（低）值被附近的高（低）值包围，负的 I_i 表示区域 i 的高（低）值被附近的低（高）值包围。下面将对产业合理化指数的空间相关性进行可视化分析。LISA 聚类地图[②]将其分为高—高（H-H）集聚、低—低（L-L）集聚、低—高（L-H）集聚和高—低（H-L）集聚四种集聚模式。其中 2004 年、2008 年、2012 年和 2016 年处于高—高（H-H）集聚的地级市分别有 121 个、126 个、130 个和 129 个；处于低—低（L-L）集聚的地级市分别有 52 个、53 个、41 个和 46 个；处于低—高（L-H）集聚的地级市分别有 114 个、109 个、105 个和 104 个；处于高—低（H-L）集聚的地级市分别有 6 个、4 个、6 个和 3 个。由此可见，高—高（H-H）集聚的地级市数目呈上升趋势，而低—低（L-L）集聚的地级市数目呈下降趋势，因此我国当前的产业集聚效应具有增强趋势。而且当前高—高（H-H）集聚主要集中我国中部地区，结合前面分区域子样本回归结果，可以发现我国中部地区产业发展态势良好，现有的促进产业升级的各种机制效果较为显著。

综合上述分析各地区指标的全局空间自相关检验和局部空间自相关检验结果，各地级市外商直接投资与产业合理化指数之间存在显著的空间正自相关关系。

②空间计量模型的建立及分析。

根据上述分析结果，可以得出外商直接投资与产业合理化指数之间存在显著的空间正自相关关系的结论，为了进一步分析两者之间具体的空间依赖关系，得出外商直接投资对产业升级的直接效应和间接效应（溢出效应），因此将利用空间计量模型探究外商直接投资对产业升级的空间影响。

对于空间面板计量模型，一般意义下，主要包括空间自回归模型（SAR）、空间误差模型（SEM）、空间杜宾模型（SDM）以及将空间自回归与空间误差模型相结合的带空间自回归误差项的空间自回归模型（SARAR）。由于本章主要研究的是 2004~2016 年全国 281 个地级市外商直接投资对产业升级的直接效应和间接效应，因此选择空间杜宾模型（SDM）进行后续的空间计量分析，同时所使用的空间权重矩阵与检验各地级市指标的是否存在空间自相关的空间权重矩

---

① 其公式及计算方法详见本书研究方法。
② 此处地图略去，如有需要，可向作者索取。

阵相同，建立模型：

$$\ln TI_{it} = \rho w \ln TI_{it} + \delta w \ln fdi_{it} + \beta_1 \ln fdi_{it} + \beta_2 \ln pgdp_{it} + \beta_3 \ln fin_{it} + \beta_4 \ln fix_{it}$$
$$+ \beta_5 \ln hc_{it} + \beta_6 \ln gov_{it} + u_i + \gamma_t + \varepsilon_{it} \qquad (6-2)$$

其中，w 代表空间权重的元素，ρ 代表空间自回归系数，用来度量滞后项 $w \ln TI_{it}$ 对 $\ln TI_{it}$ 的影响，δ 用来度量邻接地区带来的影响，其余系数与非空间面板回归方程系数解释相同，此处不再赘述。下面根据式（6-2）进行模型系数估计。由于该部分主要目的是探究外商直接投资对产业升级的直接效应和间接效应，因而在上述式（6-2）估计结果的基础上进行"总效应"的分解，可以从直接效应、间接效应和总效应的角度对其进行研究。模型估计结果见表6-6。

表6-6　　　　　　　　空间计量模型回归结果

	直接效应	间接效应	总效应
ln*fdi*	-0.062*** (-4.23)	-0.033*** (-3.21)	-0.095*** (-5.65)
ln*pgdp*	-0.404*** (-6.46)	-0.123** (-2.09)	-0.526*** (-10.96)
ln*fin*	-0.122*** (-3.57)	0.057 (1.46)	-0.064*** (-5.39)
ln*fix*	0.377*** (10.20)	0.129*** (2.95)	0.506*** (22.36)
ln*hc*	-1.132*** (-5.26)	-1.179*** (-4.89)	-2.311*** (-24.69)
ln*gov*	-0.127*** (-2.81)	-0.148*** (-2.96)	-0.276*** (-13.63)
ρ	0.299*** (7.82)	—	—
lgt_theta	-1.552*** (-25.57)	—	—
Sigma2_e	0.401 (17.81)	—	—

注：*、**、***分别表示在10%、5%、1%的水平上显著。数据来源同上。

根据表6-6的回归结果，空间自相关系数 ρ 在1%的显著性水平下为正，即空间计量模型也验证了外商直接投资与产业合理化指数存在显著的空间正自相关，这说明了某一地级市的产业发展与周围的地级市产业发展好坏密切相关，并且外商直接投资系数在三种效应下均在1%的显著性水平下为负数，表明外商直接投资对产业升级的促进效果显著，与表6-2的非空间面板模型估计结果对比可以发现：一方面，两种估计方式得出的结果差距较小，表明模型估计结果稳定性较强，结果具有可信度；另一方面，空间面板模型估计的结果相比非空间面板而言更加显著，从侧面体现了空间面板模型估计效果更佳。

对于外商直接投资的三种效应进行分析：外商直接投资每增加1%，对产业升级的促进作用达到9.5%的较高水平，表明外商直接投资在总体水平上对拉动我国整体产业升级具有较大的作用；从总体效应的组成部分来看，间接效应仅仅为直接效应的一半，表明当前各地外商直接投资促进自身产业升级的作用大于促进邻接地级市的产业升级作用，即当前空间溢出效应并不明显。因此对其可能存在的原因进行分析：空间计量分析所采用的样本为全国281个地级市，估计所得到的间接效应表示我国外商直接投资的溢出效应。一方面，由于部分地区自身基础设施欠佳，如西北地区和西南地区，邻接城市带来的溢出效应无法完全吸收，导致溢出效应较低，这也是部分地区出现高—低（H-L）集聚的原因之一；另一方面，可能某些地区接受外商直接投资的能力较为有限，导致其产生的总效应中几乎都是服务于自身的直接效应，这也是出现低—低（L-L）集聚的重要原因。

6.1.4.4 结论及建议

（1）研究结论。

首先，基于新时代主要矛盾转变的视角，本部分选取了2004~2016年全国281个地级市面板数据研究了外商直接投资对产业升级的影响。首先根据各地级市产业间的数据计算得出各地级市的产业合理化指数，使各地级市的产业发展水平得以准确测定，再将各地级市的外商直接投资与经济发展水平、金融发展水平、固定资产存量、人力资本存量和政府干预程度等多种因素纳入模型进行综合考虑。随后在全样本回归下发现外商直接投资在混合OLS、固定效应、随机效应下均在1%的显著性水平下显著为负，对产业升级具有显著的促进作用。进一步对全样本回归模型进行Hausman检验和内生性检验，发现Davidson-Mackinnon内生性检验无法拒绝原假设，即接受模型不存在内生性的原假设，全样本回归模型结果可信。

其次,本部分在全样本回归的基础上进行分区域回归,回归结果表明:三块区域外商直接投资系数都为负,并且仅中部地区样本的外商直接投资系数统计检验显著,表明外商直接投资在中部地区作用明显;同时东部和西部地区统计检验不显著,无法确定外商直接投资在东部和西部是否具有促进产业升级作用。在此结果下,本部分对比中部地区与东、西部地区的资源禀赋差异,具体分析了中部地区外商直接投资促进效果明显的原因。

最后,由于经济发展往往存在"外部性",因而本部分对产业升级与外商直接投资之间的空间相关关系进行探究。先使用全局莫兰指数 I 和吉尔里指数 C 对 281 个地级市的整体空间相关性进行检验,结果表明存在显著的空间正自相关;然后利用局部莫兰指数 I 发现在 2004 年、2008 年、2012 年和 2016 年,高—高(H-H)集聚点越来越多,产业升级趋好,另外集聚中心大多位于中部地区,可见我国中部地区产业发展日益趋好。在此基础上,使用空间面板模型(SDM)研究了外商直接投资对产业发展态势良好,结果表明外商直接投资促进产业升级的影响显著,但溢出效应较直接效应相比较弱,即促进自身产业升级的作用高于促进邻接地区产业升级的作用。

(2)研究建议。

从政府层面角度,当前中部地区外商直接投资对产业升级的促进效果最明显,且高—高(H-H)集聚区主要集中在我国中部地区,因此政府应该对中部地区实施更多的政策支持,例如,在保证外企综合水平较高的基础上降低准入制度,降低税收,完善外商投资环境、法律制度等,切实保护外资在我国的合法利益不受损害,提高外资在我国的投资满意度,进而吸引更好的外资带动我国产业转型升级,另外,目前外商直接投资溢出效应水平低于直接效应水平,各地级市应该加强自身发展,从而更好地利用外资提升自身,牢记"打铁还需自身硬",最终提高外资溢出效应。

从国内企业角度,在引入外资的同时,国企和民企应该首先明确外资的作用是辅助自身发展的,而非替代自身,我国的综合实力是由本国的企业构成的。在此基础上,国企和民企应充分汲取外资资源,借鉴外资先进的人员培训机制,提高人力资本水平,同时企业应该鼓励员工不断提高自身学历,将外企的先进科学技术内化为自身实力,为我国新兴产业兴起和发展提供助力,实现我国经济高质量发展。

6.2　金融集聚对产业升级的空间溢出效应研究

6.2.1　研究背景及研究意义

（1）研究背景。

随着经济、金融全球化掀起资本高速融合的浪潮，信息技术高速发展，全方位国际金融体系间资本快速流动，在一定程度上体现出金融和资本在特定领域的聚集现象，且聚集程度增长态势日益明显。得益于互联网信息技术的快速发展和普及，这种资本在区域间的流转，开始突破狭窄的地域限制，在整体区域高速流动。这种扩大的态势为经济发展和产业结构优化升级带来了巨大的好处，在我国，以广州、北京、上海等为中心的金融集聚区域，正以辐射的态势对中国经济增长和产业升级提供中坚力量。

改革开放后的中国经济以蓬勃的态势高速发展，日益完善的经济体系也蕴含着诸多问题，其中结构问题是阻碍经济可持续发展的一块"绊脚石"。随着资本和劳动力的利用情况更加有效，资本流动更加自由，中国的产业结构从总体上看朝着高级化和合理化的方向稳步迈进，但第一产业相对薄弱，第二产业规模虽大，对经济发展影响力和促进作用却仍有待加强，第三产业相较发达国家相对滞后。如何利用经济高速发展、金融高度集聚的大环境，充分利用金融资本的区域聚集和溢出性，充分推动中国产业升级，达到中国产业升级真正高级化、合理化的目标，已成为亟待解决的重点问题。

在经济发展、资本流动日新月异的中国，金融中心的相继出现加剧了金融集聚的态势，区域的限制已经不能阻碍资本和金融要素在区域间的流转，这非常有利于资本和劳动力的高效配置。如何充分利用金融集聚带来的好处，发挥地理因素带来的空间外溢效应，实现区域产业结构向高级化、合理化方向发展，是很有意义的研究方向。

（2）研究意义。

产业结构优化升级的内涵不仅仅指向"质"的提升，结构的合理化也是其重要组成部分，优化过程是产业结构沿着低层次到高层次兼顾高级化和合理化进而达到均衡合理的状态。这一过程涉及以后产业的转型和新兴产业的发展，必然涉及金融资源的调配和流转。研究金融资本在区域的集聚对产业升级高级化、合理化的影响，能够有助于在考虑地域因素的基础上，实现金融资源的高效配置，降低金融资本的流转成本，实现整体区域产业结构的持续优化升级。

本部分结合我国金融集聚的具体特点，构造金融集聚程度测算的指标体系，有助于对金融集聚的现状进行全面的概括和分析。分别测算和分析产业结构的高级化和合理化，有助于综合全面地衡量我国现阶段的产业升级程度。此外，本部分构造变权重空间权重矩阵，克服了单一地理因素对金融资本和金融要素流转的限制，使金融集聚对产业升级的空间溢出效应研究更为合理，对实现我国各地区产业结构优化升级，协调产业升级高级化、合理化均衡发展有一定的现实意义。

6.2.2　金融集聚与产业升级文献综述

6.2.2.1　国外文献综述

（1）金融集聚的测度研究。

在金融集聚水平测度的研究方面，国外学者采用的研究方法也很丰富。Demirguc–Kunt 和 Levine（1996）结合国际范围金融体系的特点，采用构建指标体系的方法测量国际金融集聚的水平，由于研究范围并不局限于某个国家，他们发现并不能用统一的指数代表金融集聚的水平，而是将主体分类银行和债券主导型两类。Liu（1997）则采用成簇分析和层次分析相结合的方法，用以确定影响金融集聚水平因素的指标，从而进一步进行测度。Lin 和 Chen（2006）采用主成分分析法和广义矩相结合的方法对东亚区域的金融集聚程度进行了分析研究。

（2）产业升级的测度及影响因素研究。

在产业结构调整升级和影响因素的研究方面，Masakazu 和 Chihiro（2004）站在全球视角上，首先定义产业升级的内涵，与国内学者对产业升级的定义相似，认为产业升级是由制造业、工业向服务业转化的过程，并在此基础上论证了产业升级的促进因素。对于产业升级的影响因素，外国学者也都站在了不同视角上进行研究，Brock（2005）主要研究技术创新对产业升级促进作用，同时创新地将绿色经济纳入研究范围。而 Acemoglu 和 Guerrieri（2008）则站在资本积累的研究视角，提出资本积累对于产业结构的优化升级具有更显著的作用。

(3) 金融集聚对产业升级的影响研究。

在金融集聚影响产业升级的研究方面，学者的普遍观点认为，金融集聚对产业升级均为正向促进的影响，但具体到影响形式和角度，则有所差别。Fisman 和 Love（2003）站在整体金融发展水平的角度上，论证了金融业的整体发展带来优化资源配置、促进产业结构更替的好处。而 Cara 和 Donald（2006）则基于更为微观的角度，从金融发展的一个角度进行研究，认为金融改革从长期来看，对产业结构的持续优化调整有重要的意义。

6.2.2.2 国内文献综述

(1) 金融集聚的测度研究。

对于金融集聚指标的测度方法，近年来的研究主要集中两个方面：一是采用单一指标作为衡量标准；二是根据实际情况构造指标体系。

一些学者选择单一指标对金融集聚进行测度，其中一部分学者借鉴了产业集中度的衡量思想，应用产业集聚指数来测量金融集聚的程度。如赫芬达尔指数（HI）（姜冉，2010；原立勋，2011）、区位熵指数法（李阳柳，2013；刘红，2008）、EG 指数（姜冉，2010）。另一部分学者使用代理变量用于测度金融集聚水平，在代理变量的选择上多采用金融类指标。如成春林（2013）采用存贷款总量来代理金融集聚的程度，而周天芸、王莹（2014）则使用金融机构密度来代理衡量金融集聚的程度。

另一些学者选择使用指标体系的方法衡量金融集聚的程度。这类学者在测量金融集聚程度时常常综合考虑研究对象的特性，根据决定金融集聚水平因素的不同确定衡量的指标。胡坚（2003）在研究国际金融集聚要素时，构建指标体系时除了考虑经济、金融因素外，还加入了政治指标，而张泽慧（2005）则加入了资本安全指标。在指标体系构建完成后，计算金融集聚指数的统计方法主要有：因子分子法（刘卫，2007）、主成分分析法（孟祥蕊，2015）、模糊综合评价法（王仁祥，石丹，2005）等。

(2) 产业升级的测度研究。

综合学者的研究成果，传统意义上的产业升级含义由三次产业理论派生而来的，具体指产品附加值的比例按照三次产业从低到高的顺序依次转移。如今产业升级的内涵有了进一步的扩充，从形式和形态的种类上都有所增加；例如，Schmitz（2000）基于全球价值链视角，提出可以将产业升级归纳为四种表现形式，包括工艺、产品、功能和跨产业的升级。Ernst（2001）则提出可以归纳为五种形态：产业、要素、需求、功能和链接升级。刘志彪（2000）指出产业升级包括四个层次：一是三次产业的依次转移；二是国民经济中各产业部门的加工度、附加值、生产要素层次的提高；三是行业或产品结构的升级；四是同一产业内部企业的优化升级。苏东水（2006）提出产业结构优化是一个过程，它同时推动产业结构向高计划、合理化方向发展。张耀辉（2002）提出衡量产业是否升级的标准不再是产业结构比例是否发生变化，而是产业整体的附加值是否增加。潘冬青和尹忠明（2013）提出产业升级有两层含义：一是指产业结构的升级，即从整体结构来看，产业结构沿着低级形态到高级形态的方向变化的过程；二是指产业的结构升级，即某个产业内部的结构升级或效益提高。

国内外众多学者对产业升级的测度大多是从产业结构变迁的角度出发，构造相应的指标进行测量，主要可以分为两大类：第一类方法是从速度和方向对产业结构升级进行动态测定，产生结构升级速度一般用 Moore 值（Moore，1978）、Lilien 指数或产业结构年均变动值进行测定，产业结构升级方向一般用产业结构超前系数进行测定。高燕（2006），靖学青（2008），刘建民、陈霞和吴金光（2015），马洪福和郝寿义（2017）都采用该类方法对不同样本数据测度了产业结构升级的速度和方向。第二类方法从产业结构的高度化和合理化两方面动态测定产业结构升级。常见的测量高度化的指标有产业结构层次系数（闫海洲，2010）、Moore 结构变动指标（付凌晖，2010；高远东等，2015）、结构超前值（何平等，2014）和基于生产率的高级化指数（刘伟和张辉，2008）等。测量合理化的指标主要有产业结构偏离度（Chenery et al.，1970；傅元海等，2014）、泰尔指数（Theil，1967；Brulhart and Traeger，2005；干春晖等，2011；李洪亚，2016）和 Krugman 产业结构差异系数（Krugman，1991；范剑勇，2004）。而孙晓华等（2017）从行业份额、行业功效与行业特征构造了综合反映产业结构合理化和高度化的测算方法。

（3）金融集聚对产业升级的影响研究。

众学者在进行金融集聚对产业升级的影响研究中，对金融集聚和金融发展的定义不尽相同，但研究结论均表明金融集聚的确对产业升级产生了不可忽视的影响。周方召（2013），钱水土、周永涛（2011）等在研究金融发展对产业升级影响时，均采用了银行信贷规模作为代理变量来衡量金融发展水平，也得到了相同的研究结论。孙晶、蒋伏心（2013）将空间因素纳入考虑范围，引入空间计量模型，除得到金融集聚对产业升级的正向促进作用结论外，还对空间外溢作用进行了分析。杜传忠、郭树龙（2011）则用资本投入和金融危机作为代理变量，从两个方面探索金融发展水平对产业升级的具体影响，结果表明资本投入有正向影响，而金融危机有负向影响。

综上所述，金融集聚的确对产业升级具有正向的空间溢出效应。从研究内容看，以往大多数学者的研究内容均局限于金融集聚对产业升级高级化的影响，并未考虑到金融集聚对产业自身结构优化的作用；从研究区域看，目前的文献多集中在发达地区或某一省域，较少有站在全局角度总体衡量分析的研究；此外，从研究方法看，虽然有些研究将地理机制纳入模型，但在构造空间权重矩阵时仅仅考虑地理相邻，在信息技术与互联网高速发展的今天，信息的高速传播无疑增强了金融集聚的辐射效应，单纯考虑地理因素会造成模型计算时对辐射范围衡量得不准确。

因此，本部分以我国省域为研究对象，采用最佳权重的加权空间矩阵，克服了区域相邻关系的 0~1 空间权重矩阵过于单一和低精确性的缺点，分别对产业升级高级化、合理化两个方面构建空间计量模型，探索金融集聚对产业升级的空间溢出效应。

6.2.3 研究内容与研究创新

6.2.3.1 研究内容

本部分主要研究中国金融集聚水平对产业升级高级化、合理化的空间溢出效应，通过构建空间计量模型，同时考虑地理因素和信息技术发展水平，构造变权重空间权重矩阵，通过模型拟合优度等指标选择最优权重系数，最终选择最优空间权重矩阵构建空间计量模型，从多个角度研究金融集聚和其他控制变量对产业升级高级化、合理化的空间影响机制。

（1）介绍选题的背景，针对当前研究现状和研究成果说明研究意义。分类整理国内外文献，总结需要借鉴和补充的部分。接着总结概括具体研究内容，简述实证研究方法，并归纳提出创新之处。

（2）阐述理论基础与方法依据。首先对金融集聚和产业升级的理论研究进行总结，明确金融集聚和产业升级的概念；其次分别从金融集聚对产业升级高级化、合理化的影响机理总结其理论机制；最后介绍使用变量计算方法、空间计量模型。

(3) 测算历年各省份金融集聚、产业升级高度化、产业升级合理化指数，其中省域金融集聚指数采用熵权法和 TOPSIS 综合评价法综合来衡量，产业升级高级化、合理化指数则借鉴前人研究结论进行测算。随后在测算结果的基础上描述分析我国金融集聚的水平变化趋势和空间分布特征。

(4) 首先进行全局和局域的空间自相关性检验，分析我国省级金融集聚、产业升级高级化和产业升级合理化的空间差异；其次结合选取的控制变量，选择合适的空间计量模型，结合最优空间权重矩阵，从多角度实证研究我国金融集聚对产业升级的空间溢出效应，同时从变权重空间矩阵和不同形式的空间计量模型两个角度验证模型的稳健性；最后根据模型参数估计和稳健性检验的结果，从直接间接效应分解等角度对实证结果进行分析。

(5) 结论与建议。结合指标测算与实证研究的具体结论分析，概括总结结论要点，以此基础提出具有针对性的政策建议，技术路线如图 6-4 所示。

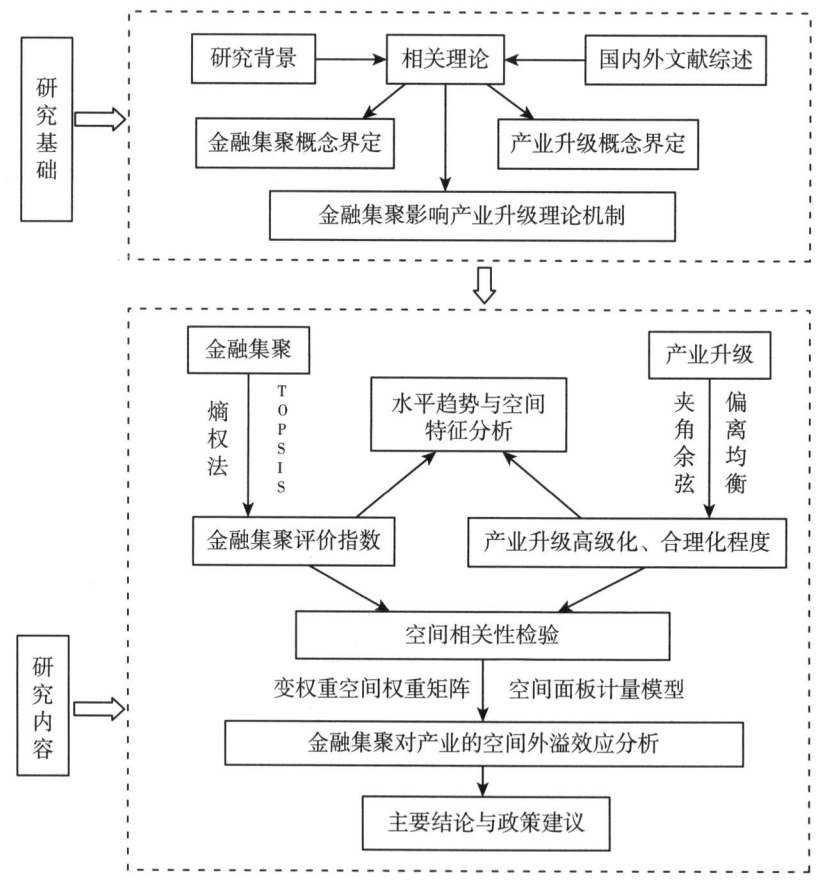

图 6-4 技术路线

6.2.3.2　研究创新

（1）在研究内容上，同时分析金融集聚对产业升级高级化、合理化的空间溢出效应，从多角度研究金融集聚对我国产业升级的影响。

（2）在实证方法上，采用了变权重空间矩阵构建空间面板计量模型，将信息技术发展水平纳入空间权重矩阵的构建中，克服了以往研究中采用（0，1）空间权重矩阵的不精准性，同时充分考虑"互联网+"时代信息技术发展的辐射效应，并通过调整空间权重矩阵中两者所占比例，使模型达到最优的拟合效果，从而使实证结论更加精确。

（3）在参数估计的稳健性检验上，通过不同权重系数下变空间权重矩阵和不同形式下的空间计量模型两个方面对实证研究结果进行稳健性检验，提高了实证研究结果的可信度。

6.2.4　相关理论介绍

6.2.4.1　金融集聚影响产业升级理论机制分析

（1）金融集聚理论。

早期，在金融集聚概念还未提出之前，产业聚集的理论研究已基本成熟，而金融集聚的理论基础也由此而来。早前，马歇尔对企业在地理区域上聚集的现象进行了分析，伴随着大量企业的集中，劳动力的数量和各种技能也在部分区域汇聚，这些区域拥有更低的交易成本、更加便利的生产支持，从而给企业带来高效的生产效率，获得更高的利润。产业聚集的概念由此产生。1909年，Alfred Weber 在产业聚集的基础上，首次提出了"集聚经济"的概念，他发现，企业为了获得更大的利润，会自发地聚集起来，降低由于地理因素带来的成本增加。Porter（1990）则从企业长期获益和竞争力的提升角度上，提出除了利润的增长外，产业集聚能带来大量劳动力和技术的聚集，也能在很大程度上提高企业的生产效率和技术创新能力。

伴随着金融和资本的高速发展，金融集聚也登上了研究的舞台，但对于这一概念，学者并没有明确的定义。黄解宇、杨再斌（2006）指出，可以从两个方面理解金融集聚，它既是一种动态表现，也是一种结果状态。从前者理解，具有高投资回报、完善高效金融制度的地区会吸引资本和高质量的金融资源源源不断地汇聚，这种变化会促进金融行业内部向着更优化的结构调整，同时也促进着实体经济的良性互动。从后者理解，金融集聚会造成一种结果导向，由于金融的集聚，造成集聚地区的金融资源更加集中，无论从市场还是制度，这些地区会更加完善，金融资源的利用更加充分，金融要素更加集中。石沛（2012）创新地提出了在金融集聚到达一定程度后，该集聚地区会对周边区域产生金融集聚的辐射效应和涓滴效应。

由此我们可以得到结论，金融集聚的最终结果不是绝对静止的，是静止、辐射再到相对静止的动态统一，这种动态均衡是一种相对均衡。

(2) 产业升级理论。

产业结构这一概念最早可以追溯到威廉·配第（1672）于《政治算数》一书中提出的观点，他从收入角度解读了产业的转移顺序，指出产业会趋向高收入的商业、制造业等。随后克拉克提出了三次产业的概念，随着人均收入水平的提高将产业发展分成三个阶段：农业、制造业和服务业。他们的观点为产业升级的研究奠定了基础，后人研究中比较经典的定律主要由库兹涅茨和霍夫曼提出。

在产业结构的研究基础上，产业升级这一概念也随之发展而来。1966 年 Raymond Vernon 首次提出了产业升级的概念，他从产品的迭代升级角度进行分析，提出产品的发展和转移得益于不同地域和国家的竞争优势，这种产品和要素的持续转移形成了产业升级。早期的文献研究重点在于分析产业结构的演进，具有代表性的规律或概念有霍夫曼比率、非农产业比重、"标准产业结构"等。随着对于产业升级研究的不断加深，越来越多的学者提出应该将产业升级明确为高级化和合理化两者的综合描述。

产业升级高级化反映了产业沿着从低到高的方向向着优势产业迭代更替，而产业升级合理化更多的是均衡的概念，反映了要素分配的均衡程度、资源合理利用的均衡程度、投入与产出的均衡关系。产业升级高级化的度量大多使用二三产业产值占总产值的占比或第三产业占总产值的占比；而产业升级合理化的度量主要使用偏离度类指标，为越小越优类指标，具有代表性的指标有产业结构偏离度、产业结构差异系数、泰尔指数。

(3) 金融集聚影响产业升级高级化理论机制。

产业升级高级化的过程需要从市场吸收大量资金，金融集聚水平越高，能够为产业升级高级化提供越多的资金支持，从而促进产业升级高级化进程。同时，金融业作为产业升级高级化方向的第三产业中的重要组成部分，其集聚水平的提高本身也对第三产业经济总量的增长直接相关。可以说金融集聚一方面供给资金促进产业升级高级化，另一方面其自身集聚水平的提高也促进了产业升级高级化。

宋泓明（2004）指出金融集聚影响产业升级的手段主要是通过融资，而这种融资方式主要包括直接和间接两种形式。直接形式是指通过发行股票来融资，在企业初创时期，发行股票会带来很大风险，政府为鼓励高科技行业发展，促进产业结构迈向高级化，会主动帮助其承担部分风险，使其健康发展的概率更大。而间接融资方式则指商业贷款类手段，从政府政策层面来说，政府通过制定指导性政策，鼓励技术创新类企业发展，为其发展创造合理的空间和良好的环境。从市场机制来说，金融资本和资金自发地流向状态良好的企业，这也促进了产业升级高级化的进程。

（4）金融集聚影响产业升级合理化理论机制。

金融集聚主要通过优化两方面资源配置达到对产业升级合理化的促进作用，即资金配置和其他生产要素。

在优化资金配置方面，顾海峰（2010）认为金融集聚对产业升级合理化有积极的促进作用，研究结果表明，在金融集聚程度高的地域，完善的经济制度、雄厚的资本、资金的自由流动，都为完成金融资源的多次配置提供了必要条件，而政府则通过对金融资源的多次配置达到对产业比例结构优化升级的目的。政府和金融机构作为投资的主体，投资回报和利润是其追逐的目标，投资机构会优先将资金投资到回报高的行业和企业中。这就会造成不同产业得到的金融资金分配不均等，这种不均等会使增长潜力大，创新能力强的企业得到更多的资金支持，相反，发展落后且不能改革升级的企业能够吸引的投资越来越少，从此转型升级或退出市场。因此，金融集聚通过优化资金配置使资源和要素的利用更加合理有效，从而推动产业结构的合理化进程。

在优化其他生产要素配置方面，王喆（2014）将金融集聚进行细分，从整体规模、内部结构和要素效率三个方面研究金融发展对产业结构优化的影响，他指出金融效率越高，对生产要素的分配越合理有效，更能促进产业结构的合理优化升级。与投资的趋利性类似，生产要素、劳动力要素以及科学技术要素也同样趋向高效益高回报的企业。在不同产业间同样造成了分配的不平等，这种不平等更加促使了其他生产要素的合理配置，进而推动了优质劳动力涌向优质企业、交通资源积极为新型技术产业和服务业提供支持、信息技术和科研成果持续为创造性强的企业行业提供服务、政府政策和基础设施建设为高级产业提供良好的发展环境。因此，金融集聚通过优化其他生产要素配置，推动产业结构的合理化进程。

6.2.4.2　空间计量经济学理论

（1）空间计量经济学理论机制。

经典计量经济学通常假设不同地域间的研究对象和经济变量都是相互独立的，但在实际经济环境中，各种经济变量通过地理因素、信息传播等多种媒介发生着频繁、密切的联系。在互联网时代，信息技术发展水平日新月异，这种影响关系更加紧密。我们在对经济变量进行计量分析时，显然不能忽略这种联系。随着 Paelinek 首次提出空间计量经济学，学者纷纷将地理因素和其他因素纳入传统计量经济学的分析范畴，承认变量间的空间交互作用。

（2）空间计量模型一般步骤。

首先，在进行空间计量分析之前，对各变量进行空间自相关性检验，考虑是否应该将地理因素纳入计量模型中，同时揭示研究的经济主体在空间上的相关性关系。一般研究会同时进行总体和局部空间自相关检验，检验手段是计算莫兰指数。总体空间莫兰指数能够从总体上描述整个经济主体的空间分布特性，为后续研究打下基础，但总体空间自相关检验不能详细指出具体区域之间的相关关系，因此还需要进行局部空间自相关检验，进一步分析局域的空间聚集性。

其次，空间计量模型的具体表现形式由于空间性形成的动因不同也有所区别，主要模型形式为空间滞后模型（SLM）、空间误差模型（SEM）和空间杜宾模型（SDM）。

选择具体的空间计量模型要进行诸多检验，先通过 LM 检验判断经济主体更适合用 SLM 模型还是 SEM 模型，当检验显示两种模型均可时，则需要考虑 SDM 模型，此时再进行 WALD 检验看 SDM 模型能否退化成其中任意一种。

模型选择的具体步骤如图 6-5 所示。

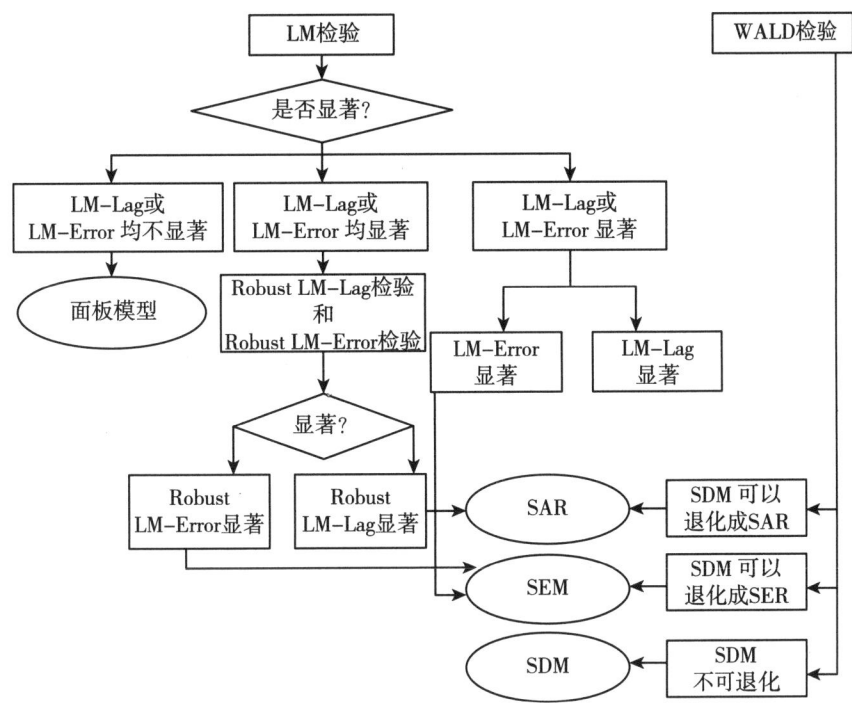

图 6-5 空间计量模型选择的一般步骤

6.2.5 实证研究

6.2.5.1 我国金融集聚与产业结构高级化、合理化测算

金融集聚和产业升级都是衡量我国经济发展的重要方面,如何合理测度金融集聚程度、准确度量产业结构高级化及合理化水平尤为重要。本部分以我国31个省区市为研究对象,结合大量文献测度方法对我国的金融集聚程度、产业结构高级化及合理化进行测度,为后续探索其影响机制提供基础,并分别从总体趋势及空间分布对测算结果进行分析。

(1)金融集聚指数的测度。

根据中国金融发展现状,挑选有代表性的指标,结合以往学者的研究成果,构建中国金融集聚水平测算指标体系。运用多维度、多层级的指标构建衡量体系,利用指标体系中各变量的熵值确定各指标权重,结合熵权法、TOPSIS综合评价法全面、准确地对中国31个省区市的金融集聚水平进行测算。

①我国金融集聚水平指标体系的构建。综合前人的研究结果,在对中国省级金融集聚程度的测度研究中,测算方法可分为两类:单一的产业集聚度量法

和指标体系法。前者考虑角度相对单一，忽略了金融业特有的行业特点，如空间基尼系数、区位熵法、HH 指数法、EG 指数法等，这类方法既计算简单直观也能够较为准确地反映产业集中度，但针对性较差，没有充分考虑金融业特有的行业特点，从金融业发展角度来看，相关性不高。指标体系法则综合考虑了金融行业的特点，综合体现了包括内在、外在动因两个方面的影响因素。

因此，本部分结合我国金融行业发展特点，遵循科学性、可比性和可操作性的原则，同时考虑数据的可获得性，构建尽可能合理、完善的指标体系，如表 6-7 所示。准则层综合考虑产业整体水平和金融行业特有因素，包含金融发展、经济支撑和对外开放。指标层由 15 个指标构成，其中金融发展水平综合考虑金融整体规模、银行业、证券业、保险业四个方面，具体包括金融增加值、金融业固定资产投资额、银行业年末金融机构存款余额、银行业年末金融机构贷款余额、城乡居民储蓄存款年底余额、股票市价总值、上市公司数量、原保险保费收入、保险密度、保险深度；经济支撑包括地方财政支出、地方财政收入、人均 GDP；对外开放包括进出口总额、实际利用外资。

表 6-7　　　　　　　　　金融集聚系统指标体系

目标层	准则层	指标层	单位
金融集聚系统	金融发展	金融业增加值	亿元
		金融业固定资产投资额	亿元
		银行业金融机构年末存款余额	亿元
		银行业金融机构年末贷款余额	亿元
		城乡居民储蓄存款年底余额	亿元
		上市公司数量	个
		股票市价总值	亿元
		保费收入	亿元
		保险密度	元/人
		保险深度	%
	经济支撑	地方财政支出	亿元
		地方财政收入	亿元
		地区人均生产总值	元/人
	对外开放	进出口总额	千美元
		实际利用外资	万美元

②熵权法指标赋权。

在进行我国金融集聚水平测算研究时,为使测算结果更精确全面,指标体系的构建会尽可能地涵盖更全面的指标,尽可能多地收集相关的样本信息。全面的指标体系和样本为测算金融集聚程度提供了丰富全面的信息,但众多指标对金融集聚水平的影响权重却不均等,且进行赋权时往往容易受到主观因素的干扰[①],因此采用熵权法对各指标权重进行赋权。

使用熵权法进行综合评价,能够有效地反映指标体系中指标所提供的信息。一般来说,信息熵越小的指标变异程度越大,在整个指标体系中对最终测算结果影响就越大,会赋予更大的权重,反之赋予更小的权重。具体赋权步骤如下:

第一步,指标规范化处理。

指标体系中的经济变量在单位和计量口径上均有较大差异,会造成测算结果不准确,先需要对指标消除量纲影响[②]。选用公式对指标体系中经济变量构成的矩阵进行规范化处理,将规范化后的矩阵记为 $A = (a_{sj})_{p \times n}$。其中:

$$a_{sj} = \frac{x_{sj} - \min x_j}{\max x_j - \min x_j} \tag{6-3}$$

第二步,计算各项评价指标的熵值:

$$e_j = (\ln q)^{-1} \sum_{s=1}^{q} P_{sj} \ln x_{sj} \tag{6-4}$$

其中,P_{sj} 为第 j 指标下被评价地区 T_s 的指标值比重:

$$P_{sj} = a_{sj} / \sum_{s=1}^{q} a_{sj} \tag{6-5}$$

第三步,计算指标变异度:

$$d_j = 1 - e_j \quad (1 \leq j \leq n) \tag{6-6}$$

第四步,得到指标权重:

$$q_j = d_j / \sum_{j=1}^{n} d_j \tag{6-7}$$

③TOPSIS 综合评价。

在得到客观的指标权重后,希望找到有效的多指标评价方法对指标体系中的指标进行有效整合,最终得到合理的评价指数。C. L. Hwang 和 K. Yoon(1981)提出 TOPSIS 综合评价法,其中心思想是一种优劣距离法,它包含两个

---

① 熵权法的中心思想是根据指标的变异性大小来确定客观权重,因此能够避免赋权的主观性。
② 即对指标变量的归一化处理。

核心概念：正理想解和负理想解。其中，正理想解是指使整个指标评价体系的各项属性达到最优，相反，负理想解是指使得整个指标评价体系的各项指标属性达到最劣。而最终的指标计算规则是选择最接近正理想解的排序方案。

第一，在进行规范化处理后，计算矩阵：

$$R = (r_{ij})_{q \times n} = (a_{sj} w_j)_{q \times n} \qquad (6-8)$$

第二，根据矩阵确定并计算正理想解S^+和负理想解S^-构成的向量：

$$S^+ = \{\max r_1, \max r_2, \cdots, \max r_n\} \qquad (6-9)$$

$$S^- = \{\min r_1, \min r_2, \cdots, \min r_n\} \qquad (6-10)$$

第三，确定最终方案指数与正、负理想解的距离。分别为：

$$D_s^+ = \sqrt{\sum_{j=1}^{n}(S_{\max j} - S_{sj})^2} \qquad (6-11)$$

$$D_s^- = \sqrt{\sum_{j=1}^{n}(S_{\min j} - S_{sj})^2} \qquad (6-12)$$

第四，得到理想排序规则下的最终指标测算结果LA：

$$LA = \frac{D_s^-}{D_s^+ + D_s^-} \qquad (6-13)$$

根据上述指标体系，综合熵权法和TOPSIS综合评价法，计算样本期内我国各区域金融集聚的具体水平，具体测算结果见表6-8。

表6-8　2006~2016年我国各省区市金融集聚水平测算结果

地区	2006年	2007年	2008年	2009年	2010年	2011年	2012年	2013年	2014年	2015年	2016年
北京	0.220	0.469	0.332	0.418	0.446	0.432	0.467	0.472	0.576	0.591	0.646
天津	0.134	0.148	0.144	0.150	0.164	0.163	0.170	0.181	0.189	0.209	0.230
河北	0.154	0.161	0.178	0.200	0.225	0.226	0.237	0.252	0.270	0.309	0.341
山西	0.137	0.146	0.151	0.163	0.178	0.178	0.184	0.190	0.199	0.221	0.236
内蒙古	0.120	0.127	0.128	0.204	0.147	0.150	0.156	0.163	0.170	0.186	0.200
辽宁	0.162	0.153	0.164	0.175	0.195	0.187	0.211	0.239	0.242	0.277	0.295
吉林	0.126	0.129	0.135	0.142	0.152	0.151	0.154	0.162	0.173	0.193	0.253
黑龙江	0.136	0.132	0.144	0.151	0.164	0.161	0.167	0.175	0.192	0.211	0.223
上海	0.231	0.272	0.260	0.301	0.339	0.332	0.336	0.352	0.392	0.457	0.509
江苏	0.212	0.219	0.243	0.280	0.338	0.357	0.387	0.418	0.462	0.542	0.635
浙江	0.196	0.200	0.219	0.248	0.299	0.316	0.340	0.385	0.398	0.468	0.518

续表

地区	2006年	2007年	2008年	2009年	2010年	2011年	2012年	2013年	2014年	2015年	2016年
安徽	0.140	0.146	0.154	0.169	0.187	0.190	0.198	0.207	0.223	0.254	0.267
福建	0.141	0.144	0.151	0.168	0.187	0.191	0.203	0.229	0.238	0.263	0.283
江西	0.125	0.127	0.132	0.139	0.153	0.154	0.159	0.169	0.180	0.202	0.217
山东	0.189	0.193	0.210	0.239	0.281	0.290	0.309	0.353	0.362	0.421	0.472
河南	0.152	0.158	0.178	0.191	0.226	0.234	0.241	0.257	0.277	0.313	0.349
湖北	0.135	0.140	0.152	0.166	0.186	0.187	0.195	0.207	0.227	0.253	0.279
湖南	0.137	0.143	0.155	0.167	0.186	0.190	0.197	0.208	0.223	0.253	0.275
广东	0.263	0.284	0.297	0.350	0.417	0.430	0.466	0.546	0.575	0.697	0.800
广西	0.121	0.123	0.127	0.134	0.143	0.147	0.154	0.162	0.169	0.186	0.197
海南	0.109	0.111	0.111	0.114	0.119	0.121	0.124	0.128	0.132	0.141	0.181
重庆	0.127	0.129	0.139	0.151	0.167	0.167	0.173	0.182	0.193	0.215	0.229
四川	0.157	0.170	0.185	0.207	0.241	0.245	0.258	0.277	0.302	0.344	0.395
贵州	0.115	0.117	0.119	0.124	0.131	0.133	0.138	0.144	0.152	0.164	0.177
云南	0.125	0.129	0.134	0.141	0.152	0.153	0.160	0.169	0.178	0.192	0.206
陕西	0.101	0.102	0.102	0.103	0.104	0.105	0.107	0.108	0.109	0.112	0.117
甘肃	0.130	0.132	0.142	0.152	0.167	0.171	0.178	0.189	0.202	0.224	0.243
青海	0.117	0.117	0.121	0.127	0.134	0.134	0.138	0.145	0.152	0.164	0.174
宁夏	0.105	0.107	0.107	0.109	0.112	0.112	0.114	0.117	0.118	0.121	0.124
新疆	0.108	0.109	0.111	0.114	0.118	0.118	0.120	0.124	0.126	0.133	0.142

6.2.5.2 产业升级高级化、合理化指数测度

伴随着中国经济高速发展，产业结构也发生了巨大变化，如何判断产业结构高级化、合理化的程度具有重要意义。本部分综合学者的研究成果，对我国产业结构高级化、合理化程度进行测度。

（1）我国产业升级高级化指数测算。

产业结构高级化，是从量的角度体现产业结构的升级，具体表现在产业从低级向高级转化。付凌晖（2010）归纳产业结构高级化定义：经济持续增长，产业结构相应地发生规律，具体表现在三次产业的比重沿着从低到高的顺序不

断上升。

对于产业结构高级化的测度方法,可分为三类:第一类是较为直观的比较,将现有研究主体的产业结构分布与公认的发达国家的产业机构分布做对比,以此衡量目前研究主体产业结构高级化的水平;第二类是变量判别方法,这类方法一般综合各类研究成果,结合研究主体的特点,构造变量或者改进变量对产业升级高级化水平进行测度,如本部分采用的夹角余弦法就是由结构相似系数法改进而来,其他衡量产业结构高级化水平的变量还有相关系数法、距离判别法等;第三类是指标体系法,这类方法综合考虑产业结构的比例关系、劳动生产率、经济技术水平等综合因素,以综合指标或多种指标的形式衡量产业结构高级化水平。

综合考虑前人研究成果,结合本部分研究目的,采用付凌晖对产业结构高级化的测算方法,这种测算方法能够合理地度量产业由低级向高级转化的程度。产业结构高级化指标(LS)计算步骤如下:

首先,将 GDP 按照第一、第二、第三产业分成三个部分,在空间中构造三个分量,每个分量由三个产业的增加值占总产业增加值的比值形成,进而组成一组 3 维向量 $x_0 = (x_{1,0}, x_{2,0}, x_{3,0})$。其次,分别计算向量 x_0 与第一、第二、第三产业构成的向量 $x_1 = (1,0,0)$、$x_2 = (0,1,0)$、$x_3 = (0,0,1)$ 的夹角 θ_1、θ_2、θ_3:

$$\theta_j = \arccos\left(\frac{\sum_{i=1}^{3}(x_{i,j} \cdot x_{i,0})}{\left(\sum_{i=1}^{3}(x_{i,j}^2)^{1/2} \cdot \sum_{i=1}^{3}(x_{i,0}^2)^{1/2}\right)}\right) j = 1,2,3 \quad (6-14)$$

定义产业结构高级化指标(LS)的计算公式:

$$LS = \sum_{k=1}^{3}\sum_{j=1}^{k}\theta_j \quad (6-15)$$

LS 值越大,表明我国产业结构高级化水平越高。

(2)我国产业升级合理化指数测算。

产业结构合理化,是从质的角度体现产业结构的升级,具体表现在产业结构的不断合理优化上。既衡量了投入要素与产出要素利用效率、转化程度,又体现了整体产业结构的协调性。

经过比较分析,本部分采用干春晖对产业结构合理化的测算方法,计算公式为:

$$TL = \sum_{i=1}^{n}\left(\frac{Y_i}{Y}\right)ln\left(\frac{Y_i}{L_i} \bigg/ \frac{Y}{L}\right) \quad (6-16)$$

其中，Y 表示行业产值，L 表示行业的就业人数。i 表示行业，n 表示行业部门数。

与产业结构高级化指标不同，TL 值越大，表示就业人数与产值的匹配比例越不合理，在一定程度上反映出投入要素到产出要素的转化效率越不合理，产业结构越不合理。相反，TL 值越小，产业结构越趋于合理化。由计算公式可以看出，这不是一个绝对值的衡量，而是从相对值的角度判断产业结构合理化的程度，也能够在一定意义上体现该指标的经济含义，因此本部分选择这种度量方式来反映产业升级合理化程度。

（3）测算结果与分析。

依据前述计算方法，得到我国金融集聚水平，以及产业升级高级化、合理化水平的测算结果。本部分对我国 31 个省区市 2006~2016 年金融集聚、产业升级水平从水平趋势和空间分布两个方面进行具体分析。

①我国金融集聚水平特征分析。

首先，对我国金融集聚水平趋势特征分析，图 6-6 中显示了我国金融集聚水平的趋势以及地理差异，不难发现，在样本观测期内，我国金融集聚水平持续上升，但不同区域的差异依旧明显。

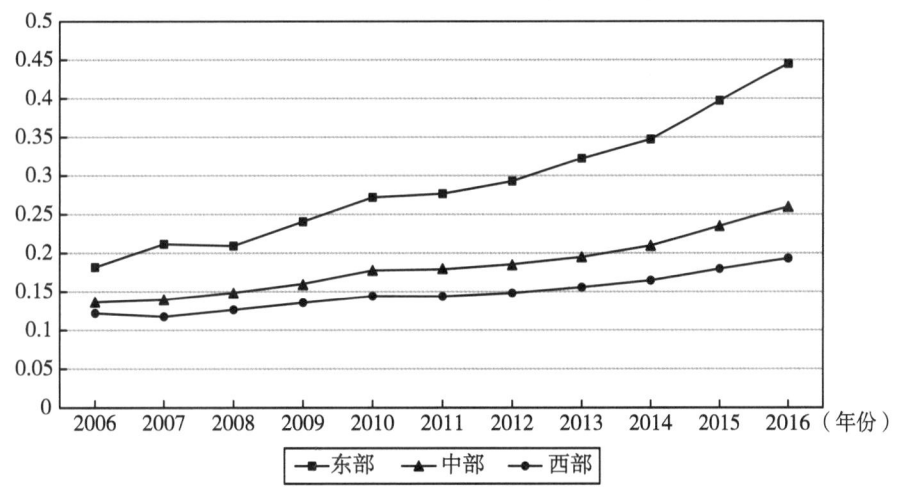

图 6-6　2006~2016 年我国东中西部地区金融集聚程度变化

将我国区域划分成中、东、西三部分，从时间维度和增长幅度两个方面分析其趋势特征。从图 6-7 中不难看出：东部地区金融集聚水平明显高于中、西部地区，其增长幅度也远高于中、西部地区。这主要是因为东部地区发展较早，享受到改革开放初期的诸多好处，有着更加开放包容的金融政策环境，使长时间以来其金融市场发展得更加稳定、完善，吸引了更高效的资本流转和要素汇聚。而西部地区常年以来金融发展水平虽不断增长，但与中、东部相比整体水平仍较为落后，受政策与地理环境的限制，资本流转速度较慢，金融资源利用率也较低。因此从整体上呈现出东部地区金融集聚水平稳定高于中、西部地区，且增长幅度也稳定高于中、西部地区。这与我国长时期以来的金融发展现状相吻合，东部地区一直处于领先水平，其得天独厚的地理优势为其资源流动带来便利，而西部地区位置相对闭塞，很多不可忽视的客观因素导致了金融要素流动性差，金融集聚水平自然不高。

我国省域金融集聚程度的空间差异性较大，东部地区聚集了多数金融集聚水平高的省域，中部地区次之，西部地区整体水平较为落后。形成了以北京、广东、上海、江苏、浙江、四川等省域为中心的扩散趋势，甘肃、海南、宁夏、青海、新疆、西藏、广西等省域金融集聚水平则相对较低。这与我国的发展现状和金融集聚理论机制相符合，东部地区由于高速的资金流转、高效的资本要素利用，以及高质量的人才涌入，使金融集聚水平较高，由金融集聚理论机制分析，区域内的金融高度集聚是动态均衡①的过程，会影响周边省域金融要素和资金的进一步集聚，所以呈现出东部地区金融集聚度高的现象。同样，西部地区由于政策和地理环境的影响，资金流转滞塞、资本要素利用不充分，同样对周边地区不会产生积极影响。因此呈现出西部地区金融集聚程度低的现象。

②我国产业升级高级化、合理化水平特征分析。

图 6-7、图 6-8、图 6-9 分别从总体水平与区域差异两个方面展示我国产业升级高级化、合理化的变化趋势。

图 6-7 中展示了我国产业升级高级化、合理化水平在 2006~2016 年的总体变化趋势。不难发现，除个别年份外，我国产业升级整体朝着更加高级和合理的方向迈进，这说明无论从高级化还是合理化角度，近年来我国的产业结构总体朝着优化方向发展。且两条曲线走势相似度很高，在产业结构快速趋于更加合理水平的年份，产业结构高级化的速度也相对较高。

---

① 金融集聚的最终结果不是绝对静止的，是静止、辐射再到相对静止的动态统一。

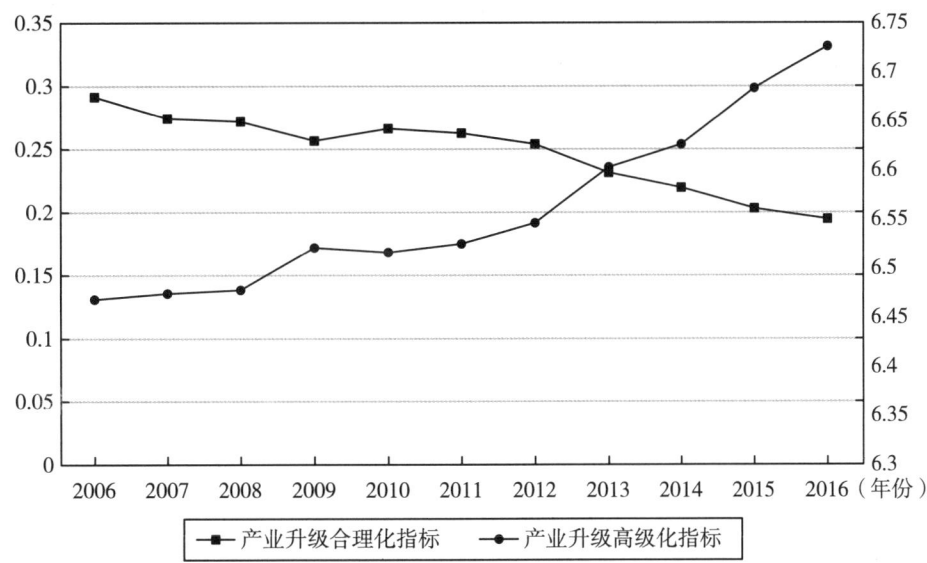

图 6-7 2006~2016 年我国产业升级高级化、合理化水平变化

为进一步分析我国产业结构高级化、合理化的区域性差异，将我国区域划分成中、东、西三部分，从时间维度和增长幅度两个方面分析其趋势特征。图 6-8、图 6-9 分别从东、中、西三个区域展示我国产业升级高级化、合理化变化趋势。

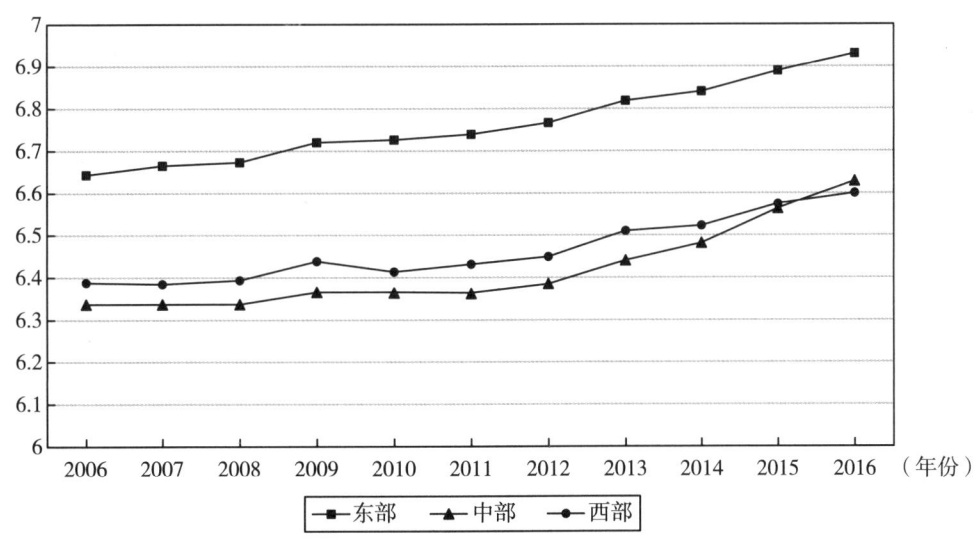

图 6-8 2006~2016 年我国产业升级高级化区域差异

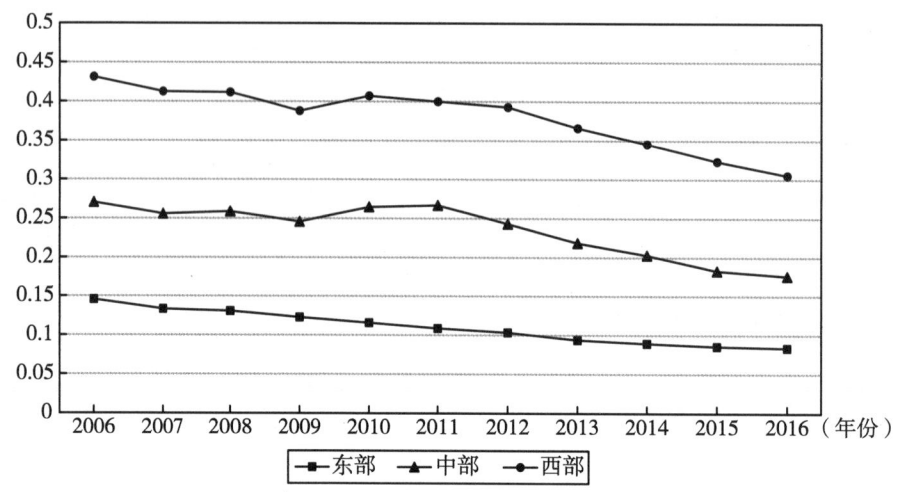

图 6-9 2006~2016 年我国产业升级合理化区域差异

从图 6-8 中可以看出，在我国的产业结构高级化进程中，东部地区一直处于领先状态，且领先幅度较大。这是因为，自改革开放以来，东部地区得益于政策和大环境的优惠政策，较早经历了高工业化时期，三次产业从产值和结构上积极迅速地由低级向高级转变。而对于中部和西部地区，2014 年前，呈现东部高于西部、中部的状态，在某些年份呈现先降后升的现象。这说明从短期看，产业升级的高级化进程并不与区域的经济发展水平完全吻合，西部地区的经济发展水平虽低于中部地区，但其产业升级高级化水平却在西部地区之上。而从长期看，中部地区的产业升级高级化增速高于西部地区，并在 2014 年后超过西部地区，随着时间推移，产业升级高级化进程会逐渐与经济发展水平相吻合。

图 6-9 是我国产业升级合理化水平的区域分布图，呈现出明显的区域差异，东部地区产业结构偏离度最低，产业结构合理化水平最高，中部次之，西部最为不合理。这说明我国产业升级合理化进程与经济发展水平相吻合。东部地区早期享受政策以及地理环境优势，一直以来施行合理的经济布局，在我国整体产业结构合理化进程中起主导作用。中部地区产业结构布局不均衡，产业发展和结构变化相对来说并不稳定，结果显示，中部地区产业升级合理化水平有一定的波动。西部地区从产业结构和环境因素等方面来说相对落后，经济发展水平也处于第三梯队，其产业主要以粗放型为主，以至于其产业升级合理化水平相对较低，虽总体来看仍在向着更加合理的方向迈进，但与中部、东部地区有

较大差距。

6.2.5.3 金融集聚对产业升级溢出效应的空间计量分析

(1) 加权空间权重矩阵的设定。

在构建空间计量回归模型的过程中,为了得到更加精确合理的模型回归效果,选择合理的空间矩阵非常重要。在信息交互日趋频繁的今天,区域与区域间的影响不单单取决于地理空间距离,单一考虑地理因素的空间计量模型显得不够合理。

在前人的研究中,多以 0~1 矩阵作为空间权重矩阵。但单纯的 0~1 矩阵包含信息过于单一,不能准确反映空间距离特性,使用具体的地理距离数值作为空间距离矩阵因子更为科学合理。

随着信息技术的迅猛发展,"互联网+"时代的到来,金融科技水平发展迅猛,信息交互更为便捷。因此,在设定空间权重矩阵时,应同时考虑地理因素和信息交互因素,本部分用信息技术发展水平来代表互联网时代信息交互因素。

设地理距离权重矩阵为 W_1,W_1 由元素 $w_{ij}=1/d_{ij}$ 组成,d_{ij} 两个地区省会城市之间的球面最短距离。距离计算公式为:

$$haversin\left(\frac{d}{R}\right) = haversin(\varphi_2 - \varphi_1) + \cos(\varphi_1)\cos(\varphi_2)haversin(\Delta\lambda) \quad (6-17)$$

$$haversin(\theta) = \sin^2(\theta/2) = (1 - \cos(\theta))/2 \quad (6-18)$$

其中,R 为地球半径,φ_1、φ_2 表示两点的纬度,$\Delta\lambda$ 表示两点经度的差值。

设信息技术发展水平权重矩阵为 W_2,W_2 由元素 $W_{2ij}=1/|m_i-m_j|$ 组成,其中 m_i 和 m_j 分别为第 i 地区与第 j 地区 2006~2016 年平均人均互联网宽带接入端口数量,用来衡量当地的信息发展水平。

在 W_1 和 W_2 矩阵的具体计算过程中,对于相同区域的矩阵元素,当元素趋于无限大时,将其变为 0,故最终得到的矩阵对角线元素为 0,且在形成加权矩阵前,分别对其进行标准化。加入系数 α ($0 \leq \alpha \leq 1$) 作为加权空间权重矩阵的权数,最终 W 定义如下:

$$W = (1-\alpha)W_1 + \alpha W_2 \quad (6-19)$$

系数 α ($0 \leq \alpha \leq 1$) 是空间加权矩阵的权重系数,取值范围在 0 到 1 之间,若 α 取值越接近 1,说明信息发展水平因素在空间权重矩阵中所占的权重越大,信息发展水平是更值得关心的空间影响因素;若 α 取值越接近 0,说明地理距离差异因素在空间权重矩阵中所占的权重越大,地理距离差异是更值得关心的空间影响因素。在后续的实证分析中,将不同权重下的空间权重矩阵代入模型计算,从而确定最优系数。

(2) 空间分布特征分析及空间相关性检验。

本部分以我国 31 个省区市为研究对象,以中国产业结构高级化(LS)、产业结构合理化(TL)指标作为空间模型的被解释变量,以金融集聚指标(FA)作为空间模型的主要解释变量进行空间计量分析,在进行具体模型估计之前,需要进行相关性检验。

为了从整体上把握中国金融集聚对产业结构高级化、合理化的空间溢出效应,为后续的空间计量模型打下基础,本部分将对我国各省区市的 FA、LS、TL 空间分布及其空间自相关性进行描述和检验,从而进一步全面地分析中国的 FA、LS、TL 空间特性及分布特征。由于篇幅限制,无法全面展示各年份空间布局,故选取部分年份展示,挑选 2007 年、2010 年、2013 年、2016 年等间隔的四个年份,绘制各省区市 FA、LS、TL 空间格局的四分位图①;随后计算 2006~2016 年的全局 Moran's I 指数,由具体计算结果分析其空间相关性;最后通过绘制局部 Moran's I 散点图,以更加具体的维度分析各省区市 FA、LS、TL 的局域空间分布特征,并分析其相互影响。

①产业升级高级化、合理化及金融集聚水平的空间分布。

为方便比较我国 FA、LS、TL 的时间变化趋势和空间分布特征,本部分选取 2007 年、2010 年、2013 年和 2016 年四年的指标数据进行整体空间分布描述。

在 2007 年、2010 年、2013 年、2016 年四个不同时间变化区间中,我国 FA、LS、TL 的空间分布变化平缓,说明我国 FA、LS、TL 空间分布变化较为稳定。同时处在金融集聚水平、产业升级高级化和合理化第一分位数的省市主要有北京、江苏、浙江、广东,而新疆、云南、贵州、广西则处于第四分位数。这也与经济发展水平较为一致,不同区域的金融集聚、产业升级高级化、合理化水平空间差异明显。

②业升级高级化、合理化及金融集聚的空间自相关性检验。

全局空间自相关性检验:前面的空间四分位图只能从直观上看出我国省级

---

① 在统计学中把所有数值由小到大排列并分成四等份,按照四等份内的数值绘制分布图。

FA、*LS*、*TL* 的空间分布情况，但对于它们之间的影响关系是否适合使用空间计量模型，还需要做数学计算进行检验。表 6-9 显示了我国 2006~2016 年 *FA*、*LS*、*TL* 全局空间自相关性检验结果。

表 6-9　2006~2016 年我国 *FA*、*LS*、*TL* 的 Moran's I 指数

年份	FA 的 Moran's I 值	P 值	LS 的 Moran's I 值	P 值	TL 的 Moran's I 值	P 值
2006	0.228	0.020	0.158	0.040	0.427	0.005
2007	0.132	0.045	0.148	0.045	0.425	0.005
2008	0.210	0.025	0.161	0.035	0.474	0.005
2009	0.164	0.040	0.174	0.030	0.457	0.005
2010	0.222	0.025	0.195	0.025	0.535	0.005
2011	0.236	0.020	0.201	0.025	0.539	0.005
2012	0.222	0.025	0.199	0.025	0.569	0.005
2013	0.222	0.025	0.184	0.030	0.545	0.005
2014	0.207	0.030	0.198	0.020	0.561	0.005
2015	0.228	0.025	0.194	0.020	0.548	0.005
2016	0.219	0.020	0.217	0.020	0.525	0.005

表 6-9 为 2006~2016 年 *FA*、*LS*、*TL* 的全局自相关性检验结果，结果显示 *FA*、*LS*、*TL* 的 Moran's I 指数均大于 0，说明它们在地理空间上各自均具有正自相关性。说明在样本观测期间内，中国金融集聚、产业升级高级化、合理化水平呈现高水平与高水平地区集中，低水平与低水平地区集中，且集聚效应较为稳定。

局部空间自相关性检验：全局 Moran's I 指数不能详细反映局部地区的空间特征，也无法详细考量具体省份间的相互影响关系。为进一步分析探究具体省域的空间特征，本部分从具体省域的角度分析其局域相关性。

图 6-10 为 2007 年、2010 年、2013 年、2016 年金融集聚局部 Moran's I 的散点图。

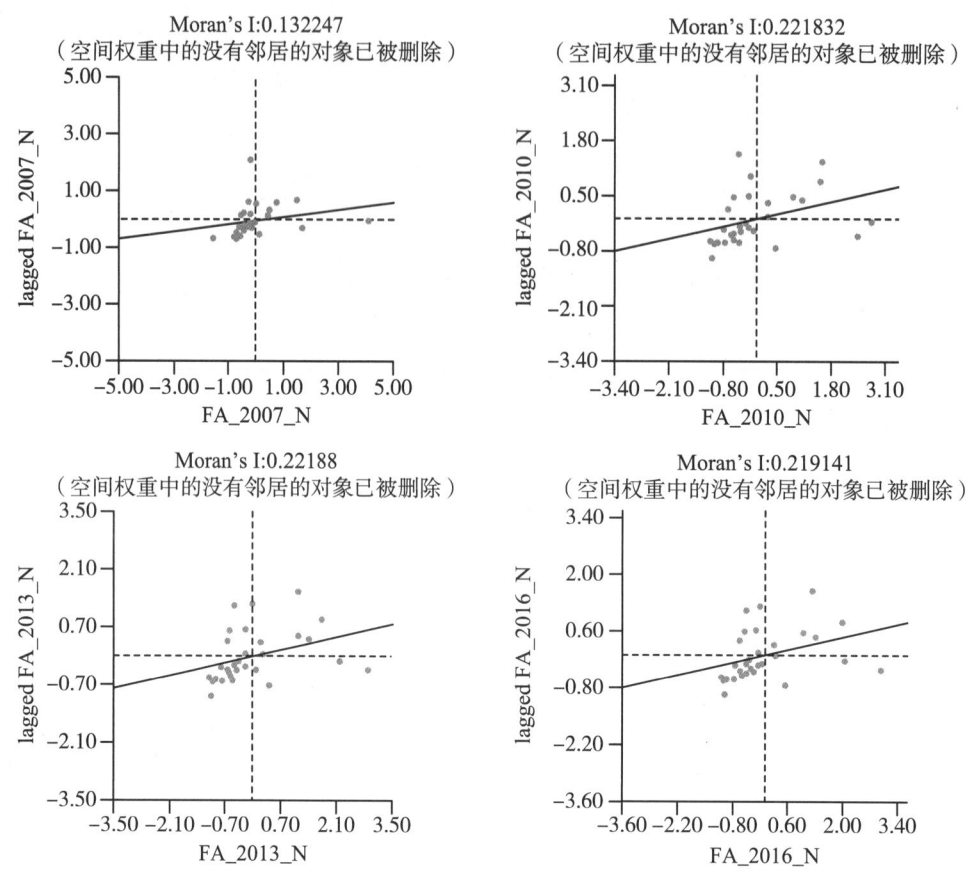

图 6-10 2007 年、2010 年、2013 年、2016 年
我国 FA 的 Moran's I 散点图

从图 6-10 可以看出，FA 均表现出一定程度的局部空间相关性，这与前面检验结果相互呼应。2007 年，高水平与高水平集中的省份有 6 个，这些省份之间具有良性的相互影响关系，本地区的金融集聚对其周围省域产生了积极的影响，但数量并不占较高比例；低水平与低水平集中的省份有 16 个，这些省份之间具有恶性的相互影响关系，本地区的金融集聚对其周围省域产生了消极的影响，占到了我国省域的数量的绝大部分；2010 年分别是 6 个和 16 个；2013 年分别是 6 个和 14 个；2016 年分别是 6 个和 15 个。这也说明同方向影响的省域占绝大部分，从侧面也说明了我国省域金融集聚的空间相关性。L-L 相关的省区主要包括新疆、西藏、黑龙江、贵州等。这说明在内陆偏远地域，地理位置的闭塞对金融集聚的抑制作用也存在空间相互影响。

图 6-11 为 2007 年、2010 年、2013 年、2016 年产业升级高级化水平局部 Moran's I 的散点图。

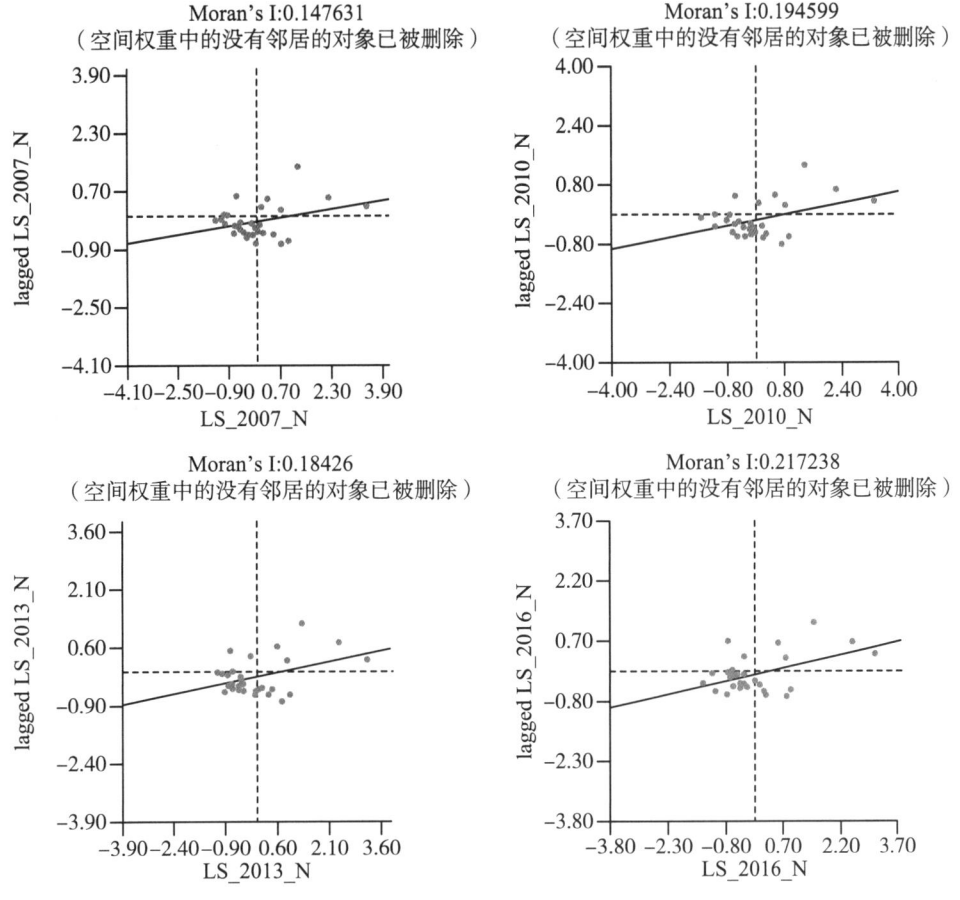

**图 6-11 2007 年、2010 年、2013 年、2016 年
我国 LS 的 Moran's I 散点图**

图 6-12 为 2007 年、2010 年、2013 年、2016 年产业升级合理化水平局部 Moran's I 的散点图。

类似于金融集聚分析过程，综合整体和局部分析结果，我国省级 *LS*、*TL* 在空间上表现为显著的相关关系，说明不仅一个地区的金融集聚发展会受到周边地区金融集聚水平的影响，产业升级合理化、高度化水平也同样存在空间溢出效应。

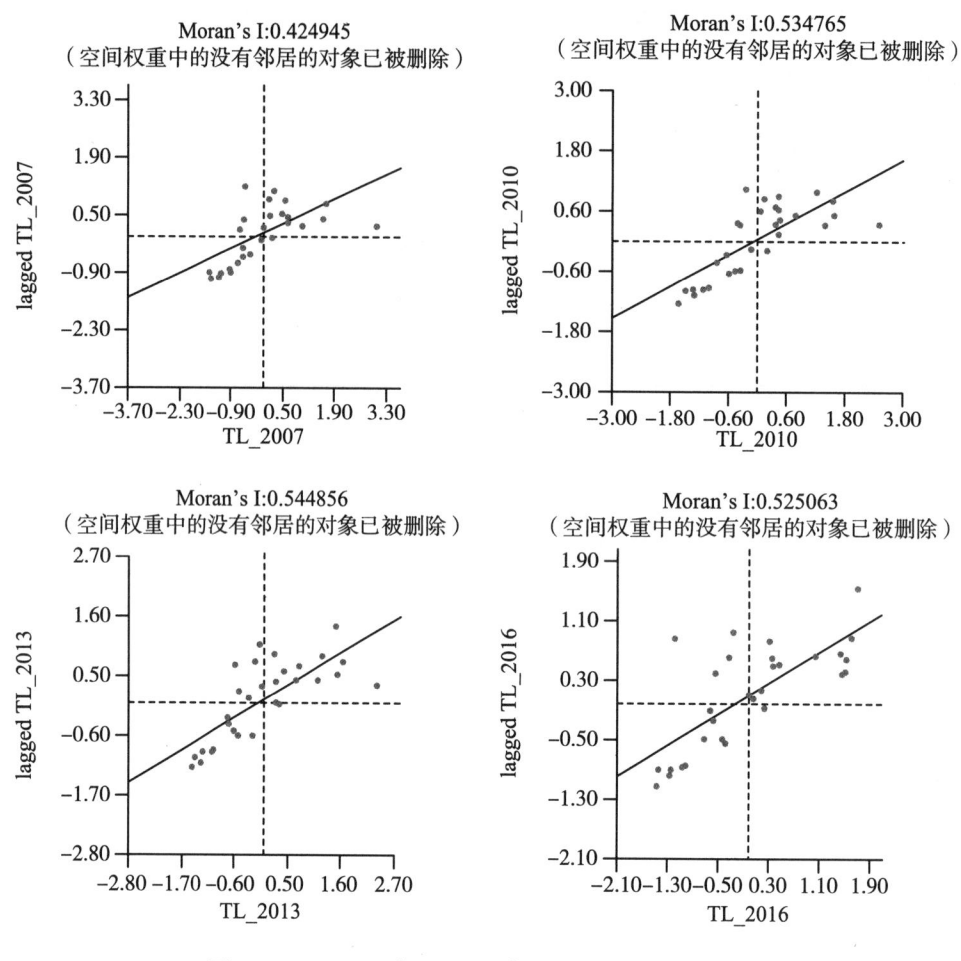

图 6-12　2007 年、2010 年、2013 年、2016 年
我国 TL 的 Moran's I 散点图

(3) 实证结果分析。

①变量选取与模型设定。

变量选取：为了衡量金融集聚对产业升级高级化、合理化的空间溢出效应，根据前面的测算结果，本部分采用产业结构高级化（*LS*）、产业结构合理化（*TL*）分别作为被解释变量，*FA* 作为解释变量。除此之外，根据前人研究成果，本部分还采用了外商直接投资（*FDI*）、人力资本（*STU*）、技术创新水平（*R&D*）、政府干预（*GOV*）四个控制变量，全面考虑金融集聚对产业结构升级的空间外溢效应。数据来自国家统计局、《中国统计年鉴》《中国金融年鉴》、全国科技经费投入统计公报。控制变量及选择原因如下：

外商直接投资（*FDI*）。外商直接投资能够给本地区和周边地区带来丰富的生产要素和科学技术，且能够大力促进市场对新型技术企业、行业的重视，这对产业升级来说是不可忽视的因素，刘沛（2014）的研究也验证了这一观点。

人力资本（STU）。人力资本的聚集和提升是劳动力的技术水平不断提高，一方面加快了高级产业的发展速度，另一方面也促使低级产业向高级产业不断转化。计算方式采用普通高等学校在校学生数来衡量人力资本的影响。

科技创新水平（R&D）。综合各类文献研究结果，科技创新的投入并不会立刻对经济和产业结构产生直接影响，故本部分选取滞后 2 年的 R&D 经费支出来分析金融集聚对产业升级的影响，并以 2006 年为可比价做指数平减。

政府干预（GOV）。政府宏观调控是我国的经济特色，尤其在产业结构这一大布局下，政府的影响力更加不可忽视。一方面，政府指定的宏观政策能在大方向上引导产业结构优化升级；另一方面，政府在宏观调控经济的过程中，对产业结构的变迁也起到督促引导作用。本部分使用财政支出占生产总值比例作为政府干预变量的度量。

②模型设定。

基于前面的分析，空间依存性可以表现为空间自回归模型、空间误差模型和空间杜宾模型。

空间自回归模型。用于考察金融集聚与产业结构高级化、合理化的空间自回归模型分别为：

$$LS_{it} = \alpha + \rho\, WLS_{it} + \beta_1 LA_{it} + \beta_2 \ln FDI_{it} + \beta_3 \ln STU_{it} + \beta_4 \ln R\&D_{it-2} \\ + \beta_5 GOV_{it} + \mu_i + \gamma_t + \varepsilon_{it} \quad (6-20)$$

$$TL_{it} = \alpha + \rho\, WTL_{it} + \beta_1 LA_{it} + \beta_2 \ln FDI_{it} + \beta_3 \ln STU_{it} + \beta_4 \ln R\&D_{it-2} \\ + \beta_5 GOV_{it} + \mu_i + \gamma_t + \varepsilon_{it} \quad (6-21)$$

在空间自回归模型中，因变量的空间滞后项影响变量的空间相关性。

空间误差模型。用于考察金融集聚与产业结构高级化、合理化的空间误差模型分别为：

$$LS_{it} = \alpha + \beta_1 LA_{it} + \beta_2 \ln FDI_{it} + \beta_3 \ln STU_{it} + \beta_4 \ln R\&D_{it-2} + \beta_5 GOV_{it} \\ + \mu_i + \gamma_t + \varepsilon_{it} \quad (6-22)$$

$$TL_{it} = \alpha + \beta_1 LA_{it} + \beta_2 \ln FDI_{it} + \beta_3 \ln STU_{it} + \beta_4 \ln R\&D_{it-2} + \beta_5 GOV_{it} \\ + \mu_i + \gamma_t + \varepsilon_{it} \quad (6-23)$$

空间杜宾模型。空间杜宾模型相较于前两种模型，将空间项与解释变量的乘积纳入模型。即区域 i 的产业升级高级化、合理化水平依赖于相邻区域的金融集聚水平等因素。用于考察金融集聚与产业结构高级化、合理化的空间杜宾模型分别为：

$$LS_{it} = \alpha + \rho WLS_{it} + \beta_1 LA_{it} + \beta_2 \ln FDI_{it} + \beta_3 \ln STU_{it} + \beta_4 \ln R\&D_{it-2} + \beta_5 GOV_{it}$$
$$+ \beta_6 WLA_{it} + \beta_7 W\ln FDI_{it} + \beta_8 W\ln STU_{it} + \beta_9 W\ln R\&D_{it-2} + \beta_{10} \ln W GOV_{it}$$
$$+ \mu_i + \gamma_t + \varepsilon_{it} \quad (6-24)$$

$$TL_{it} = \alpha + \rho W TL_{it} + \beta_1 LA_{it} + \beta_2 \ln FDI_{it} + \beta_3 \ln STU_{it} + \beta_4 \ln R\&D_{it-2} + \beta_5 GOV_{it}$$
$$+ \beta_6 W LA_{it} + \beta_7 W\ln FDI_{it} + \beta_8 W\ln STU_{it} + \beta_9 W\ln R\&D_{it-2} + \beta_{10} W GOV_{it}$$
$$+ \mu_i + \gamma_t + \varepsilon_{it} \quad (6-25)$$

③模型识别。

首先，本部分探讨金融集聚对产业高级化影响的空间模型设定。在研究金融集聚对产业高级化的空间效应时，需要通过多种检验最终确定模型的具体形式。根据学者的研究结果，可以利用 LM 检验和稳健的 LM 检验方法在空间自回归模型和空间误差模型中做出选择。在未确定空间权重矩阵的系数的情况下，为了使模型的选择更加稳定可靠，选取多个权重值进行 LM 检验。金融集聚对产业升级高级化影响的 LM 检验结果如表 6-10 所示。

表 6-10 金融集聚对产业升级高级化影响的 LM 检验

α	LM_lag 检验	稳健的 LM_lag 检验	LM_error 检验	稳健的 LM_error 检验
0.0	1.316 (0.251)	7.518 (0.006)	3.565 (0.057)	9.767 (0.002)
0.2	0.078 (0.781)	4.034 (0.045)	10.737 (0.001)	14.693 (0.000)
0.4	2.907 (0.088)	1.392 (0.238)	18.227 (0.000)	16.713 (0.000)
0.6	8.537 (0.003)	0.106 (0.745)	22.757 (0.000)	14.326 (0.000)
0.8	14.753 (0.000)	0.232 (0.630)	24.546 (0.000)	10.025 (0.002)
1.0	20.154 (0.000)	1.421 (0.233)	24.873 (0.000)	6.138 (0.013)

注：括号内数值为 p 值。

从表 6-10 的检验结果可知，在不同空间矩阵的权重系数下，空间自回归和空间误差模型的 LM 检验结果略有不同。但对应每一个权重系数，LM 检验或 LM_lag 检验（稳健的 LM 检验）拒绝了原假设（不存在空间相关性），也说明使用空间计量模型进行实证的稳健性。但对于空间自回归和空间误差模型的选择，还需要进一步进行 Wald 和 LR 检验。Wald 和 LR 检验的目的是分别判断空间杜宾模型（SDM）能否简化为空间自回归模型（SAR）或者空间误差模型（SEM）。金融集聚对产业升级高级化影响的 Wald 和 LR 检验结果如表 6-11 所示。

表 6-11　金融集聚对产业升级高级化影响的 Wald、LR 检验

α	Wald_spatial_lag	LR_spatial_lag	Wald_spatial_error	LR_spatial_error
0.0	41.7819 (0.000)	49.0160 (0.000)	30.2249 (0.000)	51.2590 (0.000)
0.2	39.0476 (0.000)	44.5153 (0.000)	28.2898 (0.000)	46.8948 (0.000)
0.4	39.6057 (0.000)	38.8562 (0.000)	29.4096 (0.000)	41.9291 (0.000)
0.6	38.4035 (0.000)	34.1108 (0.000)	30.2483 (0.000)	37.9549 (0.000)
0.8	36.0127 (0.000)	30.7394 (0.000)	31.2681 (0.000)	35.1355 (0.000)
1.0	32.6190 (0.000)	28.2717 (0.000)	31.3751 (0.000)	32.8817 (0.000)

注：括号内数值为 p 值。

从表 6-11 的检验结果可知，在 1% 的显著性水平下，Wald 检验和 LR 检验均拒绝了原假设，表明模型的形式不能够简化，因此选择空间杜宾模型（SDM）对金融集聚对产业升级高级化影响进行实证分析。

在明确了具体模型形式后，空间权重矩阵的选择也尤为重要，由于本部分同时考虑了地理因素和信息技术发展水平两种影响因素，需要通过具体计算选择最优矩阵。根据前期确定的具体模型形式进行多次回归，综合考虑 SDM 模型空间项的 t 值和模型的 R^2，期望选择使模型拟合效果良好和空间项显著的空间权重矩阵，以此确定最优的空间权重矩阵系数。

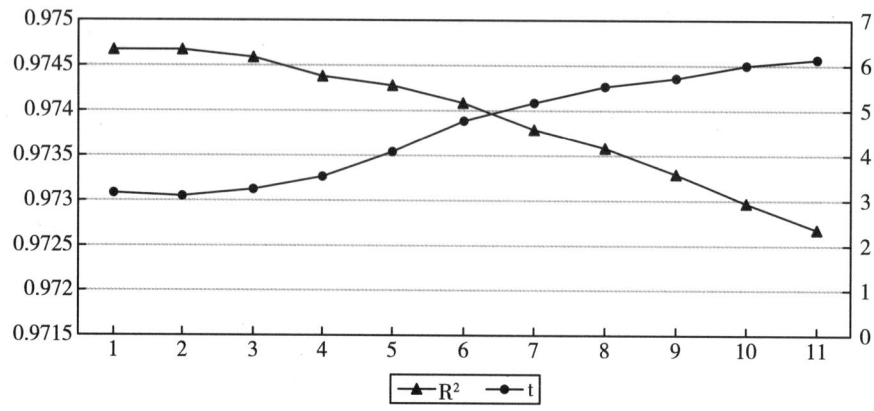

图 6-13　不同权重系数的空间权重矩阵下 SDM 模型 R^2 与空间项 t 值

图 6-13 分别描绘了不同的空间权重系数水平下空间系数 ρ 的 t 统计量与模型 R^2 变化规律，可以看出无论空间权重矩阵的参数如何变化，模型的拟合度均保持较高水平，空间项也均通过显著性检验，说明使用 SDM 模型估计金融集聚对产业升级高级化的影响是稳健的；鉴于 R^2 和 t 统计量的变化趋势相反，且数值差异并不大，折中取当 $\alpha=0.5$，兼顾模型的拟合优度和空间项的显著水平。综合整体情况考虑，确定最终的空间权重矩阵系数，即信息技术水平因素占 50%、地理因素占 50%（见表 6-12）。

表 6-12　不同权重的空间权重矩阵下的 SDM 模型拟合情况

α	0.0	0.1	0.2	0.3	0.4	0.5
R^2	0.9747	0.9747	0.9746	0.9744	0.9743	0.9741
t-value	3.222	3.115	3.273	3.578	4.111	4.806
ρ	0.3470	0.3450	0.3580	0.3760	0.4050	0.4390
α	0.6	0.7	0.8	0.9	1.0	
R^2	0.9738	0.9736	0.9733	0.9730	0.9727	
t-value	5.194	5.556	5.767	6.069	6.170	
ρ	0.4500	0.4570	0.4530	0.4510	0.4360	

因此，可确定本部分应选择固定效应的空间杜宾模型来分析金融集聚对产业升级高度化的影响，空间权重矩阵权重系数取 0.5。

接着，本部分继续探究金融集聚对产业升级合理化影响的空间计量模型应该如何选择，LM 检验结果如表 6-13 所示。

表6–13　金融集聚对产业升级合理化影响的 LM 检验

α	LM_lag 检验	稳健的 LM_lag 检验	LM_error 检验	稳健的 LM_error 检验
0.0	25.449 (0.000)	35.191 (0.000)	0.8034 (0.370)	10.545 (0.001)
0.2	28.921 (0.000)	41.619 (0.000)	0.927 (0.337)	13.625 (0.000)
0.4	27.647 (0.000)	43.096 (0.000)	0.867 (0.352)	16.315 (0.000)
0.6	22.857 (0.000)	38.654 (0.000)	0.708 (0.400)	16.504 (0.000)
0.8	17.540 (0.000)	31.295 (0.000)	0.553 (0.457)	14.307 (0.000)
1.0	13.216 (0.000)	24.166 (0.000)	0.432 (0.511)	11.392 (0.001)

注：括号内数值为 p 值。

从表6–13可知，以0.2为步长变化的空间权重矩阵下，空间误差LM检验均不显著，稳健空间误差LM检验显著，而对于空间自回归模型，无论是LM检验还是稳健空间自回归LM检验均通过1%的显著性检验，说明SAR模型优于传统面板模型，且更加稳健。因此选择空间自回归模型（SAR）对金融集聚对产业升级合理化影响进行实证分析。

在得出使用空间自回归模型（SAR）研究金融集聚对产业升级合理化影响后，本部分利用前期确定的具体模型形式进行多次回归，综合考虑SAR模型空间项的 t 值和模型的 R^2，期望选择使模型拟合效果良好和空间项显著的空间权重矩阵，以此确定最优的空间权重矩阵系数。

图6–14分别描绘了不同的空间权重系数水平下空间系数 ρ 的统计量 t 与模型 R^2 变化规律，可以看出无论空间权重矩阵的参数如何变化，模型的拟合度均保持较高水平，空间项也均通过显著性检验，说明使用SAR模型估计金融集聚对产业升级合理化的影响是稳健的。从 R^2 和 t 统计量的变化趋势看，相似度很高；当 $\alpha=0.4$ 时，模型的空间项系数 t 统计量取得最大值，R^2 取到第二大值，

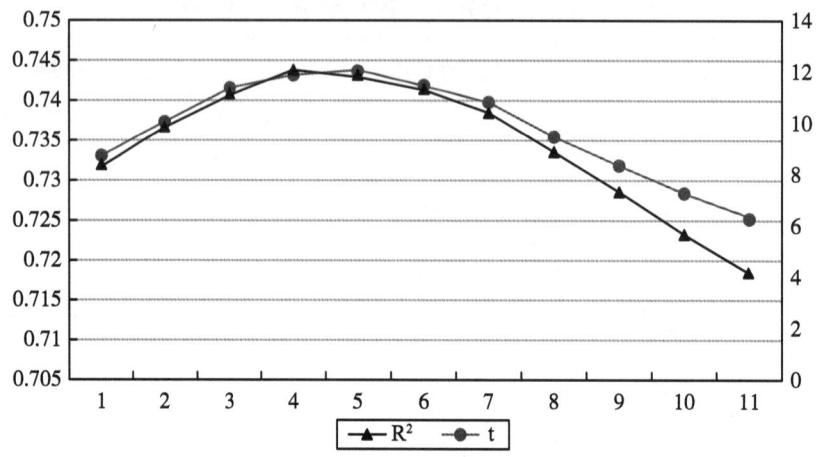

图 6-14　不同权重系数的空间权重矩阵下 SAR 模型 R^2 与空间项 t 值

且与最大值相差无几。综合整体情况考虑，确定最终的空间权重矩阵系数，即信息技术水平因素占 40%、地理因素占 60%（见表 6-14）。

表 6-14　不同权重的空间权重矩阵下的 SAR 模型拟合情况

α	0.0	0.1	0.2	0.3	0.4	0.5
R^2	0.7321	0.7369	0.7409	0.7438	0.7433	0.7416
t-value	8.779	10.021	11.372	11.939	12.032	11.517
ρ	0.601	0.648	0.685	0.696	0.692	0.670
α	0.6	0.7	0.8	0.9	1.0	—
R^2	0.7386	0.7377	0.7286	0.7234	0.7186	—
t-value	10.864	9.518	8.414	7.320	6.321	—
ρ	0.638	0.578	0.514	0.443	0.373	—

因此，可确定本部分应选择固定效应的空间自回归模型来分析金融集聚对产业升级合理化的影响，空间权重矩阵权重系数取 0.4。

6.2.5.4　金融集聚对产业升级高级化空间溢出效应实证分析

（1）参数估计。

根据前面对最优空间矩阵的计算结果，将 $\alpha=0.5$ 时的空间权重矩阵代入金融集聚对产业升级高级化影响的空间计量模型，使用 MATLAB 软件对具体结果进行实证分析，参数估计结果如表 6-15 所示。

表 6-15　金融集聚对产业升级高级化 SDM 模型回归结果

解释变量	系数	P 值
FA	0.0185**	0.021
$\ln(FDI)$	-0.0084***	0.000
$\ln(STU)$	-0.0225	0.164
$\ln(R\&D_{-2})$	0.0072**	0.011
GOV	-0.0033	0.788
$W \times FA$	-0.0101	0.451
$W \times \ln(FDI)$	0.0365***	0.000
$W \times \ln(STU)$	-0.0388	0.457
$W \times \ln(R\&D_{-2})$	-0.0100**	0.021
$W \times GOV$	0.0318	0.550
ρ	0.4390***	0.000
R^2	0.9741	—
$log-likelihood$	1198.5489	—
观测值	341	—

注：*、**、***分别表示在10%，5%，1%的水平上显著。数据来源同上。

从表 6-15 可以看出，空间 Durbin 模型估计结果显示，空间项 ρ 在 1% 的显著水平下显著为正，说明基础的面板模型忽略了变量之间的空间相关性，引入空间模型是必要的，再一次论证了产业升级高级化确实存在正向的空间溢出效应，且区域间有着良性互动，通过金融集聚带来的便利性互相促进产业升级高级化。这可能因为随着区域经济的发展、金融政策的完善、资本的加速流动，地理上的空间相邻能够加速增进金融集聚带来的好处，促进产业升级的高级化。

（2）稳健性检验。

为保证检验结果真实有效、实证结论有实际意义，本部分通过两个方面进行稳健性检验：一方面改变空间权重矩阵中权重系数的大小；另一方面，在最优空间矩阵的前提下，用不同形式的空间计量模型进行回归。金融集聚对产业升级高级化影响不同空间矩阵下稳健性检验结果见表 6-16。

表 6-16　金融集聚对产业升级高级化影响不同空间矩阵下
稳健性检验结果

变量	$\alpha=0.0$		$\alpha=0.5$		$\alpha=1.0$	
	回归系数	P 值	回归系数	P 值	回归系数	P 值
FA	0.0151*	0.060	0.0185**	0.021	0.0187**	0.019
$\ln(FDI)$	-0.0091***	0.000	-0.0084***	0.000	-0.0070***	0.000
$\ln(STU)$	-0.0242	0.175	-0.0225	0.164	-0.0170	0.299
$\ln(R\&D_{-2})$	0.0045	0.133	0.0072**	0.011	0.0095***	0.000
GOV	0.0069	0.586	-0.0033	0.788	-0.0062	0.617
$W\times FA$	0.0006	0.960	-0.0101	0.451	-0.0124	0.330
$W\times\ln(FDI)$	0.0475***	0.000	0.0365***	0.000	0.0230***	0.000
$W\times\ln(STU)$	-0.0510	0.396	-0.0388	0.457	-0.0293	0.406
$W\times\ln(R\&D_{-2})$	-0.0089**	0.041	-0.0100**	0.021	-0.0067*	0.082
$W\times GOV$	-0.0243	0.632	0.03184	0.550	0.0411	0.317
ρ	0.3470**	0.001	0.4390***	0.000	0.4360***	0.000
R^2	0.9747		0.9741		0.9727	

注：*、**、*** 分别表示在 10%，5%，1% 的水平上显著。数据来源同上。

如表 6-16 所示，设置参数不同的空间权重矩阵进入模型后，估计结果并未产生较大变化，主要解释变量和控制变量的正负号与显著性基本保持一致，且空间项仍然显著，说明空间溢出效应也是稳健的。这说明本部分的研究结果可信真实。

延续之前的计算结果，使用信息技术水平因素占 50%、地理因素占 50% 的空间权重矩阵，使用三种不同形式的空间计量模型进行稳健性检验，金融集聚对产业升级高级化影响不同空间模型下稳健性检验结果见表 6-17。

表 6-17　金融集聚对产业升级高级化影响不同空间模型下
稳健性检验结果

变量	SAR		SEM		SDM	
	回归系数	P 值	回归系数	P 值	回归系数	P 值
FA	0.0102	0.130	0.0184**	0.024	0.0185**	0.021
$\ln(FDI)$	-0.0066***	0.000	-0.0068***	0.000	-0.0084***	0.000
$\ln(STU)$	-0.0052	0.751	-0.0045	0.785	-0.0225	0.164

续表

变量	SAR		SEM		SDM	
	回归系数	P值	回归系数	P值	回归系数	P值
$\ln(R\&D_{-2})$	0.0091***	0.000	0.0153***	0.000	0.0072**	0.011
GOV	-0.0013	0.917	0.0039	0.753	-0.0033	0.788
$W \times FA$	—	—	—	—	-0.0101	0.451
$W \times \ln(FDI)$	—	—	—	—	0.0365***	0.000
$W \times \ln(STU)$	—	—	—	—	-0.0388	0.457
$W \times \ln(R\&D_{-2})$	—	—	—	—	-0.0100**	0.021
$W \times GOV$	—	—	—	—	0.03184	0.550
ρ	0.6860***	0.000	0.7430***	0.000	0.4390***	0.000
R^2	0.9721		0.9537		0.9741	

注：*、**、***分别表示在10%，5%，1%的水平上显著。数据来源同上。

如表6-17所示，三种不同的空间计量模型计算的结果并未发生较大变化，仅在空间自回归模型中，金融集聚项没有通过显著性检验。空间项仍然显著，说明空间溢出效应是稳健的，其他变量符号基本未发生变化。这说明研究结果并未因为模型形式和空间矩阵的变化产生较大波动，说明模型结果真实可信。

（3）结果分析。

以最终的模型表现可以看出，空间杜宾模型拟合效果很好，空间项显著为正，说明产业结构高级化对周边区域的产业结构高级化进程有正向的促进作用。具体回归结果分析如下：

①金融集聚系数为正，且通过了显著性检验，这说明我国的金融业集聚对中国产业升级高级化发挥正向作用。这是因为当前中国的金融发展速度加快，金融发展的形式和产物也越来越丰富多样，银行、证券、保险的蓬勃发展也为融资带来了极大便利。这种融资方式主要包括直接和间接两种形式。直接形式是指通过发行股票来融资，在企业初创时期，发行股票会带来很大风险，政府为鼓励高科技行业发展，促进产业结构迈向高级化，会主动帮助其承担部分风险，使其健康发展的概率更大。而间接融资方式则指商业贷款类手段，从政府政策层面来说，政府通过制定指导性政策，鼓励技术创新类企业发展，为其发展创造合理的空间和良好的环境。从市场机制来说，金融资本和资金自发地流向状态良好的企业，这也促进了产业升级高级化的进程。

但 $W-FA$ 的系数却未通过显著性检验，且其系数为负。说明金融集聚对产业升级高级化的正向空间溢出效应不明显。产生这样结果的原因在于：中国目前的金融发展并不成熟，在当前区域，金融集聚的确为当地的产业结构高级化进程做出了贡献，但扩展到周边区域时，由于周边地区产业结构差异较大，产业升级高级化进度不一，当地金融集聚程度的提高未必能够对周边区域产业升级高级化带来积极影响。

②FDI 表现出显著逆向作用，但作用不大。这与我国外商投资现阶段的发展现状相一致，从总体结构来看，我国的外商投资结构并不十分合理，分布和密度严重不均衡，这种倾斜会导致外商投资对产业结构高级化产生一定的抑制作用。并且，在政策制定方面并未充分考虑国内企业的发展现状，一些地区一味引进外商，抢占了国内市场，使本土企业的发展空间受限，还会打乱区域内原有的产业结构均衡，这对产业结构由低级向高级稳步迈进的节奏也会起到扰乱作用。

同时，$W-FDI$ 的系数显著为正，说明外商直接投资虽对本地产业结构高级化有少量阻碍作用，但在整体区域布局中，其引导作用和示范效应还是十分明显。当地外商投资的引进对周边区域有良好的示范作用，促进了周边区域各项资本的引进和流通，因此本区域的外商投资引进对促进周边地区产业结构高级化有显著好处。

③在 SDM 模型中，人力资本项系数为负，但未通过显著性检验。可见人力资本给产业升级高级化带来的促进作用并不明显，这也与我国教育的实际发展情况相符。自改革开放以来，我国大力发展经济，但相较于发达国家的落后现状使经济发展和产业升级过分依赖劳动力的数量，而教育的步伐相较于经济发展的速度还较为缓慢，劳动力质量的提高还有待加强，这就使产业结构向高级化转化时受到阻碍，一些产业不得不局限于低端水平。

而在 SAR、SEM 模型中，人力资本项也为负，在一定程度上说明了人力资本质量发展确实较为滞后，积极发展教育才能使其促进产业向高级化转型升级。同时，$W-STU$ 的系数未能通过显著性检验，表明人力资本并不能从空间上对周边地区的产业升级产生显著影响。

④科技创新对产业结构高级化的促进作用显著为正。这说明科技创新的投入在很大程度上促进了需求结构的变动，带动粗放型产业向新兴产业转变，加速产业结构向更加高级的方向转化。

但是，$W-R\&D_{-2}$ 的系数显著为负，虽然作用不大，但也说明科技创新不能对周边地区产生正向的空间溢出效应，甚至有微弱的抑制作用。产生这种现象的原因可能在于：我国一直持续加强在科技创新方面的投入，对本地区的产业升级高级化确有促进作用，但与我国庞大的产业规模性相比，比重并不足以对周边地区产生显著影响。而且科技创新的投入存在两点亟待解决的问题：一是市场经济环境导致的需求不足，空间狭小导致科技创新能力难以真正在企业转型中发挥作用；二是缺乏有效的引导机制，科技创新投入变现效率低下。这些原因导致科技创新变现能力较弱，不足以对周边区域产业结构高级化产生促进作用。

⑤在 SDM 模型中，政府干预项系数为负，但未通过显著性检验，政府干预对产业升级高级化的促进作用并不显著。在 SAR、SEM 模型中虽参数估计的符号有不同结果，但同样不显著。这说明政府干预对产业升级高级化的促进作用不显著，且作用不稳定。原因在于：在我国现阶段的经济体制中，体制转型存在诸多困难，目前的制度安排在一定程度上与产业结构升级存在很多不相适应的地方，这就造成资源分配和劳动力的分配不能与产业升级完全相匹配，使产业升级高级化进程得益于政府干预的效果不明显。

同时，$W-gov$ 表现虽系数为正，但也未通过显著性检验，表明政府干预并不能有效促进周边地区产业结构高级化。

（4）直接间接效应分解。

从表 6-18 可知，金融集聚项的直接效应显著为正，而间接效应不限制，说明金融集聚对本地区产业升级高级化有正向影响，而对周边区域影响不显著，这也与之前的估计结果相一致。

表 6-18　金融集聚对产业升级高级化影响 SDM 模型直接、间接效应分解

变量	直接效应	P 值	间接效应	P 值	总效应	P 值
FA	0.0185*	0.026	-0.0038	0.861	0.0147	0.485
$\ln(FDI)$	-0.0069***	0.000	0.0579***	0.000	0.0509***	0.000
$\ln(STU)$	-0.0255	0.128	-0.0832	0.386	-0.1087	0.285
$\ln(R\&D_{-2})$	0.0069**	0.020	-0.1223*	0.098	-0.0053	0.450
GOV	-0.0019	0.879	0.0508	0.586	0.0489	0.607

注：*、**、*** 分别表示在 10%，5%，1% 的水平上显著。数据来源同上。

对于外商投资项，根据估计结果，其直接效用估计系数为 -0.0069，间

接效应为 0.0579，总体效应为 0.0509，说明外商投资对本地的产业升级高级化有一定的阻碍作用，但对于周边地区却有一定的促进作用，这也验证了 $W-FDI$ 的系数显著为正，原因可能是外商直接投资对周围省域起到了示范效应。

另外，对于科技创新项，根据估计结果，其直接效应估计系数为 0.0069，间接效应为 -0.1223，总体效应为 -0.0053。说明本地区科技创新投入虽然促进了本地产业升级高级化进程，但是对周边区域有微弱抑制作用，与之前估计结果相一致。同时，其间接效应系数大于直接效应系数，说明科技创新投入有负向的反馈效应①。

人力资本项和政府干预项的直接效应和间接效应均不显著，表明在现阶段人力资本和政府干预不是影响产业升级高级化的主要因素。

(5) 金融集聚对产业升级合理化空间溢出效应实证分析。

①参数估计。

根据前面对最优空间矩阵的计算结果，将 $\alpha = 0.4$ 时的空间权重矩阵代入金融集聚对产业升级合理化影响的空间计量模型，使用 MATLAB 软件对具体结果进行实证分析，参数估计结果如表 6-19 所示。

表 6-19　　金融集聚对产业升级合理化 SAR 模型回归结果

解释变量	系数	P 值
FA	-0.5945**	0.003
$\ln(FDI)$	-0.3260***	0.000
$\ln(STU)$	1.2826***	0.000
$\ln(R\&D_{-2})$	-0.1200**	0.000
GOV	0.0657	0.773
ρ	0.6920***	0.000
R^2	0.7433	—
$log-likelihood$	-170.6372	—
观测值	341	—

注：*、**、*** 分别表示在 10%，5%，1% 的水平上显著。数据来源同上。

---

① 反馈效应是指，由空间外溢效应对周围空间产生影响的同时，反过来影响本地区的现象。

空间项 ρ 在 1% 的显著水平下显著为正，说明基础的面板模型忽略了变量之间的空间相关性，引入空间模型是必要的，再一次论证了产业升级合理化在省域间存在显著的正向空间依赖性，即任一省份产业升级合理化水平会受到相邻省份产业升级合理化水平的正向影响。

②稳健性检验。

为保证检验结果真实有效，实证结论有实际意义，本部分通过两个方面进行稳健性检验：一方面，利用不同权重的空间权重矩阵，对 SAR 模型进行二次检验以评估回归模型的稳定性；另一方面，在最优空间矩阵的前提下，用不同形式的空间计量模型进行回归。金融集聚对产业升级合理化影响不同空间矩阵下稳健性检验结果见表 6-20。

表 6-20　金融集聚对产业升级合理化影响不同空间矩阵下稳健性检验结果

变量	$\alpha=0.0$		$\alpha=0.5$		$\alpha=1.0$	
	回归系数	P 值	回归系数	P 值	回归系数	P 值
FA	-0.7630***	0.000	-0.5472**	0.006	-0.4355***	0.038
$\ln(FDI)$	-0.3243***	0.000	-0.3305***	0.000	-0.3620***	0.000
$\ln(STU)$	1.4711***	0.000	1.2544***	0.000	1.3147***	0.000
$\ln(R\&D_{-2})$	-0.1436**	0.001	-0.1188**	0.005	-0.1440**	0.001
GOV	0.1660	0.475	0.0429	0.851	0.0166	0.944
ρ	0.6010***	0.000	0.6700***	0.000	0.3730***	0.000
R^2	0.7321		0.7416		0.7186	

注：*、**、*** 分别表示在 10%，5%，1% 的水平上显著。数据来源同上。

如表 6-20 所示，设置参数不同的空间权重矩阵进入模型后，估计结果并未产生较大变化，主要解释变量和控制变量的正负号与显著性基本保持一致，且空间项仍然显著，说明空间溢出效应也是稳健的。这说明本部分的研究结果可信真实。

延续之前的计算结果，使用信息技术水平因素占 40%、地理因素占 60% 的空间权重矩阵，使用三种不同形式的空间计量模型进行稳健性检验，金融集聚对产业升级合理化影响不同空间模型下稳健性检验结果见表 6-21。

表 6-21　金融集聚对产业升级合理化影响不同空间模型下稳健性检验结果

变量	SAR		SEM		SDM	
	回归系数	P 值	回归系数	P 值	回归系数	P 值
FA	-0.5945**	0.003	-0.6233**	0.005	-1.0260***	0.000
$\ln(FDI)$	-0.3260***	0.000	-0.3871***	0.000	-0.2198***	0.000
$\ln(STU)$	1.2826***	0.000	1.6951***	0.000	1.0164***	0.000
$\ln(R\&D_{-2})$	-0.1200**	0.004	-0.2136***	0.000	-0.0720*	0.063
GOV	0.0657	0.7730	0.1316	0.5970	-0.0306	0.878
$W \times FA$	—	—	—	—	-6.5870***	0.000
$W \times \ln(FDI)$	—	—	—	—	0.1825	0.347
$W \times \ln(STU)$	—	—	—	—	5.7170***	0.000
$W \times \ln(R\&D_{-2})$	—	—	—	—	-1.1960***	0.000
$W \times GOV$	—	—	—	—	-0.1603	0.895
ρ	0.6920***	0.000	-0.1870	0.257	-0.1660	0.266
R^2	0.7433		0.6935		0.8260	

注：*、**、*** 分别表示在 10%，5%，1% 的水平上显著。数据来源同上。

如表 6-21 所示，三种不同的空间计量模型对解释变量和控制变量的估计结果并未发生较大变化，但在空间项的显著性上有所变化，SEM 和 SDM 模型的空间项并不显著，这也与前面对空间计量模型选择时进行的 LM 检验结果相一致，SAR 模型对金融集聚与产业升级合理化的空间效应估计最为合理，说明模型结果真实可信。

（6）结果分析。

通过分析回归结果发现，产业升级合理化在省域间存在显著的正向空间依赖性，即任一省份产业升级合理化水平会受到相邻省份产业升级合理化水平的正向影响。具体分析结果如下：

第一，金融集聚项在 5% 的显著性水平下显著为负。由于产业升级合理化指标值越小代表地区产业升级越合理，即越小越优型指标，回归结果说明金融集聚对产业升级合理化有显著的促进作用，这是因为金融集聚带来的资本与要素流动，促使资源的有效配置，使各个产业之间对于要素的利用和调配趋于合理化。

同时，从 SDM 模型结果看出，金融集聚对产业升级合理化也有显著的正向空间外溢效应，且从参数估计值来看，外溢效应较为突出。这说明由于金融的集聚，区域与区域间产生良性互动，相互促进彼此的要素调配，本区域金融集聚的发展对周边区域的产业升级合理化有显著的促进作用。

第二，外商投资表现出显著的正向作用。虽然外商投资并未对产业升级高级化带来促进作用，但资本和要素的引进促进了当地的资本循环，要素和资源随着外商的引进得到更加合理的配置和利用，因此对产业升级合理化产生了促进作用。

而从 SDM 模型可以看出，这种促进作用并未超越本区域的限制，说明外商投资带来的资本和要素的流动影响范围具有一定的局限性。

第三，人力资本表现出显著的抑制作用。现阶段，各省区市对教育的投入持续加大，人才培养的要素投入不可忽视，但教育的投入无法快速转化为产出，导致可自由分配和合理利用的资源减少，且人才的流动性较大，难以对本地区的产业升级合理化产生积极的影响。

第四，科技创新投入表现出显著的促进作用。这是因为产业升级合理化的本质是各个产业对资源和要素的分配利用更加合理，科技创新的投入培养和促进了科技成果和技术的转化，加速了资源的调配和要素利用的效率，从而促进了产业结构合理化。

同时，由 SDM 模型可以看出，这种促进作用也有显著的空间外溢效应。说明本区域由于科技创新投入带来的好处也促进了周边地区对资源和要素的合理分配和利用，因此促进了周边区域的产业升级合理化进程。

政府干预对产业升级合理化影响的作用不显著，这说明现阶段，政府宏观调配金融资源与劳动力要素，并未使行业的发展与行业就业人数呈合理化配比，说明政府干预与要素调配存在不相适应的地方，宏观调控对产业升级合理化的影响并不明显。

6.2.6 结论及建议

6.2.6.1 研究结论

本部分通过测度我国省域金融集聚水平、产业升级高级化、合理化程度，对金融集聚对产业升级高级化、合理化两个方面的空间溢出效应进行了研究。

首先，根据我国的金融集聚发展现状，结合数据的可获得性，确定了研究样本时期为 2006~2016 年。其次，结合指标体系和熵权法对指标赋权，综合 TOPSIS 方法进行综合评价，以此分析我国金融集聚水平的时间演变与空间分布特征。最后，运用空间统计方法验证了我国金融集聚、产业升级高级化和合理化存在空间自相关性，通过模型的拟合优度和空间项的显著性，确定空间权重矩阵中地理因素和信息技术水平的占比，选择最优权重矩阵分别构造空间杜宾模型（SDM）和空间自回归模型（SAR），分析金融集聚对产业升级高级化、合理化的空间溢出效应。得到以下结论：

（1）在样本考察期内，我国省域金融集聚程度、产业升级高级化和合理化空间差异较大。东部金融集聚发展、产业升级高级化和合理化程度均处于领先地位。

（2）中国省域金融集聚水平、产业升级高级化、合理化均存在显著的空间正自相关性，局部地区扎堆现象明显。

（3）在研究金融集聚对产业升级高级化影响的实证研究中，可变空间权重矩阵信息技术水平距离占 50%、地理距离占 50% 时模型拟合效果较好，且模型结果稳健；在研究金融集聚对产业升级合理化影响的实证研究中，可变空间权重矩阵信息技术水平距离占 40%、地理距离占 60% 时模型拟合效果较好，且模型结果稳健。

（4）无论对于产业升级高级化还是产业升级合理化，金融集聚水平变量的系数均为正，且均通过了显著性检验。说明在研究金融集聚对产业升级的作用机制中，在本区域内，金融集聚对产业升级高级化、合理化进程均有显著的正向促进作用；而在空间区域内，金融集聚对产业升级高级化溢出作用不显著，对产业升级合理化的正向溢出作用显著，地理因素发挥了积极的作用。

（5）对于产业升级高级化，外商投资在本区域表现出较小的逆向作用，对于周边区域却有显著的促进作用。科技创新投入在本区域能够有效促进产业升级高级化，但对周边区域有微弱的抑制作用。人力资本、政府干预并不能有效促进本地区和周边地区产业结构高级化，各地区人才策略和政策制定还需因地制宜。从直接效应、间接效应分解角度，也得到了相同的结论。

（6）对于产业升级合理化，对于外商投资项，与金融集聚对产业升级高度化的作用相反，在本区域，外商投资表现出显著促进作用，这说明外商投资的引进虽不能对产业升级高级化带来明显的好处，但资本和要素的引进促进了当地资本循环，使要素和资源得到了更加合理的调配和利用。人力资本项表现出显著抑制作用，原因可能在于教育投入占用了资源和要素，加上人才的快速流动影响了资源配置和利用，造成了对产业升级合理化的抑制现象。科技创新项在本区域和周边区域的范围中均表现出显著促进作用，说明科技创新的投入和科技成果的产出的确为产业升级合理化带来了好处，且这种积极影响突破了本地域的限制，政府干预项则不显著。

6.2.6.2 研究建议

根据上述研究结论，结合我国目前金融集聚和产业结构升级现状，得出以下几点建议：

（1）实证表明，我国产业升级从高计划和合理化两个方面均存在正向的空间依赖性，建议充分利用省域间的依赖和溢出效应，实现区域内各省份产业结构高级化、合理化的整体升级。

（2）合理看待外商投资与产业升级的关系。鼓励外商投入虽能为当地带来更多的资源和要素，但也会影响本土企业的发展，在考虑对产业升级合理化的积极影响外，还应考虑对产业升级高级化的影响。应结合当前中国 FDI 的地域分布和行业分布优化外商投资的准入政策，使外商投资能有效拉动产业升级。

（3）引导和鼓励我国教育体系的完善，促进教育结构的持续优化。提升人力资本积累效率，根据当地的具体情况制定合适的人力资本政策，促进人力资源对产业结构高级化、合理化作用的有效发挥。

（4）坚持持续加大科研经费的投入。科技创新对产业升级高级化和合理化均有显著的促进作用。应从鼓励科技创新的角度促使科研成果的快速转化，加大对自主创新、科研创新的奖励力度，真正使教育和科研投入对产业升级促进效果真正发挥。

（5）政府在制定相关政策时需要充分考虑地区间差异性，根据当地产业升级发展的实际程度制定有利政策。我国幅员辽阔，各地的经济发展水平和金融集聚程度差异很大，就目前实际情况而言，中、东、西部的工业化发展阶段进程有较大差距，在制定产业升级政策时不可一概而论。同时，由实证结果，金融集聚无论对产业结构升级高级化还是合理化都有显著的空间正向影响，因此，除了考虑本区域的金融集聚外溢效应，还应站在整体层面，考虑对周边省域的影响，部署有利于整体产业升级的空间布局。

本章小结

本章关于产业升级的拓展研究主要分为两个部分：一是新时代外商直接投资对产业升级的影响研究；二是金融集聚对产业升级的空间溢出效应研究。

新时代外商直接投资对产业升级的影响研究，主要是基于新时代主要矛盾的转变，选取 2004~2016 年全国 281 个地级市面板数据研究了外商直接投资对产业升级的影响，发现外商直接投资对我国产业升级有显著的促进作用，且外商直接投资对我国中部地区的产业升级促进作用明显，但无法确定外商直接投资对我国东部地区和西部地区是否具有促进作用。另外，本章还对产业升级与外商直接投资之间的空间相关关系进行了探究，发现外商直接投资促进产业升级的影响显著，但其溢出效应较直接效应比较弱，即促进自身产业升级的作用高于促进邻接地区产业升级的作用。

金融集聚对产业升级的空间溢出效应研究，通过测度我国省域金融集聚水平、产业升级高级化、合理化程度，对金融集聚对产业升级高级化、合理化两个方面的空间溢出效应进行了研究，发现在样本考察期内，我国省域金融集聚程度、产业升级高级化和合理化空间差异较大；我国省域金融集聚水平、产业升级高级化、合理化均存在显著的空间正自相关性，且局部地区扎堆现象明显；在研究金融集聚对产业升级的作用机制中，在本区域内，金融集聚对产业升级高级化、合理化进程均有显著的正向促进作用；而在空间区域内，金融集聚对产业升级高级化溢出作用不显著，对产业升级合理化的正向溢出作用显著，且地理因素发挥了积极的作用。

第7章 产业升级的结论及政策建议

本章主要是对前面各章的研究进行归纳总结，并根据研究结论提出一些具有针对性的建议，为我国产业升级的发展建言献策，以早日实现我国经济发展战略目标——产业升级。

7.1 研究结论

首先，本书通过对产业升级的内涵研究进行了相关回顾与分析，提出了新时代背景下产业升级的新内涵；其次，对我国三次产业的发展演变过程进行了详细介绍，并对其进行了横向比较；再次，根据产业升级的新内涵及产业升级的相关理论，构建了产业升级评价指标体系，对我国及各地区产业升级水平进行了测算，且对各地区产业升级水平的测算结果进行了分类；最后，本书还对产业升级进行了相关的拓展研究，分别为新时代外商直接投资对产业升级的影响研究和金融集聚对产业升级的空间溢出效应研究，为早日实现我国产业优化升级奠定基础。

本书主要得出以下五个结论：

第一，对产业升级重新赋予新的内涵。在辨析产业升级、产业结构升级、产业价值链攀升等概念的基础上，结合新时代我国主要矛盾的转变，本书将产业升级定义为：产业不断向更高的效益和更优化的结构演变，并对新时代下产业升级提出了生产要素、创新能力、市场环境、产业政策、对外开放五个内在要求。另外，研究发现新时代下产业升级主要表现为四种形式：一是生产要素密度变化；二是产业效益提升；三是产业结构优化升级；四是产业规模扩大，产业竞争力增强。

第二，通过对我国三次产业发展历程进行研究后发现，在我国三次产业演变过程中第一、第三产业产值占 GDP 比重此消彼长，第二产业产值占 GDP 比重窄幅波动。劳动力逐渐由第一产业向第二、第三产业转移，第三产业就业人口总量赶超第一产业就业人口、第二产业就业人口。同时，三次产业劳动生产率均有不同程度地提升，其中第二产业劳动生产率最高。

第三，通过构建产业升级评价指标体系，对我国及各地区产业升级的情况进行测评，发现自 1990 年以来，我国产业升级水平逐年稳步上升，与 1990 年相比，近年来我国产业升级水平有了大幅提升。另外，基于 2016 年样本数据，对我国各地区产业升级水平进行测评，发现北京的产业升级水平位于我国 30 个省区市（除西藏外）之首，且远远领先于其他省区市的产业升级水平。相比于北京的产业升级水平，河北、山西、宁夏、青海、新疆的产业升级水平远落后于其他省份，沿海地区的产业升级水平较为良好，这也间接说明了我国产业升级情况极不均衡，地区的产业升级水平与其经济发展水平可能有关。

第四，通过研究新时代外商直接投资对产业升级的影响，发现在全样本回归下，外商直接投资在混合 OLS、固定效应、随机效应下均在 1% 的显著性水平下显著为负，对产业升级具有显著的促进作用。进一步对全样本回归模型进行 Hausman 检验和内生性检验，发现 Davidson–Mackinnon 内生性检验无法拒绝原假设，即接受模型不存在内生性的原假设，外商直接投资对产业升级具有显著的促进作用。在全样本回归的基础上进行分区域回归，发现外商直接投资在中部地区作用明显，无法确定外商直接投资在东部和西部是否对产业升级有促进作用。对产业升级与外商直接投资之间的空间相关关系进行探究，发现外商直接投资对产业升级具有显著的促进作用，但其溢出效应与直接效应相比较弱，即促进自身产业升级的作用高于促进邻近地区产业升级的作用。

第五，通过研究金融集聚对我国产业升级的溢出效应后发现，一是中国省级金融集聚、产业升级高级化、合理化均存在显著的空间正自相关，部分地区的"空间俱乐部"集聚现象明显；二是在金融集聚对产业升级高级化、合理化影响的空间计量模型中，可变空间权重矩阵中信息技术水平与地理距离所占比例分别为 1∶1 和 4∶6 时模型拟合效果较好，且模型结果稳健；三是无论对于产业结构高级化还是产业结构合理化，金融集聚均发挥着促进作用，且对周边地区的产业结构合理化存在空间溢出效应；四是外商投资对于产业升级高级化和合理化的作用相反，在本区域内外商投资对产业结构高级化有较小的逆向作用，而对于周边区域表现出的促进作用，外商投资对产业结构合理化则有明显的促进作用；五是科技创新投入对产业结构高级化和合理化均有显著的正向影响；六是教育和政府干预在对产业升级的促进作用中效果不明显。

7.2 政策建议

本书主要针对研究结论中存在的问题提出几点政策建议，以促进我国产业早日完成优化升级。

一是注重区域间产业协调发展。北京作为我国的首都，既是我国的政治中心，又是我国的经济中心，其产业升级发展水平远超于其他省份产业升级发展水平，且位居我国 30 个省区市（除西藏外）之首。而河北产业升级水平远远落后于其他省区市，与北京形成鲜明对比。因此，我国政府应该注重协调区域间的产业发展，在北京实现产业升级的过程中也要对其他省区市的产业升级给予适当帮助，积极与其他省区市或城市开展合作，以"先升级"带动"后升级"，增加各省区市产业间的相互联系，促进其优势互补，以缩小各省区市间产业升级水平间的差异，推动全国整体产业优化升级。

二是合理看待外商直接投资与产业升级的关系。"顺梯度"对外直接投资是以转移国内衰退或即将衰退的边际产业、促进产业结构转换升级为目的，发展面向较我国产业层次更低但更具产业扩张空间的国家的直接投资活动。故我国要充分利用国际产业梯度相对极差优势，通过"顺梯度"对外直接投资，最大限度地延长边际产业的生命周期以实现成本最小化，继续获取其转移价值。"逆梯度"对外直接投资是指以获取国外新技术、组织管理知识为目的，向国外技术发源地进行直接投资，通过逆向技术溢出效应，带动国内各产业技术效率的提高，以促进产业升级。因此，要合理看待外商直接投资与产业升级的关系。

三是政府应该给中部地区更多的政策支持。从政府层面角度，当前中部地区外商直接投资对产业升级的促进效果最明显，且高—高（H-H）集聚区主要集中在我国中部地区，政府应该加大对中部地区的相关投入。例如，在保证外企综合水平较高的基础上降低准入制度，降低税收，完善外商投资环境、法律制度等，切实保护外资在我国的合法利益不受损害，提高外资在我国的投资满意度，进而吸引更好的外资带动我国产业转型升级。另外，目前外商直接投资溢出效应水平低于直接效应水平，各地级市应该加强自身发展，从而更好地利用外资促进自身发展，牢记打铁还需自身硬，最终提高外资溢出效应。

四是加大对科技研发的投入。科学技术是第一生产力，加大对科技研发的投入是鼓励产业技术创新活动的必要条件，科技创新对产业升级高级化和合理化均有显著的促进作用。科技研发投入已成为我国对外直接投资与产业升级协同发展系统的序参量，在其协同演化过程中发挥着支配性作用，故应鼓励从科技创新的角度促使科研成果的快速转化，加大对自主创新、科研创新的奖励力度，真正使教育和科研投入对产业升级的促进效果发挥出来。

五是政府在制定相关产业政策时需要充分考虑地区间差异性，要根据当地产业升级发展的实际程度制定有利政策。我国幅员辽阔，各地区的产业升级水平差异很大，就目前实际情况而言，沿海地区的产业升级水平较为领先，中部地区的产业升级水平比较普通，那么，在制定产业升级政策时不可一概而论。同时，金融集聚对产业升级的空间溢出效应的实证结果显示，金融集聚无论对产业结构升级高级化还是合理化都有显著的空间正向影响。故政府在制定产业升级政策时，除了考虑本区域的金融集聚外溢效应外，还应站在整体层面，考虑对周边省域的影响，部署有利于产业升级的空间布局。

参考文献

[1] 徐东华. 我国产业转换与产业升级问题 [J]. 经济管理, 1999 (5): 45-47.

[2] 刘志彪. 产业升级的发展效应及其动因分析 [J]. 南京师大学报 (社会科学版), 2000 (2): 3-10.

[3] 宋泓明. 中国产业结构高级化分析 [D]. 中国社会科学院研究生院, 2001.

[4] 张耀辉. 产业创新: 新经济下的产业升级模式 [J]. 数量经济技术经济研究, 2002 (1): 14-17.

[5] 波特. 国家竞争优势 [M]. 李明轩, 译. 北京: 华夏出版社, 2002: 69-72.

[6] 杨公朴, 夏大慰. 产业经济学教程. 上海: 上海财经大学出版社, 2002.

[7] 范剑勇. 市场一体化、地区专业化与产业集聚趋势——兼谈对地区差距的影响 [J]. 中国社会科学, 2004 (6): 39-51+204-205.

[8] 张军, 吴桂英, 张吉鹏. 中国省际物质资本存量估算: 1952—2000 [J]. 经济研究, 2004 (10): 35-44.

[9] 王群. 产业升级与中部崛起 [M]. 中国经济出版社, 2004.

[10] 张向阳, 朱有为. 基于全球价值链视角的产业升级研究 [J]. 外国经济与管理, 2005 (5): 21-27.

[11] 徐佳宾. 产业升级中的中国劳动成本优势 [J]. 经济理论与经济管理, 2005 (2): 23-28.

[12] 姜泽华, 白艳. 产业结构升级的内涵与影响因素分析 [J]. 当代经济研究, 2006 (10): 53-56.

[13] 喆儒. 产业升级: 开放条件下中国的政策选择 [M]. 中国经济出版社, 2006.

[14] 高燕. 产业升级的测定及制约因素分析 [J]. 统计研究, 2006 (4): 47-49.

[15] 孙文远. 产品内价值链分工视角下的产业升级 [J]. 管理世界, 2006 (10): 156-157.

[16] 刘勇. 广东产业升级的经验与启示 [J]. 经济管理, 2007 (7): 78-82.

[17] 刘军, 黄解宇, 曹利军. 金融集聚影响实体经济机制研究 [J]. 管理世界, 2007 (4): 152-153.

[18] 雷钦礼. 中国经济结构的演化及其增长效益的测度分析 [J]. 统计研究, 2007 (11): 8-14.

[19] 刘宇. 外商直接投资对我国产业结构影响的实证分析——基于面板数据模型的研究 [J]. 南开经济研究, 2007 (1): 125-134.

[20] 李江涛, 孟元博. 当前产业升级的困境与对策 [J]. 国家行政学院学报, 2008 (5): 81-84+96.

[21] 刘伟, 张辉. 中国经济增长中的产业结构变迁和技术进步 [J]. 经济研究, 2008, 43 (11): 4-15.

[22] 李博, 胡进. 中国产业结构优化升级的测度和比较分析 [J]. 管理科学, 2008 (2): 86-93.

[23] 靖学青. 上海产业升级测度及评析 [J]. 上海经济研究, 2008 (6): 53-59.

[24] 毛蕴诗, 李田, 吴斯丹. 从广东实践看我国产业的转型、升级 [J]. 经济与管理研究, 2008 (7): 16-21+41.

[25] 赵敏慧. 基于产业升级视角的投融资管理研究 [D]. 浙江大学, 2008.

[26] 聂建中, 王敏. 比较优势战略与产业结构升级 [J]. 当代经济, 2009 (1): 76-77.

[27] 郭熙保, 陈志刚, 胡卫东编. 发展经济学 [M]. 北京: 首都经济贸易大学出版社, 2009. 77.

[28] 冯艳丽. 略论全球价值链外包体系与中国产业升级的动态关系 [J]. 经济问题, 2009 (7): 27-29.

[29] 乔海曙, 陈力. 金融发展与城乡收入差距"倒U形"关系再检验——

基于中国县域截面数据的实证分析 [J]. 中国农村经济, 2009 (7): 68-76+85.

[30] 孙佳. 产品内分工框架下的产业升级的文献综述 [J]. 黑龙江对外经贸, 2010 (11): 37-38+80.

[31] 闫海洲. 长三角地区产业结构高级化及影响因素 [J]. 财经科学, 2010 (12): 50-57.

[32] 威廉·配第、马妍译. 政治算术. 北京: 中国社会科学出版社, 2010年.

[33] 付凌晖. 我国产业结构高级化与经济增长关系的实证研究 [J]. 统计研究, 2010, 27 (8): 79-81.

[34] 孙辉, 支大林, 李宏瑾. 对中国各省资本存量的估计及典型性事实: 1978~2008 [J]. 广东金融学院学报, 2010, 25 (3): 103-116+129.

[35] 李文臣, 刘超阳. FDI产业结构效应分析——基于中国的实证研究 [J]. 改革与战略, 2010, 26 (2): 116-118+169.

[36] 丁焕峰, 孙泼泼. 中国产业升级测度与策略分析 [J]. 商业研究, 2010 (5): 97-100.

[37] 丁艺, 李靖霞, 李林. 金融集聚与区域经济增长——基于省际数据的实证分析 [J]. 保险研究, 2010 (2): 20-30.

[38] 任英华, 徐玲, 游万海. 金融集聚影响因素空间计量模型及其应用 [J]. 数量经济技术经济研究, 2010, 27 (5): 104-115.

[39] 朱卫平, 陈林. 产业升级的内涵与模式研究——以广东产业升级为例 [J]. 经济学家, 2011 (2): 60-66.

[40] 李林, 丁艺, 刘志华. 金融集聚对区域经济增长溢出作用的空间计量分析 [J]. 金融研究, 2011 (5): 113-123.

[41] 干春晖, 郑若谷, 余典范. 中国产业结构变迁对经济增长和波动的影响 [J]. 经济研究, 2011, 46 (5): 4-16+31.

[42] 韩江波. 基于要素配置结构的产业升级研究 [J]. 首都经济贸易大学学报, 2011, 13 (1): 29-38.

[43] 姚志毅, 张亚斌. 全球生产网络下对产业结构升级的测度 [J]. 南开经济研究, 2011 (6): 55-65.

[44] 刘锐, 胡伟平, 王红亮, 吴驰, 何劲. 基于核密度估计的广佛都市区路网演变分析 [J]. 地理科学, 2011, 31 (1): 81-86.

[45] 朱春楠. 基于库兹涅茨法则的优化东北三省就业结构研究 [J]. 工业技术经济, 2012, 31 (12): 100-108.

[46] 杜鹏. 中国制造业产业升级研究 [D]. 武汉大学, 2012.

[47] 谭朵朵. 金融集聚的演化机理与效应研究 [D]. 湖南大学, 2012.

[48] 陈望远, 黄金波. FDI 对我国产业结构升级影响的实证研究——基于面板随机系数模型的分析 [J]. 产经评论, 2012, 3 (3): 52-58.

[49] 叶明确, 方莹. 中国资本存量的度量、空间演化及贡献度分析 [J]. 数量经济技术经济研究, 2012, 29 (11): 68-84.

[50] 孙晶, 蒋伏心. 金融集聚对区域产业结构升级的空间溢出效应研究——基于 2003-2007 年省际经济数据的空间计量分析 [J]. 产经评论, 2013, 4 (1): 5-14.

[51] 邓向荣, 刘文强. 金融集聚对产业结构升级作用的实证分析 [J]. 南京社会科学, 2013 (10): 5-12+20.

[52] 杨义武, 方大春. 金融集聚与产业结构变迁——来自长三角 16 个城市的经验研究 [J]. 金融经济学研究, 2013, 28 (6): 55-65.

[53] 杨安. FDI 与产业结构优化升级的相关性研究 [D]. 山东大学, 2013.

[54] 潘冬青, 尹忠明. 对开放条件下产业升级内涵的再认识 [J]. 管理世界, 2013 (5): 178-179.

[55] 潘辉, 冉光和, 张冰, 李军. 金融集聚与实体经济增长关系的区域差异研究 [J]. 经济问题探索, 2013 (5): 102-107.

[56] 张明. 产业升级与经济增长理论研究 [D]. 山西财经大学, 2013.

[57] 陈强. 高级计量经济学及 Stata 应用 [M]. 高等教育出版社. 2013.

[58] 蒋兴明. 产业转型升级内涵路径研究 [J]. 经济问题探索, 2014 (12): 43-49.

[59] 魏志奇. 罗斯托的增长阶段理论及其对发展中国家转型的启示 [J]. 理论月刊, 2014 (12): 113-115.

[60] 王静. FDI 促进中国各地区产业结构优化的门限效应研究 [J]. 世界经济研究, 2014 (3): 73-79+89.

[61] 何平, 陈丹丹, 贾喜越. 产业结构优化研究 [J]. 统计研究, 2014, 31 (7): 31-37.

[62] 李子伦. 产业结构升级含义及指数构建研究——基于因子分析法的国际比较 [J]. 当代经济科学, 2014, 36 (1): 89-98+127.

[63] 李红, 王彦晓. 金融集聚、空间溢出与城市经济增长——基于中国286个城市空间面板杜宾模型的经验研究 [J]. 国际金融研究, 2014 (2): 89-96.

[64] 傅元海, 叶祥松, 王展祥. 制造业结构优化的技术进步路径选择——基于动态面板的经验分析 [J]. 中国工业经济, 2014 (9): 78-90.

[65] 尚慧丽. 基于产业结构调整的服务业发展定位研究——以黑龙江省为例 [J]. 哈尔滨商业大学学报 (社会科学版), 2014 (4): 34-39.

[66] 徐敏, 张小林. 金融集聚、产业结构升级与城乡居民收入差距 [J]. 金融论坛, 2014, 19 (12): 26-32.

[67] 朱玉杰, 倪骁然. 金融规模如何影响产业升级: 促进还是抑制?——基于空间面板 Durbin 模型 (SDM) 的研究: 直接影响与空间溢出 [J]. 中国软科学, 2014 (4): 180-192.

[68] 丁晓强, 葛秋颖. 产业升级内涵及研究思路的文献综述 [J]. 长春理工大学学报 (社会科学版), 2015, 28 (6): 66-70.

[69] 孙汉杰, 李春艳, 秦婷婷. 东北地区高技术产业升级能力评价比较研究 [J]. 经济纵横, 2015 (12): 74-78.

[70] 刘建民, 陈霞, 吴金光. 湖南省产业转型升级的水平测度及其影响因素的实证分析 [J]. 湖南社会科学, 2015 (1): 143-147.

[71] 卜伟, 易倩. OFDI 对我国产业升级的影响研究 [J]. 宏观经济研究, 2015 (10): 54-61.

[72] 王柏玲, 李慧. 关于区域产业升级内涵及发展路径的思考 [J]. 辽宁大学学报 (哲学社会科学版), 2015, 43 (3): 73-80.

[73] 孙早, 席建成. 中国式产业政策的实施效果: 产业升级还是短期经济增长 [J]. 中国工业经济, 2015 (7): 52-67.

[74] 邓丽娜. FDI、国际技术溢出与中国制造业产业升级研究 [D]. 山东大学, 2015.

[75] 薛安伟. 要素流动视角下中国产业升级的路径研究 [D]. 上海社会科学院, 2015.

[76] 孙根紧. 金融集聚对产业结构升级的影响研究 [J]. 社会科学家,

2015 (8): 59-63.

[77] 徐晓光,许文,郑尊信. 金融集聚对经济转型的溢出效应分析: 以深圳为例 [J]. 经济学动态, 2015 (11): 90-97.

[78] 张翠菊,张宗益. 中国省域产业结构升级影响因素的空间计量分析 [J]. 统计研究, 2015, 32 (10): 32-37.

[79] 郑开焰,李辉文. 福建省金融集聚效应与产业结构升级 [J]. 福建论坛 (人文社会科学版), 2015 (8): 143-149.

[80] 张晓燕,冉光和,季健. 金融集聚、城镇化与产业结构升级——基于省级空间面板数据的实证分析 [J]. 工业技术经济, 2015, 34 (9): 123-130.

[81] 高远东,张卫国,阳琴. 中国产业结构高级化的影响因素研究 [J]. 经济地理, 2015, 35 (6): 96-101+108.

[82] 张林. 中国双向 FDI、金融发展与产业结构优化 [J]. 世界经济研究, 2016 (10): 111-124+137.

[83] 巫景飞,郝亮. 产业升级的制度基础: 微观视角下的理论分析与实证研究 [J]. 经济问题探索, 2016 (10): 57-65.

[84] 李洪亚. 产业结构变迁与中国 OFDI: 2003~2014 年 [J]. 数量经济技术经济研究, 2016, 33 (10): 76-93.

[85] 王弓,叶蜀君. 金融集聚对新型城镇化影响的理论与实证研究 [J]. 管理世界, 2016 (1): 174-175.

[86] 陈丽贞. 金融集聚对区域产业结构升级空间溢出效应研究——基于 2003-2015 年省际经济数据空间计量分析 [J]. 鸡西大学学报, 2016, 16 (6): 72-75.

[87] 成学真,岳松毅. 西北五省区金融集聚与产业结构升级关系的实证研究 [J]. 西北师大学报 (社会科学版), 2016, 53 (6): 41-47.

[88] 阳立高,李婷,杨华峰,龚世豪. FDI 对我国制造业升级的影响研究——基于省级面板数据的实证 [J]. 科学决策, 2017 (7): 51-67.

[89] 马洪福,郝寿义. 产业转型升级水平测度及其对劳动生产率的影响——以长江中游城市群 26 个城市为例 [J]. 经济地理, 2017, 37 (10): 116-125.

[90] 孙晓华,刘小玲,翟钰. 地区产业结构优度的测算及应用 [J]. 统计研究, 2017 (12): 48-62.

[91] 何剑,肖凯文. 金融集聚对中国产业结构优化升级溢出作用的空间计量分析 [J]. 金融与经济, 2017 (1): 18-24+7.

[92] 李华,何芹. 全球价值链、产业升级与转变经济增长方式研究 [J]. 经营与管理, 2018 (10): 93-96.

[93] 赵云鹏,叶娇. 对外直接投资对中国产业结构影响研究 [J]. 数量经济技术经济研究, 2018, 35 (3): 78-95.

[94] 李文禹,陈景鑫,张雪. 齐齐哈尔绿色农业产业升级的内涵、影响因素与路径研究 [J]. 智库时代, 2018 (40): 57-58.

[95] 谢婷婷,李玉梅,潘宇. 外商直接投资、技术进步与产业结构升级——基于中国省域空间计量分析 [J]. 工业技术经济, 2018, 37 (8): 35-43.

[96] 崔文杰,夏飞龙. 关于产业升级的文献综述 [J]. 现代管理科学, 2018 (5): 30-32.

[97] 张俊,林卿,王江泉. 国际分工演进下产业升级的内涵及分类 [J]. 企业经济, 2019, 38 (2): 140-147.

[98] 任碧云,贾贺敬. 基于内涵重构的中国制造业产业升级测度及因子分析 [J]. 经济问题探索, 2019 (4): 141-148.

[99] 国家统计局工业司. 工业经济跨越发展 制造大国屹立东方 [N]. 中国信息报, 2019-07-11 (001).

[100] 国家统计局. 建筑业持续快速发展 城乡面貌显著改善——新中国成立70周年经济社会发展成就系列报告之十 [EB/OL]. (2019-07-31)

[101] 国家统计局. 农业生产跃上新台阶 现代农业擘画新蓝图——新中国成立70周年经济社会发展成就系列报告之十二 [EB/OL]. (2019-08-05)

[102] Acemoglu D, Guerrier V. Capital deepening and non-balanced economic growth [J]. Journal of Political Economy, 2008 (116): 467-498.

[103] Alfaro L, Chanda A. Does foreign direct investment promote growth? Exploring the role of financial markets on linkages [J]. Journal of Development Economics, 2010 (91): 242-256.

[104] Barrios S, Görg H, StroblE. Foreign direct investment, competition and industrial development in the host country [J]. European Economic Review, 2005, 49 (7): 1761-1784.

[105] Brock W. Economic growth and the environment: A review of theory and

empirics [J]. Handbook of Economic Growth, 2005 (1): 1749 – 1821.

[106] Blomström M, Fors G, Lipsey R E. Foreign direct investment and employment: home country experience in the United States and Sweden [J]. The Economic Journal, 1997, 107 (445): 1787 – 1797.

[107] Breinlich H. Trade liberalization and industrial restructuring through mergers and acquisitions [J]. Journal of international Economics, 2008, 76 (2): 254 – 266.

[108] Cara L, Donald P. The credit and the business cycle: new findings using the loan officer opinion survey [J]. Journal of Money, Credit and Banking, 2006 (38): 1575 – 1597.

[109] Colin Clark. The Conditions of Economic Progress. London: Macmillan & Co. Ltd., 1940.

[110] Chenery H B. Patterns of industrial growth [J]. The American Economic Review, 1960, 50 (4): 624 – 654.

[111] Dieter Ernst. Catching – up Crisis and Industrial Upgrading: Evolutionary Aspects of Technological Learning in Korea's Electronics Indusrty [J]. Asia Pacific Journal of Management, 1998, 15 (2): 247 – 283.

[112] Ernst D. Global Production Networks and Industrial Upgrading – A Knowledge – Centered Approach [J]. General Information, 2001.

[113] Fisman R, Love I. Trade credit, financial intermediary development, and industry growth [J]. The Journal of Finance, 2003, 58 (1): 353 – 374.

[114] Feenstra R C, Hanson G H. Foreign investment, outsourcing and relative wages [R]. National Bureau of Economic Research, 1995.

[115] Gereffi, G. International Trade and Industrial Upgrading in the Apparel commodity Chain [J]. Journal of International Economics, 1999, 1 (48): 37 – 70.

[116] Gereffi G, Memedovic O. The global apparel value chain: What prospects for upgrading by developing countries [M]. Vienna: United Nations Industrial Development Organization, 2003.

[117] Gereffi G, Humphrey J, Sturgeon T. The governance of global value chains [J]. Review of international political economy, 2005, 12 (1): 78 – 104.

[118] Giuliani E, Pietrobelli C, Rabellotti R. Upgrading in global value

chains: lessons from Latin American clusters [J]. World development, 2005, 33 (4): 549 - 573.

[119] Hall R., Jones C., 1999, Why Do Some Countries Produce So Much More Output Per Worker Than Other [J], Quarterly Journal of Economics, 114 (1), 83 - 116.

[120] Hausmann R, Klinger B. The structure of the product space and the evolution of comparative advantage [R]. Center for International Development at Harvard University, 2007.

[121] John H Moore. A Measure of Structural Change in Output [J]. Review of Income and Wealth, 1978, 24 (1): 105 - 118.

[122] John Humphrey, Hubert Schmitz. Governance and upgrading: linking industrial cluster and global value chain research. IDS working paper, 120.

[123] Jovanovic B, Nyarko Y. Learning by Doing and the Choice of Technology [R]. National Bureau of Economic Research, 1994.

[124] Jensen C. Foreign direct investment, industrial restructuring and the upgrading of Polish exports [J]. Applied Economics, 2002, 34 (2): 207 - 217.

[125] Kaplinsky, R.. Globalization and Unequalisation: What can be learned from value chain analysis [J]. Journal of Development Studies, 2000, 37 (2): 117 - 145.

[126] Kuznets S, Murphy J T. Modern economic growth: Rate, structure, and spread [M]. New Haven: Yale University Press, 1966.

[127] Kaplinsky R, Readman J. Globalization and upgrading: what can (and cannot) be learnt from international trade statistics in the wood furniture sector? [J]. Industrial and Corporate Change, 2005, 14 (4): 679 - 703.

[128] Lucas, Robert E. Jr. On the Mechanics of Economic Development [J], Journal of Monetary Economics, 1988, 22: 3 - 22.

[129] Lewis W A. Economic development with unlimited supplies of labour [J]. The manchester school, 1954, 22 (2): 139 - 191.

[130] Mazzoleni R. Learning and path - dependence in the diffusion of innovations: comparative evidence on numerically controlled machine tools [J]. Research Policy, 1997, 26 (4 - 5): 405 - 428.

[131] Masakazu K, Chihiro W. External stimulation accelerating a structural shift to service oriented industry - a cross country comparison [J]. Journal of Services Research, 005 (4): 91 - 111.

[132] M Brülhart, R Traeger. An account of geographic concentration patterns in Europe [J]. Regional Science & Urban Economics, 2005, 35 (6): 597 - 624.

[133] Markusen J. R., 1999, Foreign Direct Investment As a Catalyst for Industrial Development [J], European Economic Review, 43 (3), 335 - 356.

[134] Marrocu E, Paci R, Usai S. Productivity growth in the old and new Europe: the role of agglomeration externalities [J]. Journal of Regional Science, 2013, 53 (3): 418 - 442.

[135] Ng L F Y, Tuan C. Evolving outward investment, industrial concentration, and technology change: implications for post - 1997 Hong Kong [J]. Journal of Asian Economics, 1997, 8 (2): 315 - 332.

[136] Ogawa K, Lee C H. Returns on capital and outward direct foreign investment: The case of six Japanese industries [J]. Journal of Asian Economics, 1995, 6 (4): 437 - 467.

[137] Pandilt N, Cook G and Swann G. A comparison of clustering dynamics in the British broadcasting and financial services industries [J]. International Journal of the Economics of Business, 2002, 9 (2): 195 - 224.

[138] Poncet S, de Waldemar F S. Product relatedness and firm exports in China [J]. The World Bank Economic Review, 2013, 29 (3): 579 - 605.

[139] POON T. SHUK - CHING. Beyond the glogal production networks: a case of further upgrading of Taiwan's information technology industry [J]. International Journal of Technology and Globalisation, 2004, 1 (1): 130 - 144.

[140] Porter, M. E. The Competitive Advantage of Nations [M]. Free Press, New York, 1990.

[141] P Krugman. Increasing returns and economic geography [J]. Journal of Political Economy, 1991, 99 (3): 483 - 499.

[142] Pavlínek P, Ženka J. Upgrading in the automotive industry: firm - level evidence from Central Europe [J]. Journal of Economic Geography, 2010, 11 (3): 559 - 586.

[143] Romer P. M. Increasing Result to Long - Run Growth [J]. 1986, 94 (5): 1002-1037.

[144] Rostow W W. Politics and the Stages of Growth [J]. Cambridge Books, 1971.

[145] Simon Kuznets. Modern Economic Growth: Rate, Structure and Spread [M]. New Haven and London: Yale University Press, 1980: 52-55.

[146] Scherer F M. Firm size, market structure, opportunity, and the output of patented inventions [J]. The American economic review, 1965, 55 (5): 1097-1125.

[147] Svetličič M, Rojec M, Trtnik A. The restructuring role of outward foreign direct investment by central European firms: the case of Slovenia [M] //Globalization, the multinational firm, and emerging economies. Emerald Group Publishing Limited, 2000: 53-88.

[148] Soytas U, Sari R, Ewing B T. Energy consumption, income, and carbon emissions in the United States [J]. Ecological Economics, 2007, 62 (3-4): 482-489.

[149] Tschoegl A. International banking centers, geography and foreign banks [J]. Financial Markets Institutions and Instruments, 2000, 9 (1): 1-32.

[150] Thoms, V., Yan Wang and Xibo Fan. Measuring Education Inequality: Gini coefficients of Education for 140 countries. 1960-2000, Journal of Education Planning and Administration, 2003, 17 (1), 5-33.

[151] Theil H. Economics and Information Theory [J]. Studies in Mathematical and Managerial Economics, 1967, 7.

[152] Young A. Learning by doing and the dynamic effects of international trade [J]. The Quarterly Journal of Economics, 1991, 106 (2): 369-405.

后　　记

　　本书是中南财经政法大学"双一流"建设文库的成果之一，也是国家社科基金课题——"新时代产业升级的统计监测研究"（编号：18BTJ007）中期成果之一。本书主要由我和我的硕士研究生共同完成，在本书撰写的过程中，课题组成员（师应来、姜昊、汪一江、张冰洁、赵颖祯、胡佳琳、周丽敏）多次讨论写作大纲、内容及撰写规范，参考了大量的国内外文献。虽然在这一过程中课题组成员遇到过诸多困难，但也得到了各方面的帮助。在这里真诚地感谢提出宝贵意见的专家学者，感谢我校中南财经政法大学对本书出版的大力支持，感谢中国财经出版社各位编辑老师对本书的审稿、校对等，感谢课题组成员的共同努力。

　　产业升级是一个可持续性的主题。对于像我国这样的制造业大国，加快转变经济发展方式，推动产业优化升级是我国向制造业强国迈进的重要基石，对我国经济从高速度增长向高质量增长转变具有重大意义。由于编者的知识水平有限，本书中有些内容不够深入，疏漏或错误之处，恳请读者批评指正！

编　者

2019 年 11 月